LA NUMÉROLOGIE DÉVOILÉE

TOME II

Découvrez le partenaire idéal...

> Faites gratuitement tous les calculs
> expliqués dans ce livre depuis notre site
> *www.numeyoga.com/entente*

Commandez votre thème numérologique
ou réalisez vous-même tous les thèmes que vous voulez
www.numeyoga.pro

D'autres calculs numérologiques gratuits en ligne
www.numeyoga.com/demo

En savoir plus sur l'astrologie sidérale et karmique
www.nostredame.com

Découvrez notre logiciel d'astrologie sidérale en ligne
www.astrozeus.pro

Tous droits réservés. Toute reproduction même partielle, de cet ouvrage est interdite. Une copie ou toute reproduction par quelque moyen que ce soit constitue une contrefaçon passible des peines prévues par la loi du 11 mars 1957 et la loi du 3 juillet 1985 sur la protection du droit d'auteur.

Photo d'illustration
Vulcain et Maïa
Tableau de Bartholomeus Spranger (v. 1585)
Vienne, Kunsthistorisches Museum.

Michel Pirmaïer est le découvreur de la méthode Maïa.
Méthode déposée par Michel Pirmaïer et Wilfrid Pochat auprès de l'I.N.P.I.

Wilfrid Pochat & Michel Pirmaïer

LA NUMÉROLOGIE DÉVOILÉE

TOME II

Découvrez le partenaire idéal...

Nostredame.com Editions

A Valérie...

Introduction

« Toute chose est nombre. »

Pythagore

Dans notre premier ouvrage, « La Numérologie dévoilée », nous vous annoncions qu'il y aurait une suite, promesse tenue, voici le tome II ! Nous l'avons voulu essentiellement pratique, facile à lire et à parcourir. Dans le premier volume, nous avions défini les fondements métaphysiques de la numérologie, puis nous avions exposé la méthode Maïa découverte par Michel. Dans ce second tome, nous apportons un éclairage nouveau sur le symbolisme et l'énergie du Nombre pour mieux comprendre la relation unissant deux personnes.

Le constat premier, naturellement le plus évident, est que nous ne vivons pas seuls, que la relation avec l'autre revêt toujours une aura particulière. Indéniablement, cette relation nous pousse à nous interroger sur nous-mêmes et parfois, à nous remettre en question. D'ailleurs, sans la découverte de cet autre (le 2), il n'est pas possible de faire l'expérience de l'individualisation (le 1). Voilà pourquoi du point de vue métaphysique, le 1 et le 2 ont été créés simultanément, car le 2 ne peut provenir de l'addition 1 + 1. En numérologie, 1 + 1 donne 1. Par analogie, si vous mélangez du blanc avec du blanc, vous obtenez du blanc. Il fallait donc que deux énergies diamétralement opposées soient créées ensemble pour commencer le jeu de la Vie. Ces énergies de la dualité sont représentées par le 1 et le 2.

D'aucun ne peut nier que la première âme incarnée que nous rencontrons (pour ne pas dire retrouvons) est notre mère. Ce lien privilégié avec cette entité féminine conditionne tellement notre existence, qu'il est incontournable pour établir un thème numérologique. Il est la base essentielle de la méthode Maia que nous avons abondamment expliquée dans le tome I. Grâce à cette méthode que nous exposons à nouveau dans le chapitre II, nous pouvons réaliser une lecture numérologique fiable de qui nous sommes, ainsi que de nos rapports aux autres.

L'empreinte laissée par cette première rencontre maternelle marque profondément notre incarnation. Au gré de notre évolution, chacun d'entre nous a besoin d'un laps de temps plus ou moins long pour distinguer ce qui lui appartient en propre, de ce qui lui a été légué en « héritage ». Certes, l'ancestrale histoire de nos ascendants fait partie de notre patrimoine génétique, mais au-delà, nous devons apprendre à découvrir notre véritable nature profonde. Un cheminement spirituel est à même de nous permettre de distinguer ce qui est inné de ce qui nous est apporté par l'autre. Notre incarnation dans le tridimensionnel implique cette nécessité de comprendre ce que l'on appelle communément la différenciation.

Pour une âme incarnée en quête de son soi profond, il y a un impératif absolu, celui de « désapprendre » tout ce dont elle n'est pas propriétaire. Nombre d'informations nous sont transmises par l'autre, et donc, ne nous appartiennent pas en propre. Elles nous sont plus ou moins imposées, car nous ne pouvons échapper à notre environnement, et à la marque (parfois indélébile) qu'il imprime sur nous. Bien évidemment, ce conditionnement a commencé très tôt, car lorsque nous étions bébé, nous n'étions pas en mesure de filtrer, canaliser, expurger ce qui ne nous appartenait pas. Cette masse d'informations indispensable à notre développement, nous a été transmise au fil du temps par différents acteurs proches et moins proches (parents, frères et sœurs, famille élargie, professeurs, médias...). En revanche, comment croire que nous sommes que cela ? Voilà pourquoi il s'avère essentiel de bien se connaître, pour identifier ce qui est notre nature profonde et ce qui est conditionnement reçu lors de l'incarnation. D'où venons-nous, quelle est notre vraie lignée, quels sont nos véritables attributs ? C'est à ces questions que les sciences essayent de répondre d'une manière générale, et de façon beaucoup plus subtile et pertinente, les sciences dites ésotériques.

Grâce à une véritable introspection, un retour vers notre véritable Soi, il devient alors possible d'effectuer la plus belle des rencontres. Celle qui nous permet d'envisager des relations plus profondes, car moins dénaturées par les exigences de ce petit tyran qu'est notre ego. Plus nous avons une conscience aiguë de notre Soi profond, plus nous sommes en mesure de voir l'autre sous son véritable jour. Les échanges sont plus sincères, le mensonge égotique cesse, nous n'éprouvons plus le besoin de nous cacher derrière un masque, ou de jouer un rôle de composition.

La numérologie permet de décortiquer le jeu des différents acteurs de notre vie. Nous mettant à nu, elle nous oblige à ôter le costume de théâtre dont nous nous affublons sans cesse. Elle nous apporte ainsi un regard bienveillant, mais sans concession, sur nous-mêmes, ainsi que sur la nature des rapports que nous entretenons avec les autres. Elle nous permet de comprendre pourquoi la relation avec telle ou telle personne fait ressortir tantôt nos qualités, tantôt nos défauts. Elle pointe du doigt les raisons à l'origine de nos réactions plus ou moins vives lorsque nous sommes confrontés à certaines situations et/ou personnes. Ce qui nous plaît le moins dans notre personnalité et/ou notre comportement, ce que consciemment ou non nous voulons occulter, est souvent mis en lumière par des événements de notre vie, nous forçant ainsi à dévoiler notre face cachée. Comme le dit l'expression populaire, nous sommes tous, à un moment ou à un autre de notre vie, sortis de nos gonds. C'est une soupape de sécurité absolument nécessaire pour nous permettre de nous voir dans notre miroir, tels que nous sommes. La compréhension positive qui en découle ne peut se faire que si notre regard est sans complaisance, mais surtout, sans jugement.

Pour obtenir une analyse numérologique précise de l'entente entre deux personnes, il est incontournable d'identifier un nombre considérable de marqueurs, et de les hiérarchiser en fonction de leur importance. Sachant que les nombres s'expriment avec plus ou moins d'intensité sur des dizaines de significateurs, le danger qui guette le numérologue est de se perdre en faisant plus la différence entre ce qui est primordial et secondaire. La prise en compte de l'intensité de ces marqueurs permet d'accorder de l'importance à ceux qui sont mis en exergue et de placer au second rang ceux qui sont faiblement représentés. Cette hiérarchisation des marqueurs permet de dresser un thème numérologique précis, en évitant de dire tout et son contraire. Cela dit, il serait impossible d'écrire un livre sur ces marqueurs de manière exhaustive, tant le sujet est vaste.

Parmi les marqueurs (ou « significateurs ») les plus importants, nous verrons comment calculer et analyser ceux qui revêtent une importance toute particulière, comme le Chemin de Vie, le nombre d'Expression et le nombre d'Aspiration.

Dans ce second tome, nous exposons les rapports qu'il y a entre ces différents significateurs à l'instar de l'astrologue qui se sert des aspects entre les planètes pour affiner un thème. A partir de ces bases, nous proposons même au lecteur averti d'aller encore plus loin, en consacrant un chapitre entier à une investigation plus poussée (chapitre IX). Ici, la définition des aspects entre les nombres est sciemment un peu brute de décoffrage, permettant ainsi de faire ressortir les avantages et les inconvénients de telle ou telle association. En les étudiant, nous verrons que la numérologie est capable de souligner notre mode de fonctionnement lorsque nous sommes en présence de l'autre, et ce, au-delà des différences sociales, de sexe, d'âge ou autre.

A partir de l'interaction entre ces différents marqueurs essentiels, nous avons choisi d'étudier trois types de lien. La relation parent/enfant, celle du couple au sens affectif et sexuel du terme et le partenariat socioprofessionnel.

Michel ayant clairement défini les correspondances entre signes astrologiques et nombres, nous nous sommes appuyés sur son expérience et ses connaissances pour décliner tous ces aspects. Une des principales difficultés rencontrées fut de bien identifier le rôle de chaque marqueur (nature profonde, expression, aspiration de l'âme, potentiel, façon d'agir). A ce stade, il nous semble déjà utile de préciser que l'analyse numérologique d'un Chemin de Vie 1 avec un Chemin de Vie 4 est différente de l'interaction entre un Nombre Actif 1 et un Nombre Actif 4.

Pour corroborer nos assertions, nous nous sommes appuyés sur bon nombre d'analyses numérologiques effectuées sur des personnes proches, ainsi que sur des célébrités. A nos yeux, rien ne vaut la pratique pour vérifier l'exactitude de nos affirmations.

Ce que nous ne voulions surtout pas, c'est résumer l'entente entre deux personnes par un tableau où il est inscrit + ou -. Cette façon de faire nous semble plus que laconique. La définition du lien établi entre deux nombres nous semble bien plus subtile que cela. Simplifier ne consiste pas à rendre simpliste les choses.

Indéniablement, la science des nombres nous permet d'harmoniser notre relation avec l'autre, tout en soulignant les éventuels pièges qu'il nous faut éviter. Bien se connaître se conjugue avec le désir d'émancipation, celui qui nous permet de favoriser tel aspect dit positif, et d'écarter de notre vie ce qui nous semble défavorable. Ces choix vont dans le sens d'un nouveau paradigme social, en résonance avec les nouvelles énergies qui transforment notre monde à l'heure où nous écrivons ces lignes. Tout ceci nous conduit à privilégier un mode d'expression et de communication provenant du cœur. Il n'est donc pas étonnant que le principe féminin Yin revienne au premier plan, sans qu'il le fasse au détriment du principe Yang. Ce dernier cède tout simplement sa première place, devenant ainsi une complémentarité plutôt qu'une opposition au principe féminin. Enfin, la Belle au bois dormant est réveillée, le prince charmant lui ayant ainsi redonné sa véritable place, place au demeurant, qu'elle n'aurait jamais dû perdre... Mais tout ceci est une autre histoire.

Nous rêvons tous de trouver ou retrouver le ou la partenaire idéal(e), qui nous épaulerait pour affronter plus facilement les vicissitudes de la vie. À deux, nous sommes plus forts, n'est ce pas ? Évidemment si l'entente est harmonieuse, ça va de soi !

Au delà de ce que nous exposons au sujet de l'interaction entre les nombres, et qui peut paraître parfois un peu synthétique, gardons à l'esprit que nous sommes avant tout des êtres animés par des sentiments profonds et subtils. En ouvrant notre cœur, il va sans dire qu'il nous est permis de dépasser toute situation apparemment complexe et difficile. Finalement, ce partenaire idéal, ne pourrait-il pas être nous-mêmes !?

Dans la relation à cet autre qui nous accompagne, nous éprouvons tous l'envie de jouer la même partition, cela passe par la prise en compte et l'acceptation de la différence, sans se renier soi-même. C'est de cette manière que nous sommes parvenus, Michel et moi, à vous présenter ce nouveau tome. Finalement, au regard du sujet traité, ce livre aurait-il pu être écrit autrement qu'à deux ?

Chapitre I

La face cachée des Nombres

« Les Pythagoriciens proclament que tout est nombre et que le nombre parfait est Dix. On obtient le nombre Dix en ajoutant dans l'ordre les quatre premiers chiffres; c'est pourquoi Dix est appelé Tetrachtys »
Bibliothèque de Photius (IXème siècle)

La numérologie comporte des aspects à la fois scientifiques et métaphysiques. Elle nécessite de simples opérations mathématiques pour obtenir en retour des résultats exacts. Elle utilise principalement l'addition, plus rarement la soustraction, et la réduction théosophique. Ce dernier mode opératoire est un procédé qui consiste à additionner tous les chiffres d'un nombre supérieur à 9, jusqu'à obtenir au final un nombre à un chiffre (de 1 à 9), en respectant cette règle incontournable : deux nombres ne doivent jamais être réduits, le 11 et le 22.
Exemple : 39 → 3 + 9 = 12 (le résultat étant supérieur à 9, je le réduis à nouveau) 12 → 1 + 2 = 3.
La numérologie consiste à interpréter les différentes combinaisons ou conjugaisons, résultats de l'addition de nombres différents. Ainsi, lorsque vous additionnez 1 + 2, il ne s'agit pas d'une banale addition, mais plutôt de l'obtention d'une entité différente, alchimie résultant du mélange de deux nombres différents. Le 3 résultant de 1 + 2 représente une énergie différenciée, chargée des deux principes de la dualité 1 et 2. Dans le tome I de la Numérologie dévoilée, nous avons approfondi ces notions et donné une explication très précise des qualités de chaque nombre.

L'approche arithmologique des nombres a pour principale origine connue les enseignements de Pythagore et de ses élèves, cours dispensés il y a de cela, environ 2500 ans. Ça ne nous rajeunit pas... Mais c'est bien connu, rien ne vaut la sagesse des anciens !

Le monde ici-bas a été créé de manière à expérimenter de nouveaux possibles et permettre la création de nouveaux univers. Il s'agit en quelque sorte d'un terrain de jeu inédit pour « les énergies créatrices de l'univers » (terme d'Edgar Cayce), qui leur ont permis et leur permettent encore de créer une infinité d'expériences afin de voir quels seront leurs devenirs. Ces expériences se déroulent dans un monde tangible où quatre principes règnent :

- Le principe d'individualisation. L'esprit sera séparé du Tout et mû par un ego pour en faire l'expérience. Donc le 1.
- Le principe de dualité. Dès lors que cet esprit est séparé, qu'il y a eu différenciation, l'individu découvre que l'autre n'est pas lui, que cet autre dispose lui-aussi de sa propre individualité. Donc le 2.
- Le principe de l'espace qui sépare *de facto* ces deux entités distinctes. Donc le 3.
- Le principe de temporalité. Le franchissement de l'espace séparant les deux entités n'est pas instantané, le temps devient nécessaire. Donc le 4.

De ces 4 nombres simples exprimés par un signe/chiffre, tous les autres en découlent, car créés par addition ou combinaison de ces principes (surtout pas par multiplication).

Bien entendu, si vous ne possédez qu'un seul ingrédient (le 1, le 2, le 3 ou le 4), qu'il soit additionné ou multiplié ne change rien, il reste ce qu'il est. En clair, si vous préparez une soupe, et que pour ce faire, vous ne prenez que des carottes, vous aurez beau les multiplier ou les additionner, votre soupe n'aura immanquablement que le goût de la carotte. En revanche, si vous additionnez un autre légume, vous changerez indéniablement le goût de votre soupe. Faut-il en déduire que nous baignons dans une soupe ? Sûrement, une soupe de nombres !

Si vous additionnez les 4 principes de ce monde (1 + 2 + 3 + 4), vous obtenez 10, qui par réduction théosophique donne l'Unité (1 + 0 = Un). Magique, non ?

Les nombres simples

Ils sont écrits à l'aide d'un seul chiffre et précèdent l'Unité retrouvée (10).

0

En numérologie, le zéro est une énergie particulière. Un potentiel. Il revêt différentes significations.
Exemples :
1) Si vous n'avez aucune lettre à valeur 8 (H, Q, Z en français), l'intensité de la lettre 8 vaut 0. Ce qui veut dire que le 8 est manquant
2) Si un nombre se termine par un zéro, il renforce le potentiel du nombre une fois réduit. 30 → 3 + 0 = 3.

1
Le Feu

Le 1 est le premier des principes, l'individualisation. Il se réalise par et pour lui-même. Il fait l'expérience du libre arbitre. L'ego est prédominant, l'expression des sentiments étant secondaire. Il cherche avant tout à se réaliser et à se confronter à l'adversité. Il aime forcer son destin, dépasser ses limites. Il impulse, initie et dynamise. Il trace sa voie, animé d'un réel désir de reconnaissance pour ses moindres faits et gestes.

Il est profondément convaincu qu'il est le seul à posséder le choix des possibles. Que vous soyez d'accord ou non avec lui ne l'effraie nullement, cela ne fait que renforcer sa détermination. C'est lui le chef ! Il peut se montrer parfois dur et intransigeant, limite sans cœur. C'est de lui-même dont il devra se méfier le plus, car il peut être son pire ennemi. Il doit faire attention à ne pas trop s'enflammer spontanément, car il finirait par se consumer et se réduire à un petit tas de cendres. Il aime convaincre, affirmer, voire violer, il n'y met pas souvent les formes. Sa nature directe et sans détours peut être souvent déconcertante.

Le 1 est un être flamboyant, parfois très naïf, car trop sûr de sa force. Il peut tout de même s'avérer magnanime, car il a un sens très poussé de l'honneur, la preuve, il frappe rarement un ennemi tombé à terre. À force de combattre, il perd de vue que le monde n'est pas seulement un vaste camp militaire. S'il n'en prend pas conscience rapidement, il pourrait bien se retrouver avec quelques coups et bosses, signes de violents retours de manivelle.

Il est animé par la chaleur, normal puisqu'avant tout, il est constitué d'une nature ignée !

2
L'Eau

Avec le 2, vient la prise de conscience de la dualité. Je ne suis pas seul, l'autre existe, je dois composer avec lui. A l'instar de l'enfant, qui, dans le ventre de sa mère dépend d'elle pour pouvoir se donner un corps, notre 2 a pleinement conscience qu'il doit composer avec l'autre. Sa nature profonde est habitée d'une sensibilité, parfois extrême, qui lui permet de prendre en compte ce que l'autre est. Le 1 est l'actif, le 2 est le réactif. Son évolution et la direction que prend son destin, sont étroitement liées à sa capacité de maîtriser ses émotions. C'est une condition *sine qua non* pour qu'il ne se fasse pas ballotter comme une coquille de noix dans un océan déchaîné.

Il a tendance à déléguer, à laisser l'autre décider à sa place, espérant récolter quelques bénéfices. Il cherche à s'exonérer de ce qui lui semble insurmontable, préférant donner tendresse et affection. Il n'en demeure pas moins qu'il attend en retour les mêmes égards. Et ce n'est pas toujours le cas ! Il est le parfait conjoint, associé, collaborateur.

Le 2 est sensible au monde de l'enfance, aux animaux, aux êtres qui souffrent. Dévoué, privilégiant le bien-être de l'autre, ou des autres, il apporte beaucoup à son petit monde. Il est utile de tenir compte de ses avis, car il a souvent de fulgurantes intuitions.

Il doit se garder de ne pas sombrer dans la sensiblerie, ni de céder à ses pleurnicheries qui peuvent finir par lui empoisonner l'existence, et surtout, faire fuir son entourage. S'il n'y parvient pas, il risque de se retrouver bien seul. Or il déteste ça ! Une sorte de défaitisme peut alors le poursuivre, et même un certain cynisme qu'il entretient suite à des échecs répétés. Il finit alors par gâcher sa vie et celle des autres.

Il est animé par l'intuitif, normal puisqu'il est avant tout constitué d'une nature aquatique !

3
L'Air

Le 3 représente l'espace, la distance entre l'autre et soi-même. C'est au moment où le cordon ombilical reliant le nouveau né à sa mère est coupé, que le 3 est créé. Comme il est couramment admis que l'univers a horreur du vide, notre 3 va s'employer à essayer de le combler tout au long de sa vie. Fermement décidé à se faire entendre, il n'aura de cesse de chercher à remplir cet espace de silence qu'il a souvent du mal à appréhender, ou tout du moins à accepter.

Actif et dynamique, il a besoin de beaucoup de place pour agir, bouger, s'exprimer. Particulièrement animé par l'envie de dialoguer, parfois tous azimuts, il lui arrive souvent de ne pas accepter la contradiction lorsque son entourage ne partage pas son avis. Il doit alors éviter les basses polémiques et ne pas se sentir contrarié. S'il perd son espace d'expression, il peut très facilement sombrer dans la dépression, ou devenir cancanier et provocateur. Il doit faire attention à ne pas s'envoler comme un fétu de paille un jour de grand vent.

C'est un personnage double, pouvant aisément afficher tour à tour, l'une ou l'autre de ses personnalités. Pas toujours facile de savoir à qui on a affaire, car il se garde bien de le laisser paraître. Ses voltes faces permanentes sont souvent très déconcertantes pour l'entourage. C'est le juvénile qui a un mot sur tout, mais qui ne veut en aucune manière s'engager définitivement et complètement. Il garde toujours une porte de sortie, au cas où, sait-on jamais ! Il a fréquemment la fâcheuse habitude de tout résumer, ce qui peut le faire paraître comme un être manquant de profondeur qui n'assume pas jusqu'au bout ses engagements.

Il possède souvent de bons talents pour tout ce qui touche au graphisme. Il est animé par la parole et le mouvement, normal, puisqu'il est avant tout constitué d'une nature aérienne !

4
La Terre

Le 4 est le stabilisateur, il caractérise l'enracinement, il assure la fondation. Après notre 3 qui cherche à envahir l'espace laissé vacant, il y a nécessité impérative de structurer le monde, notre 4 va s'en charger.

Certes, tout ceci prend du temps, rien ne se construit pas par un simple claquement de doigts. Heureusement, notre pragmatique 4 n'en manque pas de temps. Il est conscient qu'une organisation et un agencement s'avèrent nécessaires, pour que tout ne s'éparpille point aux quatre vents. Pour maîtriser les lois qui structurent la matière, il sait qu'il est indispensable d'user de patience, de ténacité et de persévérance, bref les attributs essentiels du 4. Si ces conditions ne sont pas remplies, un sentiment de limitation surgit immanquablement. Comme il est couramment admis que tout vient à point pour qui sait attendre, le 4 intègre cette notion, et surtout agit de façon méthodique. Cela dit, s'il est bon d'avoir une parfaite assise dans la vie, il ne faut surtout pas que celle-ci soit un frein aux élans spontanés et à l'envie d'entreprendre.

Le 4 possède la maîtrise de la matière et du temps, mais ce qui le guette parfois, c'est une trop grande rigidité, ainsi qu'une forme d'inertie qui peut le transformer en une statue (de sel ?) froide et sans âme. Apprendre à exprimer ce qu'il pense est un travail salutaire. Ruminer sans cesse toutes sortes de scénarios ne conduit pas forcément à leurs réalisations. L'application sur le terrain est primordiale.

Il est animé par la prudence et la patience, normal, puisqu'il est constitué avant tout, d'une nature terrienne !

Les nombres créés par les quatre principes/nombres

5
L'éther
(1 + 4) ou (2 + 3)

La particularité du 5 est de conjuguer les 4 principes précédents, sans leur être aliéné pour autant, car il a le choix d'être créé par 1 + 4 ou 2 + 3. Cette nouvelle énergie, très particulière, correspond à une entité qui se sert des 4 premiers éléments créés, pour explorer le monde. Par association d'idées, ce serait le pouce de la main qui décide d'utiliser indifféremment les 4 autres doigts pour satisfaire son besoin de découverte. D'ailleurs, pour appréhender ce monde, ne faut-il pas exercer une préhension sur lui ? Peut-être veut-il toucher du doigt ce qui l'attire ?

Nous possédons aussi 5 sens, ils correspondent à la nature du 5 qui les utilise pour explorer et percevoir tout ce qui l'environne. Curieux de tout, le 5 n'a de cesse de repousser ses propres limites dans tout ce qui touche à la connaissance. Il cherche constamment à élargir son espace vital, car il le considère trop étroit pour lui. Cela dit, vouloir connaître les éventuelles limites de l'univers, c'est bien, mais il ne faudrait pas que cela conduise notre 5 à se disperser définitivement. Or ce danger le guette sans cesse, car non seulement il a soif d'aventures et de découvertes, mais il affiche souvent une indépendance qui s'accompagne d'une réactivité excessive, voire d'une révolte vis-à-vis de l'ordre établi. D'ailleurs, l'image des 5 doigts de la main n'est-elle pas celle d'un pouce opposé aux autres doigts ?

Le 5 est souvent un original (en tout cas il se perçoit comme tel) qui déteste qu'on le compare à un autre. Il se veut unique. C'est un indépendant, parfois solitaire, qui paradoxalement, ne peut pas se passer de relations et d'amis. Les domaines avant-gardistes lui sont particulièrement ouverts.

Il est animé par l'exploration de l'immensité (intersidérale ?), normal puisqu'il est, avant tout, constitué d'une nature « éthérique » !

6
(1 + 2 + 3) ou (2 + 4)

Le 6 symbolise la perfection, car il est avant tout « Le » premier nombre parfait[1], le seul parmi les 9 nombres simples. Ce n'est donc pas étonnant que son monde s'apparente à la quête du perfectionnisme. Amoureux du détail, de la précision, de l'ouvrage réalisé avec soin, il fait constamment preuve d'un sens de l'organisation dans son monde où rien n'est laissé au hasard. La gamberge fait partie de ses passe-temps favoris, à tel point qu'il prévoit et prépare tout ce qu'il veut entreprendre, d'abord dans sa tête. Rien ne lui échappe, il veut avoir le contrôle sur tous les aspects de sa vie. Fatiguant, n'est-ce pas ? Et oui, il peut être sujet à de grosses fatigues mentales, surtout s'il ne se calme pas et se polarise trop sur ce qui lui déplaît, considérant la chose comme impréparée ou imparfaite. Il s'engage rarement à la légère, il aime que tout soit planifié, c'est un scrupuleux qui met un point d'honneur à respecter ses obligations.

Dans son monde idéal, il englobe aussi ses proches, car il a besoin de vivre avec ses semblables à qui il applique ses principes. Il est un hôte zélé, sachant prendre soin de ses invités, les mettant à l'aise, leur offrant ce qu'il considère comme parfait.

Le 6 doit apprendre à se détendre, à accepter ce qu'il considère comme vulgaire et/ou dépravé, sans quoi la frigidité le guette. Il doit se garder d'émettre des opinions sur tout, de distribuer sans cesse des bons et mauvais points. Sa cérébralité excessive provoque souvent chez lui toutes sortes de maladies, souvent chroniques. Il doit pouvoir s'en libérer, en se montrant capable d'appliquer une forme de détachement vis-à-vis de ce qui le dérange. C'est sûr qu'il n'aime pas ce qui est brouillon. Il faut tout de même souligner que, malgré sa réserve naturelle, il est profondément humain. Il peut posséder des talents dans des domaines aussi différents que le chant, l'écriture, l'industrie et la technique.

Note : Il faut toujours le 2 pour le créer à partir des 4 principes/nombres. 1 + **2** + 3 ou **2** + 4. Ceci explique pourquoi le 6 est tributaire de l'autre (2).

---

[1] Un nombre parfait est un nombre résultant de l'addition de ses diviseurs excepté lui-même. Les diviseurs de 6 sont 1, 2 et 3, car 6 / 1 = 6, 6 / 2 = 3 et 6 / 3 = 2.
L'addition des diviseurs 1 + 2 + 3 donne 6.
Le nombre parfait suivant est 28.

7
(1 + 2 + 4) ou (3 + 4)

Le 7 est l'expression de l'idéal, de la vocation, de l'engagement. Sans cesse poussé par une quête de l'absolu, il veut que sa vie ait un sens, que ses engagements soient honorifiques. Il est curieux de tout, toujours à l'affût de nouvelles investigations à mener. Animé par un feu sacré, il est épris d'une vision idéalisée d'un monde, où il lui semble qu'il a un rôle essentiel à jouer. Il a besoin d'être sûr que Dieu lui a assigné sa route, et si, de surcroît, celui-ci pouvait lui signer tout ceci sur un parchemin, ça serait encore mieux !

C'est un être charismatique en quête de têtes de proue, d'idoles. La profondeur de sa vie intérieure le force sans cesse à repousser ses propres limites, à se dépasser, à s'investir et à explorer le monde qui l'entoure. Ses engagements sont entiers et unidirectionnels. Monolithique, il a souvent du mal à faire la part des choses, acceptant difficilement les échecs et les revirements de situation. Quand il donne sa parole, il attend en retour que les autres fassent de même, sinon, il ressent comme une forme de trahison. Il ne sait pas toujours trouver les mots et les phrases pour expliquer toute la profondeur de son être, mais curieusement, il peut se lancer dans de longues diatribes. Il devient alors un orateur hors paire. C'est un bon comédien, aussi ne faut-il pas prendre à la lettre tout ce qu'il affirme. Son côté théâtral lui permet d'ouvrir de nombreuses portes, il sait en user et en abuser.

Le 7 ne s'engage jamais à la légère, car il cherche avant tout à préserver ses intérêts, quels qu'ils soient. Si vous faites partie de ses proches, vous bénéficierez de ses largesses, sinon, « *macash voilou* » ! Agissant sans tapage, avec discrétion, il a le souci de préserver ceux qu'il aime. Idéaliste, il a quand même le sens des réalités, car il ressent un impérieux besoin d'être à l'aise matériellement. Il est parfois difficile de résister à son charme discret et envoûtant. Comme il le sait, il doit se garder de l'utiliser à mauvais escient, car cela peut le conduire à vivre de sérieux revirements de situations, qui ne seront pas vraiment à son avantage. S'il ne veut pas se retrouver seul (ce qu'il déteste), et aigri par la vie, il doit apprendre à tenir compte de l'avis des autres. Ce n'est pas gagné ! Il peut facilement devenir querelleur et cancanier. C'est un amoureux des livres. C'est parfois aussi un affabulateur, limite mythomane. Les domaines où il peut s'investir sont tellement nombreux qu'il est impossible de les citer tous. Leurs points communs sont la spécialisation.

Note : le 7 a toujours besoin du 4 lorsqu'il est créé à partir des quatre principes/nombres 1 + 2 + **4** ou 3 + **4**.

8
(1 + 3 + 4)

Le 8 est l'archétype même du nombre karmique, car il traîne dans son sillage tout ce qu'il y a de plus sulfureux dans la nature humaine. Son énergie est considérable, c'est celle de l'instinct sexuel, de la quête du pouvoir, de l'envie de dominer. Ce nombre reflète à lui seul tout ce qui se rapporte à l'énergie première (nommée la soupe primordiale par les scientifiques), à la création du monde depuis l'origine des temps. Qui dit création dit aussi destruction, car l'un ne va pas sans l'autre. Dans ce nombre, il n'y a pas de composition, de discussion, ce sont deux extrêmes assemblés. D'ailleurs cela se voit dans sa calligraphie, on dirait 2 terres (2 boules) posées l'une sur l'autre. Il représente l'infini. Dessinez un grand huit sur le sol, marchez sur le trait, vous reviendrez toujours à votre point de départ. La boucle est bouclée ! A l'instar de ces manèges qu'on appelle le grand huit, la vie du sujet est faite de hauts vertigineux, et de bas qui le sont tout autant.

Les mécanismes qui poussent notre 8 à vouloir croquer le monde sont assez mystérieux, il ne sait pas toujours lui-même les définir. Il veut profiter de toutes les jouissances de ce bas monde, et en même temps, il cherche à s'en défendre, ou en tout cas à s'en justifier. C'est d'ailleurs ce qui le pousse sans cesse à avancer visage masqué. Il veut dominer tous les aspects matériels de la vie, mais sans être projeté sous les feux de la rampe. En fait, il déteste par dessus tout qu'on vienne s'immiscer dans ses petites affaires personnelles, des fois que l'on découvre ses travers...

L'adage qui dit que la fin justifie les moyens, peut tout naturellement s'adresser à lui. Cela dit, beaucoup de dangers guettent ce sujet, car s'il n'y prend garde, s'il ne sait pas s'acheter rapidement une conduite, il pourrait vivre de difficiles retournements de situations, de durs coups du sort. Comme il n'est pas effrayé outre mesure par l'adversité, ce coriace peut descendre inexorablement dans un puits sans fond. De plus, cet opportuniste est crédule et naïf à souhait, ce qui souvent n'arrange rien. Prendre des vessies pour des lanternes ne rime pas avec analyse profonde. Consciemment ou non, il pourrait bien être celui qui pose les pièges dans lesquels il va tomber. Il peut facilement se faire rouler, mais gare à sa vengeance !

S'il arrive à trouver le sentier lumineux, il peut devenir un saint homme. Généreux, magnanime, prêt à aider son prochain.

Note : le 8 est créé par les principes/nombres 1 + 3 + 4 où le 2 est absent. Par contre, il combine les énergies actives et complémentaires du 1 et du 3 avec la structure du 4.

9
(2 + 3 + 4)

Le 9 est le mystique à part entière. Ce nombre, le dernier des chiffres simples, supporte à lui seul le poids de tous les autres, comme s'il était parvenu à la fin d'un cycle. Il bénéficie en quelque sorte de toute l'expérience accumulée, sachant plus que d'autres, que le monde ne se résume pas à son aspect purement matériel. Sa prescience, son empathie naturelle, lui permettent d'accéder au monde dit spirituel, et par là même, l'éloigne considérablement d'une certaine réalité de la vie terrestre. Intuitif et humaniste, il est traversé par d'incessants courants qu'il ne maîtrise pas toujours, en tout cas dans un premier temps. Ce n'est qu'avec l'âge et l'expérience qu'il finit par ne plus se laisser emporter, tel un fétu de paille, dans ses tourbillons d'émotions mal maîtrisées. Qui plus est très sensible, ce buvard a parfois du mal à se forger une personnalité, tant il est capable de copier et d'absorber celle de ses proches. La foi insondable qui l'habite et sa connexion avec l'invisible, l'incitent à prendre les choses telles qu'elles viennent, à accepter que le destin guide sa vie, comme s'il s'agissait d'une fatalité face à laquelle il ne peut rien y faire.

Le 9 est serviable, attentif à la souffrance d'autrui, mais il a souvent la fâcheuse tendance à vouloir s'extraire de ce qui le pèse ou le fait souffrir. Il lui arrive alors de prendre la poudre d'escampette, au sens propre comme au sens figuré, dès qu'il voit arriver de gros nuages noirs, ou qu'il pressent des difficultés insurmontables à ses yeux. Pas toujours très bien organisé dans sa vie, souvent partisan du moindre effort, il ne fait que l'essentiel. Il n'aime vraiment pas être bousculé. Très opportuniste dans le bon sens du terme, il sait s'adapter aux exigences de son entourage, et se faire une place où il sera particulièrement apprécié pour sa douceur. Ne possédant pas un ego démesuré, il est peu sensible à la brosse à reluire, mais il apprécie plus que tout de se sentir aimé. Que voulez-vous, c'est un romantique et un sentimental. Il devra impérieusement s'astreindre à une certaine discipline de vie, à une hygiène stricte, car comme il n'aime pas trop se faire mal, il a tendance à se laisser aller, à être nonchalant. Ceci peut vraiment lui jouer des tours en lui causant de gros problèmes physiologiques. Fréquemment tétanisé par la peur, cette dernière peut paradoxalement devenir un excellent aiguillon, en l'obligeant à sortir d'une certaine forme de léthargie et de torpeur. Au final, elle finit par le stimuler.

Les Maîtres Nombres

11

Le 11 fait partie des maîtres nombres, et ne doit en aucune manière être réduit pour obtenir 2. Lors de vos calculs, au moment où vous effectuez une réduction théosophique finale, si vous obtenez un 11, vous devez le laisser tel quel. La réduction que vous auriez faite par exemple pour un 12 → 3 (1 + 2), vous ne pouvez pas la faire pour le 11. Ce dernier est composé de deux 1, deux fois le même principe. Nous verrons que cette règle intangible s'applique aussi au 22.

Cela dit, il est des cas où les différents résultats obtenus renvoient à une énergie 11 et à une énergie 2. Nous allons voir que ce n'est pas parce que 11 se réduit à 2, mais parce que dans un calcul, le résultat a donné un sous-nombre 20 qui lui, a été réduit à 2. Le significateur vaut alors 11/2. Voici un exemple avec les trois modes de calcul du Chemin de Vie (le nombre lié à notre date de naissance).

Prenons le cas d'une personne née le 16 octobre 1965.
1) Addition en ligne du jour, du mois et de l'année :
```
16+10+1965 = 1+6+1+1+9+6+5 = 29
```

29 → 2+9 = 11.
29 est le sous-nombre du maître nombre 11.

2) Addition en colonne du jour, du mois et de l'année.
```
    16
+   10
+ 1965
------
  1991 → 1+9+9+1 = 20 → 2
```
20 est le sous-nombre de 2.

3) Addition en colonne du jour, du mois et de l'année une fois qu'ils ont été réduits.
```
  16 → 1+6 = 7
  10 → 1+0 = 1
1965 → 1+9+6+5 = 21 → 2+1 = 3

7+1+3 = 11
```

Notez que ces trois modes de calcul ci-dessus font ressortir une différence notable. Le premier calcul donne un 11 issu du sous-nombre 29, le deuxième donne un 2 issu du sous-nombre 20 et le dernier donne directement le maître nombre 11. Il est incontournable d'effectuer ces trois de modes de calcul pour découvrir que ce Chemin de Vie est à la fois teinté par le 11 et le 2.

Encore une fois, car c'est une clé essentielle de la numérologie, ce 2 n'est pas obtenu en additionnant 1 + 1, mais bien en trouvant le sous-nombre 20 dans les différents modes de calcul du Chemin de Vie. Et oui, il y a des Chemins de Vie 11 et des Chemins de Vie 11/2.

Le 11 est le principe du nombre 1, appliqué deux fois. Il possède donc toutes les caractéristiques du 1 (*voir plus haut*), mais avec une certaine dualité qui provoque une envie, parfois insatiable, d'ouvrir encore plus son champ d'action, de pénétrer toutes sortes de mondes et d'univers nouveaux. À prime abord, ceci peut apparaître comme une dispersion, une fâcheuse habitude de courir plusieurs lièvres à la fois. Il semble tiré à hue et à dia, ne sachant pas, dans un premier temps, quelle voie emprunter. Dynamique et progressiste, il veut imprimer sa marque, imposer sa façon de voir, bref creuser un sillon qu'il pourra laisser à la postérité. Si d'aucuns le suivent, empruntent eux aussi ce sillon, il en sera très fier.

Comme nous l'avons vu plus haut en calculant le chemin de vie, si le 2 côtoie ce 11, la relation avec autrui est primordiale, l'envie de composer, de faire avec l'autre est vitale. Ce besoin de partager est souvent lié à une forte émotivité ayant pour effet, soit de ralentir ses élans, soit de l'agiter fortement, surtout quand il a l'impression qu'on dresse des obstacles devant sa route. Que voulez-vous, il est animé de bons sentiments ! Il cherche à bien faire ! Mais il a souvent un mode d'action, parfois brusque, qui n'est pas toujours très bien compris et accepté par son entourage. Bref c'est un écorché vif. La patience n'étant pas une de ses vertus premières, il devra comprendre rapidement que le monde n'a pas été créé en un jour. Même pour Dieu, il en a fallu 6 ! Alors…

Il peut se montrer très ouvert au monde de l'informatique, aux sciences nouvelles, voire à l'ésotérisme.

Il cherche à amener une dimension collective à son action. Il est l'Unité retrouvée (10) + le un. Il a besoin d'être un émetteur, un guide. Moi je (le 1) sais comment trouver l'unité (10). Le 11 peut être un véritable illuminé au sens propre comme au sens figuré. Animé par un enthousiasme très communicatif, il ne doit surtout pas perdre de vue certaines réalités indispensables à la bonne conduite de ses affaires.

22

Alors que le 11 peut provenir de sous-nombres à deux chiffres (29 → 2+9, 38 → 3+8, 47 → 4+7…), le 22 n'est jamais la réduction d'un sous-nombre quel qu'il soit[2]. Il provient d'une addition directe. Ce maître nombre ne se réduit jamais à 4, car pour ce qui est de l'interprétation du 22 en numérologie, on n'additionne jamais les deux chiffres qui le composent, puisqu'ils sont identiques. Si d'aventure un 4 est présent, cela signifie que dans le mode de calcul opéré pour obtenir ce 22 (dans le chemin de vie par exemple), il y avait aussi un sous-nombre qui a donné comme résultat un 4 quand on l'a réduit (13,

---

[2] Le premier sous-nombre de 22 est 499. Or, il est impossible de trouver pareil résultat lors des différents calculs numérologiques sur les noms, prénoms et date de naissance.

31, 40…). Dans ce cas de figure, on dit qu'un 4 accompagne le 22. L'abréviation dans les tableaux numérologiques s'écrit 22/4.

Exemple d'une personne née le 28 janvier 1955.
1) Addition en ligne du jour, du mois et de l'année :
```
28+01+1955  =  2+8+1+1+9+5+5  =  31
31  →  3+1  =  4.
```
31 est le sous-nombre de 4.

2) Addition en colonne du jour, du mois et de l'année.
```
      28
+     01
+   1955
   ------
    1984  →  1+9+8+4  =  22
```
Dans ce mode de calcul, nous obtenons directement le maître nombre 22 qu'il ne faut surtout pas réduire.

3) Addition en colonne du jour, du mois et de l'année réduits.
```
  28  →  2+8  =  10  →  1+0  =  1
  01  →  1
1955  →  1+9+5+5  =  20  →  2+0  =  2

1+1+2  =  4
```

Le Chemin de Vie de cette personne est 22/4. Là encore, ce n'est pas en additionnant les 2 + 2 du maître nombre 22 que nous obtenons un 4, mais bien parce que dans les calculs ci-dessus, le 4 a été mis en exergue. Dans la pratique, un Chemin de Vie 22 pur et dur, c'est-à-dire sans que le 4 ressorte dans tous les modes de calculs, est plutôt rare. Mais il existe, nous l'avons déjà rencontré.

Le 22 est le constructeur à long terme, celui qui inscrit l'aboutissement de ses projets dans le temps. Pour lui, il y a nul besoin de précipiter les choses, tout arrive à point à celui qui sait attendre. Régularité et constance font partie de ses qualités premières. Doté d'une très grande force d'inertie, il sait aisément résister aux pressions extérieures, ces pressions que cette société trépidante nous impose souvent, et ce, bien malgré nous.

Le 22 déteste être bousculé, et encore moins malmené, il fait ce qui est nécessaire pour s'extraire de tout ce qui vient troubler sa tranquillité. Parfois très nonchalant, il semble éloigné des préoccupations de ses contemporains, comme de ses proches. Ce n'est pas qu'il soit insensible et froid, non, mais il ne comprend tout simplement pas pourquoi ce beau monde s'agite autour de lui, au moindre petit problème rencontré. En fait, c'est un philosophe qui semble avoir vécu tellement de vies, que rien ne peut l'impressionner. Tout paraît naturel à ses yeux, il n'y a pas besoin de s'émouvoir plus que ça. Ce genre d'attitude n'est pas toujours très bien perçu et compris par son entourage, qui peut le lui reprocher. C'est clair qu'il est parfois un peu trop statique, « aux abonnés absents ». Certes, il ne cherchera pas à imposer d'une manière péremptoire ce qu'il tient pour vrai, mais son ego et son orgueil démesurés ont du mal à accepter qu'on le remette en question. Ce n'est pas le plus gai, ni le plus enjoué, son sérieux un peu trop pontifiant est parfois trop pesant pour son entourage. Il a du mal à comprendre que la vie est aussi faite de distraction, de légèreté. Non seulement il ne le perçoit pas toujours, mais surtout, il a du mal à l'accepter. Il cherche à s'échapper de ce monde surfait qui privilégie les gadgets et les enfantillages. Il préfère retourner à sa solitude chérie.

33
Un cas à part...

Le 33 est probablement l'ultime maître nombre. Il est coloré par une énergie nouvelle en train de s'installer graduellement sur la Terre. Sa fréquence énergétique est très élevée, nul doute qu'elle va impacter sensiblement la structure de notre matière en mutation, cette matière qui, inexorablement, monte dans des fréquences supérieures. L'énergie composant ce maître nombre est de nature Christique. Elle est reliée au cœur et émise principalement par lui. Elle ouvre des champs expérientiels élevés, conscientisant avec force, tout ce qui se rattache à la compassion, à l'amour du prochain, à la création d'un monde parfait.

Pour la petite histoire, ce nombre est encore mystérieux, car n'impactant pas encore d'une manière directe notre espace/temps, il convient pour l'instant de l'associer au 6 en le nuançant. Si vous faites un tableau numérologique, vous noterez 33/6 dans la case correspondante, et non pas un 6 tout seul. Son premier sous-nombre est 6999 !

Dans les nuances et conjugaisons, il apporte une touche personnelle non négligeable que l'on attribue généralement au 6, celle du perfectionnisme à outrance, de l'harmonie parfaite, de l'extrême dévouement vis-à-vis de son prochain. Pour autant, nous ne le considérons pas comme un maître nombre agissant à part entière. Nous le réduirons donc à 6 si nous l'obtenons comme résultat.

D'ailleurs contrairement aux 11 et 22 qui sont issus des deux seuls nombres créés, le 1 et le 2, le 3 est déjà une combinaison de deux énergies différentes, celles justement du 1 et du 2. Voilà pourquoi, *numérologiquement* parlant, le 33 ne peut avoir le même statut de maître nombre ici bas que le 11 et le 22.

Les Sous-nombres

En numérologie, les nombres sont partagés en 3 catégories, les nombres simples (de 1 à 9), les maîtres nombres (11, 22), et tous les autres que nous nommons sous-nombres. Autrement dit, tous les nombres que vous obtenez quand vous additionnez la valeur des lettres d'un prénom, d'un nom ou d'une date de naissance sont des sous-nombres, exceptions faites du 11 et du 22, ou d'un résultat qui donnerait directement un nombre simple (1 à 9).

Ainsi, quand l'addition donne un nombre supérieur à 9 autre que 11 et 22, c'est un sous-nombre qu'il vous faut réduire jusqu'à obtenir un nombre entre 1 et 9 ou un maître nombre 11 ou 22.

Exemples en tenant compte de la valeur de chaque lettre de l'alphabet français.

1	2	3	4	5	6	7	8	9
A	B	C	D	E	F	G	H	I
J	K (11)	L	M	N	O	P	Q	R
S	T	U	V (22)	W	X	Y	Z	

```
Michel
493853 → 4+9+3+8+5+3 = 32
```
Le prénom Michel vaut 32.
32 est donc le sous-nombre qu'il faut réduire :
```
32 → 3+2 = 5
```
On dit alors que le 5 de Michel vient d'un 32, dans votre tableau vous noterez 32/5.

```
Catherine
312859955 → 3+1+2+8+5+9+9+5+5 = 47
```
Le prénom Catherine vaut 47, sous-nombre que nous allons réduire :
```
47 → 4+7 = 11
```
Nous obtenons un maître nombre (le 11), qu'il ne faut donc pas réduire.

D'une manière imagée, la définition et l'interprétation d'un sous-nombre peut s'apparenter à celle d'un peintre se servant de sa palette de couleurs pour obtenir différentes nuances. Dans l'éventail des couleurs, même les basiques, il en est qui sont obtenues par un mariage subtil. Si vous mélangez une couleur bleue avec une couleur jaune, vous obtenez une couleur verte. Enfantin, n'est ce pas ? Ce vert que vous avez obtenu n'est ni un bleu, ni un jaune, et pourtant il possède ces deux couleurs. Par analogie, il en va de même pour toutes les combinaisons entre les nombres.

Le sous-nombre est d'une importance capitale quant à l'interprétation d'un thème numérologique. Il permet de nuancer chaque nombre et maître-nombre obtenu après réduction, apportant des précisions essentielles pour l'approfondissement d'une analyse.

Vous trouverez d'autres éléments d'information dans le dernier chapitre de cet ouvrage, consacré à l'explication plus fouillée de cette subtile alchimie.

Chapitre II

Les clés pour découvrir le partenaire idéal avec la méthode Maïa

« Maman, est-ce que j'ai quelque chose à moi qui ne soit pas à vous ? »

Emile Zola

En ce monde tridimensionnel, pour exprimer notre propre individualité (1), nous n'avons pas d'autres choix que de naître. Paradoxalement, cette quête de qui nous sommes (1), ne peut se faire qu'à travers l'autre (2). Au moment de notre naissance, la seule et première possibilité qui nous est offerte, c'est la rencontre de l'autre au travers de notre mère, nous n'avons pas d'alternative. Tout au long de notre vie, nous sommes amenés à faire connaissance d'une multitude d'autres, mais la première rencontre avec notre mère est celle qui laisse la première trace indélébile. En plus de l'amour nécessaire à toute conception, l'imprégnation de l'environnement maternel sur le fœtus est essentielle. Cette symbiose gestatoire marque profondément l'enfant à naître, celui-ci absorbant, peu ou prou, tous les attributs de sa mère, à savoir, son environnement, sa culture, ses émotions, l'ascendance, et bien entendu tout se qui se rapporte à son environnement socioculturel.

Parmi tous ces paramètres, il en est un qui est incontournable, puisqu'il nous permet de communiquer avec autrui, le langage. Nous nous imprégnons d'abord de la langue parlée par notre mère, qui dans la plupart des cas, correspond à celle du pays qui nous a vus naître, même s'il existe, bien entendu, des exceptions. L'imprégnation de la langue maternelle n'est pas fortuite, nous pensons que le choix de cette langue est délibérément fait par l'âme avant de s'incarner sur la terre. Chaque langue portant et véhiculant le fruit de l'expérience collective et l'histoire du pays, nous la recevons comme un héritage. Et puisque de génération en génération, cette langue véhicule les expériences de vie de tous les individus qui composent la société, nous en absorbons, consciemment ou non, le Verbe.

La numérologie partant du postulat qu'une langue contient et transporte la conscience collective d'un peuple, il est donc tout naturellement possible d'en extraire l'essence. À l'instar de l'alchimie qui sert à obtenir les huiles essentielles d'une plante, nous nous servons de la numérologie pour extraire la quintessence de ce qui compose la dite langue. Grâce aux lettres de l'alphabet et de leur association entre elles, la numérologie est ce procédé subtil qui permet cette extraction. Pour ce faire, des valeurs ont été attribuées aux lettres qui composent un alphabet. C'est l'ordre dans lequel est décliné celui-ci qui va être pris en compte. En français, le A première lettre vaut 1, le B vaut 2, etc. (voir le tableau des correspondances à la fin du chapitre précédent ou l'annexe 2 en fin d'ouvrage).

Fort de ce qui vient d'être exposé précédemment, il s'avère impossible de faire l'impasse sur deux paramètres essentiels, à savoir, l'imprégnation des énergies véhiculées par notre langue maternelle et notre héritage biologique. Avant même d'avoir un enfant, une femme possède dès la naissance tous ses ovules, ou plus précisément les ovocytes qui deviendront des ovules après maturation. De toute évidence donc, dès le premier souffle de notre mère, l'ovocyte qui allait des années plus tard devenir ovule et être fécondé pour devenir nous était présent. Cette partie de nous-mêmes en devenir existait à l'instant même où naissait notre mère. Le spermatozoïde de notre père ne peut pas en dire autant !

A sa naissance, notre mère a reçu un nom et des prénoms, chacun porteur d'une vibration. Si nous ne partageons pas directement son ou ses prénoms qui lui appartiennent en propre, c'est bien dans la résonance du nom de naissance maternel, que nous retrouvons tous les attributs qui nous ont été légués, l'histoire de notre lignée, tout ce qui se rapporte à notre famille. Voilà pourquoi nous devons prendre en compte le nom de jeune fille de notre mère pour faire notre thème. Il est le lien précieux entre les générations.

Le patrimoine génétique de la mère se trouvant dans l'ovule de la vraie mère biologique, il va sans dire que le fait d'avoir été enfanté par une mère porteuse, ne change en rien ce patrimoine. Il n'y a aucune influence des gènes de la mère porteuse sur les gènes initiaux. C'est scientifiquement incontournable. Et c'est bien l'ovocyte de la mère naturelle qui a reçu ce nom de famille dont nous tiendrons compte pour faire le thème.

Dans le tome I de la « Numérologie dévoilée », nous avons approfondi tous ces points. Cette méthode qui consiste à prendre en compte le nom de jeune de fille de notre mère, à la place du nom que nous avons reçu à la naissance (sachant qu'il peut s'agir du même parfois), nous l'avons appelée méthode Maïa.

Ainsi, pour découvrir votre vraie personnalité, il vous faut tenir compte des éléments suivants : tous vos prénoms, votre date de naissance et le nom de jeune fille de votre mère. Nos différentes investigations et recherches nous ont permis de conclure que l'alphabet qui doit être pris en compte, est celui qui était en vigueur au moment de l'enregistrement sur l'état civil. Seule exception de taille : si d'aventure, l'alphabet officiel ne correspond pas à la langue maternelle que nous avons entendu dans les premières années de notre vie, c'est l'alphabet de la langue maternelle qu'il faut utiliser.

Exemple : Une personne née à Genève, ayant été déclarée avec l'alphabet français, mais parlant italien depuis la naissance du fait que sa mère est italienne, doit se servir de l'alphabet italien pour établir un thème numérologique. En admettant que par la suite, cette personne étudie le français à l'école et devient bilingue, la personnalité sociale sera étudiée en prenant en compte l'alphabet français, mais sa nature profonde sera toujours révélée par l'alphabet italien.

Un mot sur les alphabets. Au fil du temps, dans de nombreux pays, ils ont été remaniés, transformés. Rien d'étonnant à cela car, parallèlement aux consciences en cours d'évolution, le support qui sert à les exprimer, lui-aussi, évolue. Preuve en est que l'un ne va pas sans l'autre. L'ordre alphabétique des graphèmes de chaque langue épouse ce qui est véhiculé par la conscience collective du pays, de la nation, de la culture, etc. Hormis pour les personnes anglaises et françaises qui bénéficient d'alphabets stables (ils n'ont pas été modifiés depuis plus d'un siècle), il est incontournable de prendre en compte les évolutions des autres alphabets. En dépit de nombreuses difficultés, aisément compréhensibles, force est de constater, que depuis la création de l'Union Européenne, on assiste à une uniformisation des alphabets. Encore une fois, cette unification des énergies individuelles forcent les consciences intrinsèques de chaque pays à se remettre en question. D'aucuns pourraient dénoncer un appauvrissement de certaines langues, la perte de certaines subtilités linguistiques, mais on peut y voir aussi une volonté de vouloir enfin tous communiquer avec un langage commun. Peut-être allons-nous ensemble reconstruire la Tour de Babel ?

Ainsi le Portugal réintègre les 3 lettres qui lui font défaut afin d'utiliser le même alphabet français/anglais. Rappelons que pour dresser un thème numérologique, il est impératif de prendre comme base d'analyse, l'alphabet qui était en cours au moment de la naissance.

L'alphabet espagnol a supprimé les lettres CH et LL, considérant depuis 1994 que CH est bien un C suivi d'un H, et LL deux L se succédant. Il faut donc en tenir compte pour les personnes nées à partir du 1er janvier 1994.

Pour les personnes de langue russe, ukrainienne ou serbe, il faut baser l'étude sur la correspondance lettre/rang des alphabets cyrilliques. Le respect de la chronologie des lettres de l'alphabet, s'applique à toutes les langues alphabétiques, quelle que soit l'origine des lettres qui la composent.

Pour en revenir à nos moutons, nous considérons, petit un, que la prise en compte du nom de la mère est incontournable, et que petit deux, il suffit ensuite de prendre en compte les prénoms de naissance dans l'ordre où ils nous ont été attribués. Aisé de comprendre que la hiérarchisation des dits prénoms n'est pas fortuite, que ceux-ci n'ont pas été placés dans un certain ordre par hasard. De par la position qu'il occupe, l'expression du premier prénom est très différente des suivants, si, bien entendu, ils existent.

Pour finir, voici un petit récapitulatif de ce qu'il faut prendre en compte pour faire les études :
- le nom de naissance de la mère du sujet (surtout pas son nom de femme mariée, ni celui qu'elle aurait pu éventuellement porter suite à une légitimation).
- Tous les prénoms du sujet déclarés dans l'ordre à l'état-civil. Bien distinguer l'ordre des prénoms quand il y en a plusieurs.
- La date de naissance du sujet (contrairement à l'astrologie, nous n'avons besoin, ni de l'heure, ni du lieu de naissance).

Si vous avez un doute quant à votre véritable identité, il vous est aisé de demander une copie intégrale de l'acte de naissance et/ou celui de votre mère biologique. Sur cet acte, vous aurez toutes les mentions utiles et indispensables pour l'élaboration de votre thème. Il se peut aussi que vous découvriez des informations que vous ignoriez totalement, comme le fait d'avoir porté à la naissance le nom de naissance de votre mère, le nom du père ayant été ajouté plus tard pour diverses raisons (reconnaissance tardive, légitimation par un beau-père, etc). Tel fut notre cas Michel et moi.

Bien entendu, libre à vous de choisir, ne serait-ce que par envie de comparaison, différentes options. Vous pouvez tout aussi bien tester avec les méthodes dites classiques, telles que la française ou l'américaine. Vous obtiendrez sûrement des résultats différents (pas toujours), vous aurez ainsi, toute latitude pour choisir ce qui vous semble le plus pertinent. Notons que parfois nous obtenons des résultats très proches en utilisant les différentes méthodes. En effet, le nom de jeune fille de la mère du natif peut donner un résultat numérologique identique au nom de naissance du natif qu'il reçoit généralement de son père.

Exemple : Recherchons le Nombre d'Expression de Laurence Pascale Musial dont la mère est née Martin. Nous devons additionner la valeur de toutes les lettres.

Avec la méthode Maïa : ses prénoms et le nom de naissance de sa mère.
```
Laurence Pascale Martin
31395535 7113135 419295
```
La somme de la valeur de toutes les lettres donnent 85. Nous devons réduire ce nombre pour obtenir un nombre de 1 à 9 (sauf si nous obtenons 11 ou 22):
    85 → 8+5 = 13 → 1+3 = 4

Avec la méthode américaine : ses prénoms et son nom de naissance.
```
Laurence Pascale Musial
31395535 7113135 431913
```
Cette fois-ci, le total donne 76
    76 → 7+6 = 13 → 1+3 = 4

Dans cet exemple, chacune des méthodes renvoie au même Nombre d'Expression 4, car Martin et Musial se réduisent à 3.

Cela dit, nous obtenons la plupart du temps des valeurs différentes.

5 clés pour comparer deux personnes

Dans ce traité, nous avons retenu 5 marqueurs numérologiques. Au début de chaque chapitre, exemple à l'appui, nous livrons la façon précise de les calculer. A la fin de cet ouvrage, nous mettons aussi à votre disposition une fiche récapitulative pour les calculs que vous pouvez photocopier. Vous avez aussi la possibilité d'effectuer toutes ces opérations grâce à notre logiciel Numéyoga, dont une version d'évaluation pour Windows est disponible sur notre site www.numeyoga.com.

Vous pouvez aussi faire tous les calculs à partir d'une version simplifiée de notre application en ligne, disponible gratuitement à l'adresse : www.numeyoga.com/entente

Les 5 indicateurs sont :

- **Le Chemin de Vie** (obtenu par la date de naissance du sujet)
  Il nous renseigne sur la nature profonde de tout à chacun, c'est donc sur celui-ci que nous allons faire reposer principalement, les analyses de l'entente entre deux personnes. Comme le Chemin de Vie exprime aussi notre destinée potentielle, il souligne la nature des rapports que nous partageons avec les autres tout au long de notre périple terrestre.
- **Le Nombre d'Expression** (obtenu par toutes les lettres composant le nom de naissance de la mère, ainsi que tous les prénoms du sujet)
  Il influence d'une manière significative la personnalité, en mettant en exergue la manière dont le sujet s'exprime. Il permet aussi de comprendre comment harmoniser ces fameux modes d'expression. Ne sont-ils pas, avant tout, une conjugaison des désirs et des possibilités ?

- **Le Nombre de l'Aspiration de l'âme** (obtenu à partir des voyelles présentes dans le nom de naissance de la mère et tous les prénoms du sujet)

    Qu'on le veuille ou non, nous possédons tous une âme, il est donc essentiel de percevoir ses motivations profondes. Dans nos choix quotidiens, à nous de comprendre comment elle influence nos faits et gestes, bref quel est l'élan spirituel qui nous habite…
- **Le Nombre du Potentiel ou Réalisation** (obtenu à partir des consonnes présentes dans le nom de naissance de la mère et tous les prénoms du sujet)

    Comme son nom l'indique, il définit notre force de réalisation. Nous avons tous à l'état latent, un potentiel qui n'attend qu'un feu vert pour être utilisé. C'est la définition des possibles.
- **Le Nombre Actif** (obtenu à partir de toutes les lettres des prénoms du sujet. On ne tient pas compte du nom de naissance de la mère)

    Il représente l'étincelle, la dynamique, l'énergie qui pousse indéniablement à agir de telle ou telle manière. Il est imprévisible, car bien souvent animé par des élans qui ne sont pas canalisés par la raison, mais plutôt par l'instinct.

Le sujet de ce livre est de tenter de définir le plus précisément possible, tout ce qui se rapporte aux 5 indicateurs définis ci-dessus, tout en gardant à l'esprit, qu'il s'avère impossible de personnaliser chaque cas spécifique. Les traits de caractère décrits sont globaux (voire caricaturaux), puisqu'ils ne prennent pas en compte toutes les nuances que peuvent apporter, par exemple, les sous-nombres. Charge à vous, lecteur, d'explorer toutes les composantes (sous-nombres), de manière à peaufiner et apporter, autant que faire se peut, un éclairage subtil au thème numérologique. Il y a donc nécessité de prendre en compte l'ensemble des paramètres qui découlent de vos différents calculs.

Par exemple, quand nous définissons l'entente entre un 3 et un 7, nous le faisons comme si, dans l'absolu, chaque être était entièrement défini par un seul nombre ! Or ce n'est jamais le cas, tous les nombres, sans exception, nous définissent. Le 8 peut être manquant dans un thème (aucune lettre à valeur 8), mais il peut se retrouver dans le sous-nombre 18 avec lequel nous obtenons un 9. En fait tout est une question de dosage. Certains nombres reviennent plus fréquemment que d'autres, ce qui veut tout simplement dire que nous pouvons les retrouver plusieurs fois dans les calculs. C'est une donnée capitale à ne pas perdre de vue.

Chaque étude fait ressortir au moins deux nombres essentiels, mais force est de constater qu'il y en a généralement trois ou quatre. Ce sont en quelque sorte les piliers de l'édifice, l'analyse du thème reposant en grande partie sur eux. Prenons le cas d'une personne qui a un Chemin de Vie 3, une Expression 3, une Aspiration 6 et un Potentiel 6, il est évident que tout ce qui renvoie aux aspects du 3 et du 6 est à privilégier.

Dans une étude, lorsqu'il y a une fréquence prédominante d'un nombre, c'est-à-dire qu'on le retrouve plusieurs fois dans les calculs, les aspects liés à celui-ci seront des marqueurs essentiels. Chez une personne avec un Chemin de Vie 8 et une Aspiration 8, alors que son partenaire a un Chemin de Vie 7 et une Expression 7, tout ce qui se rapporte à ces deux nombres résonnera davantage, il faudra donc impérativement en tenir compte dans l'analyse.

Nombre de paramètres non négligeables sont à considérer dans l'élaboration d'un thème pour apporter des nuances et des précisions incontournables, permettant d'affiner la personnalité du sujet. Nul doute, qu'il faudrait écrire de nombreux ouvrages pour arriver à en explorer toutes les subtilités. Gageons que certains se consacreront, tôt ou tard, à ce colossal travail.

En ce qui concerne l'étude numérologique et la manière de dresser le thème, il existe toutes sortes de chausse-trappes qui peuvent conduire à des excès, entraînant le numérologue sur de fausses pistes. Celui-ci pouvant facilement se perdre dans un dédale d'explications plus ou moins fumeuses, il y a nécessité de hiérarchiser tous les paramètres que reflètent les nombres, afin de trier, précisément, l'essentiel de l'accessoire. En clair, il faut attribuer une place plus importante à la signification des nombres qui sont fréquemment représentés, et bien entendu, traiter d'une manière secondaire ceux qui le sont faiblement. L'autre piège consiste à traiter d'une manière succincte la valeur d'un nombre, en ignorant tout ce qui l'a composé (sous-nombres). Prendre un chemin de vie quelconque en se cantonnant uniquement à l'explication généraliste de celui-ci, relève d'une vue très simpliste de la numérologie. Un Chemin de Vie 17/8 n'est pas un Chemin de Vie 26/8.

Dans l'étude des relations qui unissent différentes personnes, la numérologie dévoile une chose curieuse et amusante. Il existe une sorte d'écho entre tous les marqueurs des thèmes que l'on compare. Pour faire simple, une personne ayant une Aspiration 6 a de grandes chances de rencontrer des partenaires possédant ce nombre comme Chemin de Vie. Ceci est on ne peut plus logique, car en nous unissant tous pour différentes raisons, nous apportons de l'eau à nos moulins respectifs. On pourrait multiplier les exemples à l'infini, en notant que les sources de conflits sont nombreuses lorsque les différents partenaires n'admettent pas de se reconnaître l'un dans l'autre. Il faut parfois du temps avant que les différents protagonistes découvrent ce qui les unit vraiment, et surtout l'acceptent. Comparez différents thèmes numérologiques et découvrez les interactions qu'ils ont entre eux. C'est amusant et édifiant ! Tout ceci relève d'une profonde et subtile alchimie. Il doit tout de même bien y avoir un grand architecte, derrière tout ça !?

Chapitre III

Comment s'entendent les Nombres

« Qui se connaît, connaît aussi les autres, car chaque homme porte la forme entière de l'humaine condition. »
Michel Eyquem de Montaigne

Ce chapitre est consacré à l'approfondissement de tous les aspects que nous avons introduits dans le tome I de *La numérologie dévoilée*. Les voici de nouveau présentés dans ce chapitre avec plus de précisions. Pour cela, nous avons sélectionné trois types de relations qui, somme toute, font partie des fondations premières de notre société.

- La relation parent/enfant. La première que nous expérimentons, même pendant notre vie intra-utérine. Par extension, nous retrouvons cette relation particulière tout au long de notre périple terrestre au travers de tous les rapports hiérarchiques. Un maître et son élève, un patron et son employé...
- La relation de couple dans le sens intime du terme.
- La relation socioprofessionnelle basée sur un partenariat.

Tout au long de notre vie, toutes les rencontres que nous faisons sont loin d'être fortuites. Nous pensons qu'elles s'inscrivent dans un programme préétabli qui a sa raison d'être. Tout comme les morceaux de musique couchés sur une partition, les accords entre les êtres ne sont pas toujours de très belles compositions. Certes, certains sont harmonieux, mais d'autres le sont beaucoup moins. Nul doute que la dissonance s'avère cependant nécessaire pour mettre l'accent sur un aspect particulier de nous-mêmes. On pourrait comparer les débuts si difficiles des relations entre partenaires à un orchestre philharmonique qui nous livre cette cacophonie incroyable au moment où chaque musicien accorde son instrument. Or c'est en comprenant le pourquoi de ces dissonances numérologiques, que nous disposons alors de véritables leviers d'évolution, pour peu que chacun parvienne à mettre un peu en sourdine son ego, de manière à vivre davantage avec le cœur.

Par ailleurs, une vie totalement harmonieuse ici-bas peut pousser à une forme d'immobilisme, un confort de vie sans remise en question, alors que les aspects dysharmoniques permettent de grandir une fois les conflits apaisés.

Voilà pourquoi nous mettrons volontairement l'accent sur ces antagonismes de manière à mettre le doigt sur les sources possibles de conflit, de façon à favoriser les prises de conscience salutaires.

1 avec 1

Aspect général : c'est le tout ou rien, car cette association souligne particulièrement les problèmes qui sont liés à la dualité d'un échange basé principalement sur l'ego. Cet aspect favorise une entente si les objectifs sont communs, à défaut, il fait ressortir tout ce qui touche aux conflits d'autorité et de personnalité. Cette association est basée avant tout sur l'intelligence.

Un parent 1 et son enfant 1 : l'enfant 1 a tendance à vouer une certaine admiration au parent 1 de la famille auquel il cherche à s'identifier. Il n'en demeure pas moins que l'émancipation de l'enfant risque de poser problème dès qu'il voudra s'affranchir de l'autorité naturelle du dit parent.

L'énergie et le dynamisme du parent 1 seront très bénéfiques à l'enfant, à condition qu'il ne les ressente pas comme une forme d'autorité trop oppressante, sans quoi s'installera sans nul doute, une certaine rébellion.

Dans l'idéal d'une société phallocrate telle que nous la connaissons, il est de bon ton que le père soit 1 et que la mère soit 2.

Deux associés 1 : dans l'innovation, l'envie de défricher des voies nouvelles et de découvrir, s'ils ont de profonds et réels désirs communs, tout ne peut être que réussite. Même si chacun a tendance à vouloir imposer son point de vue, ils sont suffisamment honnêtes et entiers pour privilégier la bonne marche de leur entreprise et/ou projet, sans quoi l'association serait impossible. Ils devront néanmoins s'entourer de collaborateurs compétents et diligents, sinon, ils risquent de rencontrer beaucoup de problèmes.

Les rapports amoureux de deux 1 : la passion est présente. La sexualité n'étant pas tabou, la complétude est au rendez-vous dans ce type de relations. Tout est bon pour explorer tous les univers de la félicité. Attention toutefois aux coups de bec !

1 avec 2

Aspect général : force et douceur. L'association 1 + 2 renvoie à la problématique de l'expression (3). Rapport du dominant au dominé. Nombreux antagonismes pouvant être sublimés par le dialogue, la communication. Si chacun joue son rôle en acceptant celui de l'autre, couple parfait. Le 2 recherche la force du caractère du 1. Et le 1 apprécie l'écoute du 2.

Un parent 1 et son enfant 2 : le parent devra s'armer de patience et ne pas trop s'exaspérer des jérémiades de son enfant. Il lui faudra se pencher sur les difficultés que son chérubin pourrait rencontrer, sans vouloir en faire à tout prix un champion dans une discipline quelconque.

Un parent 2 et son enfant 1 : même s'il apprécie le protectionnisme parfois exagéré ou envahissant de ce parent, il n'en demeure pas moins que cet enfant va le trouver un peu trop protecteur, ce qui le conduira à vouloir s'extirper rapidement de son environnement familial.

Deux associés 1 et 2 : le 2 est plus enclin à s'occuper de tout ce qui concerne la structure de la société et/ou du projet, à composer avec tous les partenaires environnant, tandis que le 1 a tendance à vouloir défoncer les portes et chercher à viabiliser son entreprise (par toutes sortes de moyens). Dans la répartition du travail, il ne faut pas que l'un se sente léser par rapport à l'autre, étant donné que leurs champs d'applications respectifs sont très différents. Tous deux peuvent entretenir un sentiment diffus que l'autre n'en fait pas suffisamment. Le malentendu vient du fait qu'ils n'ont pas toujours conscience de ce que réalise réellement le partenaire.

Les rapports amoureux de 1 avec 2 : le 1 vit de passions, d'émotions fortes, son énergie vitale a besoin de s'assouvir, il aura des difficultés à trouver dans le 2 ce qui va les canaliser. Le 2 associe plus facilement sa relation amoureuse aux sentiments, à la procréation, à l'ambiance. Le 2 peut très bien s'accommoder de ce 1 excessif et entreprenant, pour peu qu'il lui amène tout ce dont il a besoin, à savoir protection et confort de vie. Mais le 1 parviendra-t-il à supporter les caprices du 2 ? Si le 2 laisse au 1 la latitude d'explorer d'autres horizons, l'entente est possible. D'autres conflits potentiels sont liés à une divergence de vue quant à la manière d'éduquer les enfants.

1 avec 3

Aspect général : sur le long terme, l'association du roi 1 et du bouffon 3 entraîne un dialogue de sourd et provoque des rapports difficiles. La susceptibilité et la brillance du 1 composent mal avec l'esprit critique et logique du 3, ainsi qu'avec ses remises en question incessantes. Le besoin du 3 de communiquer et d'analyser, a du mal à s'accorder à l'autoritarisme et l'impulsivité du 1.

Un parent 1 et son enfant 3 : le parent devra s'efforcer en permanence de dialoguer et d'expliquer à son enfant les tenants et les aboutissants de sa façon de faire, sinon, l'enfant mettra en retour un zèle certain à faire tout le contraire.

Un parent 3 et son enfant 1 : l'enfant sera enchanté d'avoir un parent qui puisse lui expliquer les conséquences de ce qu'il cherche à expérimenter. Il serait bon qu'il s'en inspire, mais à charge pour ce parent de ne pas briser les élans de l'enfant à force de trop vouloir le conseiller, sans quoi des réactions épidermiques et expéditives sont à craindre.

Deux associés 1 et 3 : association particulièrement favorable, si dans leurs domaines respectifs, chacun amène ce qui manque à l'autre. Ce qui fait cruellement défaut au 3 du fait de son côté pinailleur, de ses critiques et de ses atermoiements, c'est cet allant que notre 1 possède d'une manière innée. A contrario, la faiblesse du 1 est une tendance à la dispersion quand il désire entreprendre, conjuguée à une certaine incapacité à terminer avec un minimum de discipline ce qu'il a commencé.

Les rapports amoureux de 1 avec 3 : qui dit rapports amoureux dit tendresse, sentiments, or ce n'est en aucune manière ce qui caractérise le 1 et le 3. La relation dite amoureuse risque de davantage s'établir sur un respect mutuel, une communication intense, et générer quelques rapports de force. Prévoir de longues discussions au coin du feu. Les ébats, les effusions sont plus proches de l'exploit sportif que de la douce expression sentimentale ou des échanges intimes. A priori, il est clair que tout ceci n'est ni romantique, ni romanesque. Leurs échanges ne sont pas dictés par leurs émotions.

1 avec 4

Aspect général : association (1 + 4) surprenante, hors norme et imprévisible dans ces aboutissements (5). Ils n'ont pas du tout le même mode de fonctionnement quant à la façon de diriger leur vie. Le 1 est vif et impulsif alors que le 4 est pragmatique et têtu. Ils ont besoin de s'entendre sur des objectifs communs et forts, en cloisonnant parfaitement les tâches pour les atteindre. Il y a nécessité de bien se connaître et d'accepter la très grande différence de conception de l'existence.

Un parent 1 et son enfant 4 : l'énergie déployée par ce parent et l'ambition qu'il projette sur sa progéniture, risquent de ne pas avoir l'effet escompté. L'inertie de son enfant, ainsi que son envie de calme et de tranquillité, mettent un frein aux exigences et au dynamisme du parent. Ce père ou cette mère, au lieu de s'emporter systématiquement devant ce qui lui paraît être une absence de motivation, devra plutôt apprendre à être plus conciliant(e) et patient(e).

Un parent 4 et son enfant 1 : le parent aura au moins un effet bénéfique sur les ambitions de l'enfant, en ayant le mérite d'essayer de lui apprendre la patience et la constance. Cela étant, cet enfant ne trouvera pas toujours ses explications très claires, il ne se sentira pas assez explicitement soutenu, mais il n'y aura pas d'obstacle particulier à son envie de créer et d'agir.

Deux associés 1 et 4 : le créateur avec le besogneux. Cela peut constituer une excellente association si chacun se cantonne à son registre. Mais il faudra déployer de part et d'autre un trésor d'imagination pour se comprendre. Le 1 devra chercher à calmer ses ardeurs et se montrer plus patient, et le 4 ne devra pas s'offusquer lorsqu'il se fait parfois un peu bousculer.

Les rapports amoureux de 1 avec 4 : entente bizarre car il s'agit de deux modes de fonctionnement vraiment différents. S'ils parviennent à faire un réel effort pour dialoguer et se comprendre, le 1 en apaisant sa fougue, le 4 en sortant un peu de sa léthargie, il n'y aura aucun problème. La sensualité et l'appétit pour la vie du 4 peuvent énormément plaire au 1. Quant au 4, il peut trouver le 1 très stimulant dans ce domaine.

1 avec 5

Aspect général : entente cordiale. Les conflits de personnalité et d'ego ne sont pas absents, mais une admiration mutuelle les lie, ainsi qu'une compréhension réciproque. Nombreux objectifs communs. Toutefois, le 1 est déconcerté par le 5, et ce dernier peut très facilement se moquer plus ou moins gentiment de l'orgueil affiché par le 1. L'humour, la curiosité et le jeu peuvent être au centre de leurs échanges.

Un parent 1 et son enfant 5 : joli feu d'artifice à la maison. Il est clair que le parent cherchera à canaliser l'extravagance, voire parfois l'utopie de son enfant, tout ceci dans un climat très dynamique. Les deux sont extravertis, ils ont besoin de communiquer, de bouger. Quelques colères et réactions vives sont à craindre quand même.

Un parent 5 et son enfant 1 : ce parent très ouvert sur le monde, humaniste à souhait, aimant les relations, sera bénéfique pour l'ouverture d'esprit de son enfant, par sûr que celui-ci se sente pour autant réellement soutenu et guidé. Ce parent a tendance à privilégier la libre expression et expérimentation de sa progéniture, or l'enfant 1 a quand même besoin d'être canalisé.

Deux associés 1 et 5 : rapports très positifs mais pouvant être parfois explosifs. Les ego sont forts. Ils cherchent tous deux à dominer, même s'ils le font d'une manière tout à fait différente. Le 1 devra se montrer moins directif, le 5 devra apprendre à réduire son champ d'expérience et tempérer sa sacro-sainte envie de liberté. L'association n'est pas de tout repos, mais ces deux êtres intelligents peuvent s'apporter beaucoup dans leurs entreprises communes.

Les rapports amoureux de 1 avec 5 : ce qui est à craindre, c'est l'absence de durée dans le temps. Ce genre de rapport est plus propice au copinage qu'à l'amour profond. Bien sûr, ils peuvent vouloir vivre ensemble, mais en faisant en sorte que chacun préserve son espace de liberté. Au final, le 1 risque de souffrir davantage dans ce couple, car sa chaleur naturelle ne trouve pas obligatoirement d'écho chez le 5.

1 avec 6

Aspect général : le maître et le serviteur. Si le 1 œuvre pour les aspirations du 6, tout se passe bien, sinon les rapports sont impossibles, le 1 ne répondant pas aux exigences du 6 (amour, respect, principes de vie, protection). De même, si le 6 n'apporte pas au 1 la reconnaissance de son action, l'entente devient difficile. Finalement qui a le plus besoin de l'autre, qui est le plus dépendant des deux ?

Un parent 1 et son enfant 6 : le parent apporte énormément à son enfant en lui apprenant à se motiver, à se prendre en main et en favorisant cette excellence qu'il recherche tant. Progressivement, l'enfant sera plus confiant, il culpabilisera moins à cause de ses échecs, et atténuera son sens critique. Quant au parent, il apprécie la capacité naturelle de son enfant à être serviable, responsable et sociable.

Un parent 6 et son enfant 1 : le parent apprend à son enfant à avoir le sens des responsabilités, à être moins dispersé, et surtout, à aller jusqu'au bout de ce qu'il entreprend. Il lui fait découvrir également la rigueur, la méthode et l'efficacité, même si cela a tendance à exaspérer l'enfant.

Deux associés 1 et 6 : l'esprit d'initiative associé à l'efficacité et à la méthode, peut conduire à la création d'entreprises fructueuses. Le 6 conciliant, malgré son légendaire sens critique, est tout disposé à organiser et mettre en place ce que son associé 1 envisage de créer. Le 1 se sentira épaulé, mais il risque aussi de se montrer susceptible.

Les rapports amoureux de 1 avec 6 : le 1 peut arriver à décontenancer et à enflammer son partenaire, car le 6 est sensible et demandeur de relation. Cela dit, il devra aussi faire preuve de constance, car sa moitié 6 se désenchante vite, son esprit rationnel et critique reprenant le dessus. C'est souvent la passion qui les réunit, mais tout ceci se résume la plupart du temps à un feu de pailles, l'ego de notre 1 étant soumis à rude épreuve.

1 avec 7

Aspect général : passion et amour. Ils partagent souvent des objectifs et des idéaux communs ainsi qu'une même ambition. Les deux sont au diapason. Admiration du 7 vis à vis du 1 (créatif, entreprenant) et enchantement du 1 pour les conseils, la réflexion, la profondeur et le dévouement du 7.

Un parent 1 et son enfant 7 : le parent aura évidemment une capacité à dynamiser l'enfant, à favoriser le développement de sa capacité naturelle, à lui donner l'envie d'entreprendre, de réussir. Cela étant, il devra surtout faire un bel effort pédagogique, car son enfant a besoin de tout comprendre et de tout apprendre.

Un parent 7 et son enfant 1 : ce que le parent apporte le plus à son enfant, c'est la foi, la confiance et l'espérance. Il va lui insuffler le feu sacré et lui inculquer une vision, deux atouts utiles quand son chérubin veut entreprendre. En retour, cet enfant risque de trouver parfois son parent un peu professoral, voire lourd, mais au final, il saura prendre en compte ce qu'il a reçu.

Deux associés 1 et 7 : une des associations les plus complémentaires, productives et lucratives qui soit. Le 1 flamboyant et créateur rencontrant le 7 calculateur, prévoyant et méthodique, capable de mettre les garde-fous nécessaires, quelle promesse ! Ils s'apportent beaucoup mutuellement et leurs ambitions respectives, tout en étant différentes dans leur essence, leur permettent de poursuivre le même but.

Les rapports amoureux de 1 avec 7 : rapports passionnels permettant l'expression d'une belle connivence et une envie commune de se réaliser. Le 7 en quête d'icônes et de têtes d'affiche est servi. Le 1 n'a rien à redouter d'un 7 qui lui voue de l'admiration. De surcroît, notre 1 sait faire tomber les barrières naturelles du 7, et le transcender. Cet amour est basé sur une fascination mutuelle.

1 avec 8

Aspect général : si l'un n'éclipse pas l'autre, leurs chances d'aboutir sont grandes. Configuration propice à générer de redoutables relations sadomasochistes pouvant conduire aussi bien à la construction qu'à la destruction. Ils font preuve d'une admiration et d'une fascination mutuelles. Le 1 devra veiller à respecter le 8, à ne pas l'éblouir, ni à profiter de sa naïveté, sinon gare aux représailles. De son côté, le 8 aura intérêt à jouer cartes sur table.

Un parent 1 et son enfant 8 : le parent saura insuffler à son enfant l'envie de réussir, de s'imposer et d'exploiter toutes ses possibilités, même si en apparence, il lui semble que l'impact n'est pas aussi probant qu'il l'espérait. Cet enfant est nourri par le secret et la confidentialité, mais en aucune manière il est insensible au goût du pouvoir exprimé par le parent. Ce dernier lui apprendra surtout à être moins crédule. Le côté nocturne de l'enfant peut toutefois exaspérer le côté diurne du parent.

Un parent 8 et son enfant 1 : l'enfant peut avoir le sentiment de ne pas être suffisamment soutenu et secondé. Le parent ayant tendance à faire comprendre à celui-ci que s'il veut se réaliser, il n'a qu'à mettre en application ce qui l'anime. L'enfant peut alors nourrir l'impression d'avoir eu un parent peu présent, ce qui ne l'empêchera pas de faire par ailleurs ses propres expériences. En revanche, le parent apprendra à l'enfant à être plus discret dans ce qu'il voudra faire. L'acceptera-t-il ?

Deux associés 1 et 8 : association positive s'ils savent se respecter mutuellement. Ils aiment la réussite, mais la méthode pour y parvenir est différente. Ils peuvent très bien se compléter car l'un sait s'exprimer quand il le faut, et l'autre cacher ce qui doit l'être. En fait, s'ils s'entendent vraiment, ils peuvent être quasi invincibles, tant ils sont capables d'une très grande résistance face à l'adversité. Tous deux partagent un goût inné pour le pouvoir.

Les rapports amoureux de 1 avec 8 : explorer tous les domaines de la volupté, des sens et des interdits, quel programme ! Tous deux sont animés par l'envie de bien jouir de la vie, ne souffrant ni d'inhibition, ni de tabou particulier. Possédant chacun un fort caractère, quelques coups de gueule sont néanmoins à craindre.

1 avec 9

Aspect général : action et contemplation. Entente possible dans la volupté et la sensualité. Le 9 amène un havre de paix et une tranquillité, libre au 1 d'en ressentir les bienfaits, et celui-ci le dynamise en retour. Cela dit, le 9 a une compréhension totale de la personnalité du 1, alors que l'inverse n'est pas aussi vrai. Le 1 peine à comprendre la profondeur du 9, là où celui-ci, intuitivement, perçoit ce qui semble futile dans les agissements du 1. Environnement musical nécessaire pour vibrer au même diapason.

Un parent 1 et son enfant 9 : le parent aura beau avoir envie de dynamiser son enfant, de le forcer à être plus tonique et entreprenant, il se heurtera tout de même à une certaine inertie qui risque un tantinet de l'exaspérer. Ils fonctionnent d'une manière diamétralement opposée car, dans leur tête, ils ne vivent pas sur la même planète. Il est certain que l'enfant trouve que ce parent est un peu trop envahissant et autoritaire, mais si cela heurte sa sensibilité, il n'en demeure pas moins qu'il vivra son enfance dans son monde à lui, obligeant son parent à se montrer plus patient.

Un parent 9 et son enfant 1 : malgré son dynamisme et sa turbulence, l'enfant appréciera particulièrement l'affection et la douceur de ce parent, même s'il ne se sent pas spécialement épaulé. Il ne faut pas s'attendre à des conflits ouverts, car notre parent compréhensif et humain aura tendance à tout accepter, ou presque, de son enfant.

Deux associés 1 et 9 : mis à part un dévouement total et inconditionnel du 9 au projet du 1, cette association n'est pas la plus heureuse. C'est l'association de deux univers très différents, le 9 étant complètement indifférent au goût du pouvoir du 1, privilégiant douceur et tranquillité de vie. Quant au 1, il risque de trouver son associé bien trop éloigné de ce qui semble essentiel et prioritaire dans ses objectifs.

Les rapports amoureux de 1 avec 9 : le 1 ne sera pas insensible à la douceur et l'envie de quiétude de son partenaire. Pour lui, il incarne comme un havre de paix, après d'âpres combats, mais le temps passant, notre 1 risque de s'ennuyer. Le 9, quant à lui, acceptera volontiers notre fougueux 1, en sachant pertinemment s'éclipser quand il faut, pour retrouver sa tranquillité. Néanmoins, à cause du rejet de l'adversité et du conflit, notre 9 doit faire attention de ne pas sombrer dans un rapport sadomasochiste.

1 avec 11

Aspect général : qui va gouverner ? Leur dialogue est franc, sincère et constructif, en tout cas, c'est une nécessité. Une reconnaissance mutuelle des deux parties est indispensable sous peine de conflit. Le 11 doit dépasser son orgueil et admettre qu'il a besoin du 1. Le 1 devant en échange respecter l'espace vital, la spiritualité et l'humanisme parfois utopique du 11. Le 1 agit en fonction de lui-même, le 11 agit tel un émetteur en direction des autres qui suivent ou ne suivent pas.

Un parent 1 et son enfant 11 : la vie familiale ne sera pas de tout repos. Le parent est toutefois un bon précepteur pour son enfant, en lui indiquant quels sont les meilleurs chemins à emprunter pour réussir, pour peu que l'enfant l'écoute. Les objectifs parentaux peuvent néanmoins apparaître éloignés de ceux de l'enfant, car ce dernier a une part d'utopie. Est-ce que l'enfant laissera tomber ses copains et ses rêves pour se confronter à la dure réalité terrestre ?

Un parent 11 et son enfant 1 : au regard de l'enfant, l'image que peut laisser ce parent est celle d'un feu d'artifice, d'une sorte d'extravagance, d'une personne qu'il aura finalement du mal à situer. L'enfant sera marqué par le côté humaniste, ouvert sur le monde et ses nouveautés de ce parent. Après tout, cela peut être très bénéfique pour l'enfant de découvrir toutes sortes d'horizons.

Deux associés 1 et 11 : rapports pouvant être très conflictuels malgré leur intelligence mutuelle qui les pousse à œuvrer pour le bien commun. Il leur faudra vraiment apprendre la patience, le discernement et la souplesse pour trouver un terrain d'entente. Ils peuvent être très innovants et pionniers, mais ils manquent cependant de constance.

Les rapports amoureux de 1 avec 11 : relation aventureuse, recherche de la nouveauté, envie de découvertes, originalité, sont les principales caractéristiques de ce couple. La fidélité n'étant pas forcément une vertu première chez eux, il leur faut impérativement trouver une passion commune pour qu'ils se lient de façon durable.

1 avec 22

Aspect général : le Roi et la République. Comment les marier ? Entre le 22 pontifiant, pragmatique, grave et le 1 capable de balayer tous ses principes au service de sa réalisation, tout les oppose. Sauf à ce que le 1 s'efface devant les impératifs et les exigences de la société et de la collectivité…

Un parent 1 et son enfant 22 : l'enfant n'est pas insensible à l'autorité du parent, en revanche, il a un mal fou à accepter d'être bousculé quand il n'en a pas envie. Il n'empêche que ce parent est un très bon conseiller, innovateur et défricheur pour son enfant, qui saura en temps et en heure l'intégrer.

Un parent 22 et son enfant 1 : l'enfant risque de trouver que son parent est vraiment lourd, carré, rigide. Il aura le sentiment qu'il lui restreint son champ d'investigation, qu'il l'empêche de pleinement s'exprimer, ou tout bêtement qu'il ne l'épaule pas. Et pourtant, en aucune manière ce parent est aux abonnés absents, mais ce côté *bonhomme tranquille* peut être perçu comme une forme d'inertie par cet enfant si actif.

Deux associés 1 et 22 : dans ce genre de rapport, il faut que l'intérêt commun soit manifestement partagé, fort et solide s'ils veulent œuvrer de concert. Dans ce cas, le 22 peut s'avérer être un allié et un pilier pour son turbulent associé, en lui permettant de structurer leurs projets. En revanche, si le 22 n'accepte pas l'esprit d'initiative et l'autorité du 1, ils ne se verront pas.

Les rapports amoureux de 1 avec 22 : si le 1 accepte d'être davantage casanier, moins obnubilé par ses objectifs et ses affaires, et plus attentif à son partenaire, la relation est possible. En fait, ils ne sont pas éloignés des désirs et des plaisirs terrestres, mais les rapports peuvent être épisodiques sur ce plan.

2 avec 2

Aspect général : association sans vague, marquée par la tranquillité, la paix et la compréhension jusqu'à extension totale des feux. Le risque est grand d'une absence de motivation. Aspect non dynamisant mais qui permet une certaine croissance matérielle.

Un parent 2 et son enfant 2 : l'affectif prime sur le reste. L'attachement peut être très fort. Le cordon ombilical risque d'être difficile à couper, l'émancipation se révélant tardive. Il ne faut pas s'attendre à des conflits, mais leur relation est quand même marquée par d'intenses échanges émotionnels.

Deux associés 2 : est-ce véritablement une association à part entière, ou est-ce l'association parfaite dans le cadre d'un commerce ou d'une activité à caractère social ? Les dépendances sont très fortes, aucun des deux ne cherchant à faire de l'ombre à l'autre. Cela dit, ce partenariat se caractérise aussi par un manque certain de dynamisme et parfois, une absence de prise de décision.

Les rapports amoureux entre les 2 : la relation peut être forte. La procréation est souvent la finalité de cette union. Fort désir commun de se projeter l'un dans l'autre. Toutefois, il est à craindre qu'une certaine lassitude et/ou inertie, vienne flétrir une union qui semblait parfaite. Ils devront faire attention à ce que le traintrain quotidien ne vienne pas prendre le pas sur le fun de la vie, ou que leurs légendaires états d'âmes ne viennent pas empoisonner leurs échanges.

2 avec 3

Aspect général : respect entre les deux parties. Acceptation et compréhension mutuelles. Dialogue fructueux. Principes de vie communs. Le 2 apportant au 3 un confort, une sécurité, une paix, le 3 répondant par une stimulation intellectuelle et une organisation de vie plaisante pour le 2. Reste à combiner l'émotivité du 2 et la cérébralité du 3…

Un parent 2 et son enfant 3 : entre ce parent fonctionnant principalement d'une manière émotive et son enfant privilégiant tout ce qui est mental, un fossé peut se creuser. Cela ne veut pas dire, pour autant, qu'ils sont incapables de se comprendre. Certes, notre parent protecteur fera tout ce qu'il faut pour le bien-être de son enfant, mais il ne sera pas toujours en mesure de satisfaire son questionnement permanent. Cela peut conduire l'enfant à ressentir une certaine frustration.

Un parent 3 et son enfant 2 : dans cette relation, le plus grand risque est que ce parent psychanalyste cherche sans cesse à analyser les méandres émotionnels et psychiques de son enfant. Il fera cependant tout pour qu'il se construise intellectuellement, en lui apportant rigueur et logique. Attention néanmoins à la réactivité incontrôlée de l'enfant lorsqu'il se retrouve en position d'incompréhension (trop de critique).

Deux associés 2 et 3 : est-il possible d'associer l'eau et l'air ? Dans ce partenariat, le 3 cherche à organiser et planifier tout ce qui est nécessaire à la bonne marche du projet commun, au grand bénéfice du 2 qui n'en demandait pas tant. Cette association fonctionne quand le projet requiert une complémentarité et une complicité, et non l'intensité provoquée par l'addition de deux énergies semblables.

Les rapports amoureux de 2 avec 3 : la relation peut être très positive car ils ne cherchent pas à se nuire. L'organisation du 3 plaît beaucoup au 2, mais son sens critique un peu moins. Au quotidien, c'est le mariage de la raison et d'une certaine recherche de la douceur de vivre permettant de se prémunir des aléas et des coups durs de la vie. Cela dit, l'aspect charnel et fusionnel n'est pas toujours au rendez-vous.

2 avec 4

Aspect général : rencontre pragmatique de deux modes de fonctionnement complémentaires. Le 4 apporte sécurité matérielle au 2 qui, en retour, le rassure. Sens de la famille et intérêts partagés. Acquisition de biens. Entente durable et constructive. Couple classique.

Un parent 2 et son enfant 4 : une relation idéale entre un parent protecteur, sensible au bien-être de sa progéniture, et un enfant amateur des plaisirs de l'existence. Ce dernier trouvera très agréable ce parent qui fait tout pour lui faciliter la vie de tous les jours. Toutefois, une forme d'indolence et de réserve peut s'installer chez l'enfant.

Un parent 4 et son enfant 2 : l'enfant se stabilise grâce au pragmatisme de ce parent moins sujet aux agitations émotionnelles que sa progéniture. Le côté placide et tranquille du parent sécurise son enfant. Le risque est que la possessivité légendaire du parent vis à vis de son enfant complice, inhibe les élans et la nécessité d'une émancipation de ce dernier.

Deux associés 2 et 4 : le monde créatif et artistique peut être à la source de cette association. Dans ces domaines, le 2 et le 4 sont très complémentaires et productifs. Par contre, ne leur demandez pas d'aller conquérir la lune, ils n'en voient pas forcément l'intérêt.

Les rapports amoureux de 2 avec 4 : le côté protecteur et sensuel du 4 s'accorde très bien avec l'extrême sensibilité du 2. Les rapports amoureux peuvent être intenses et complices. Ce sont deux épicuriens. Ces amateurs des bonnes choses de la vie chercheront l'union loin des regards, en privilégiant tout ce qui peut favoriser un cadre de vie agréable.

2 avec 5

Aspect général : attraction mutuelle et magnétique, l'un n'étant pas insensible au charme de l'autre, mais réelles difficultés à se fixer ensemble sur le long terme. Relations utopiques. Le 2 ne se fait pas à l'excentricité du 5, et celui-ci s'ennuie du conformisme du 2. En revanche, les enfants peuvent les rapprocher, même si leur vision sur l'éducation diverge.

Un parent 2 et son enfant 5 : l'esprit et l'envie d'indépendance de l'enfant provoquent un besoin prématuré d'émancipation mal supporté par ce parent. L'agitation excessive de son chérubin et son envie de découvrir un monde au delà de son quotidien, vont lui amener de réelles frayeurs. Cet enfant a du mal à accepter un monde fini qu'il trouve parfois sclérosé. Il n'en demeure pas moins qu'une certaine complicité relationnelle peut s'instaurer.

Un parent 5 et son enfant 2 : l'enfant va trouver pour le moins original, voire hors norme, ce parent libéral, altruiste et ouvert. Il n'a aucun mal à faire venir ses copains à la maison. Il tire un grand bénéfice au côté de ce père ou de cette mère capable, sans trop le brusquer, de lui faire explorer un univers différent de son petit monde intérieur. Toutefois, l'enfant devra apprendre à ne pas trop s'enfermer dans ses états émotionnels excessifs, sous peine d'agacer ce parent.

Deux associés 2 et 5 : il est nécessaire que l'un et l'autre aient une occupation spécifique et complémentaire pour que l'association fonctionne, chacun s'occupant de ce qui lui est imparti. C'est seulement par la douceur, la conciliation et la persuasion que le 2 peut conseiller son associé, parfois utopique, et bien souvent impatient, tout autant qu'imprévisible.

Les rapports amoureux de 2 avec 5 : le 2 conservateur et conciliant n'aura aucun mal à accepter les frasques de son partenaire agité, pour peu qu'il daigne partager sa vie avec les relations et les amis du 5. Par ailleurs, le côté aventureux et l'envie de découverte du 5 ne correspondent pas à l'esprit casanier du 2.

2 avec 6

Aspect général : relations harmonieuses et constructives. Vues communes. Modes de fonctionnement complémentaires. Soutien, qualité morale, famille. Ils risquent toutefois de s'enfermer dans leur univers commun, ou de s'oublier eux-mêmes. Ils peuvent partager les mêmes points de vue par rapport à leur rôle dans la société.

Un parent 2 et son enfant 6 : la position est très confortable pour cet enfant qui apprécie particulièrement ce climat harmonieux et apaisant. Il se sent protégé, aimé, lui qui affectionne tant les relations humaines, mais avec l'âge, il finira tout de même à avoir du mal à comprendre les sautes d'humeur, les émotions mal contrôlées, voire les peurs de cette mère ou de ce père, ce qui peut le rendre très soucieux. Cet enfant est très bénéfique pour son parent qui le trouve facile à vivre, dévoué et très attentif.

Un parent 6 et son enfant 2 : ce parent n'a pas son pareil pour organiser, planifier et gérer l'éducation de son enfant, de manière à le combler. Pour autant, il est très intransigeant, acceptant mal les jérémiades et ne cédant aux caprices de l'enfant que si celui-ci a répondu à ses attentes, pour ne pas dire obéi à ses ordres. Néanmoins, un climat harmonieux s'installera au fil du temps, car au plus grand bénéfice de son équilibre, l'enfant comprendra rapidement que ce parent ne cherche en aucune manière à lui nuire, bien au contraire.

Deux associés 2 et 6 : association harmonieuse. Les talents planificateurs, la recherche de la perfection, tout autant que l'organisation du 6, pallient à certaines insuffisances du 2 sans aucun problème. Chez ces deux associés, la relation humaniste n'est pas un vain mot, ils y sont très sensibles, ce qui a pour effet d'atténuer certaines divergences. Ils privilégient également l'efficacité et la sécurité.

Les rapports amoureux de 2 avec 6 : pas de conflit particulier entre les deux, le 6 étant disposé à accéder aux désirs d'harmonie et de quiétude du 2. La tendresse, la douceur, les rapports humains sont mis en avant dans cette relation, pour peu que le 2 ne s'offusque pas du sens critique du 6. Tout ce qui touche aux enfants et à l'éducation en général, est favorisé. Tous deux précautionneux, ils ont le souci de ne pas heurter l'autre. Attention cependant à l'accumulation des non-dits, le 2 ne se sentant parfois pas toujours à la hauteur de l'intellectuel 6.

2 avec 7

Aspect général : relations harmonieuses en ce qui concerne le foyer et la vie de couple, mais plus délicates quant aux objectifs à atteindre, sauf à avoir des buts commerciaux ou artistiques communs. Notre 2 n'est pas particulièrement attiré par les connaissances livresques, ni par l'envie de faire partie d'une élite, ce qui peut provoquer un certain ennui chez un 7 qui aime avoir de l'ascendant, parfois d'une manière sectaire. Le 7 a néanmoins trouvé le disciple idéal. En retour, le 2 peut trouver que le 7, trop introspectif, se complique la vie et n'est pas assez présent au quotidien. Pas de conflit ouvert pour autant, cet aspect est donc plutôt favorable.

Un parent 2 et son enfant 7 : l'enfant apprécie tout particulièrement ce parent 2 qui lui apporte protection, tendresse et sécurité. L'enfant prendra conscience très tôt de tout ce qui a attrait à la vie domestique et associative. Le revers de la médaille, c'est que l'enfant risque de se sentir surprotégé, à l'étroit, avec comme conséquence l'empêchement de développer son goût pour l'aventure et les univers nouveaux. Au final, l'enfant gardera une empreinte indélébile de cette relation, devenant par la suite très protecteur vis à vis de ce parent.

Un parent 7 et son enfant 2 : ce parent idéaliste et attaché à la vie de groupe et de famille, apporte à l'enfant ce qui lui est indispensable, à savoir une protection familiale, et en sus, le goût de la curiosité et l'envie de dépasser ses frontières un peu étriquées. Il lui sera de très bon conseil. Cela étant, les rapports risquent quelquefois d'être difficiles, le parent n'acceptant et/ou ne comprenant pas toujours l'attitude parfois trop réservée et timorée de son enfant. Mais il n'y a pas matière à une violente opposition, d'autant plus que ce parent est sensible à la douceur de son enfant.

Deux associés 2 et 7 : le flamboyant 7 trouve ici un partenaire idéal et parfait, avec un petit bémol, le risque de le trouver un peu trop casanier, et donc pas assez entreprenant. Cependant, les deux aiment s'associer et coopérer. Ils trouveront donc facilement un terrain d'entente. Au 7 de taire son esprit critique, au 2 de ne pas se noyer dans son hypersensibilité et ses états d'âme. Le 7, prévoyant et bon protecteur, saura apporter ce qui est nécessaire à la bonne marche de leur entreprise. Pour eux, le domaine artistique est particulièrement favorisé.

Les rapports amoureux de 2 avec 7 : ils sont réellement favorisés dans cette conjugaison. Ils partagent un même goût pour le romantisme, la sentimentalité, les échanges affectifs. Ils devront faire attention à ne pas s'envoler dans des sphères inaccessibles, en restant un peu terre à terre. Leur idéal consiste à se trouver un nid douillet et paisible, où ils pourront partager leur idylle à l'abri des regards indiscrets.

2 avec 8

Aspect général : vie pouvant être harmonieuse tant que le 8 a le loisir de vivre par ailleurs sa partie cachée. Tous les aspects matériels sont favorisés. La capacité du 8 à générer une forme d'abondance convient bien à ce couple. Le 2 n'est pas forcément insensible à la sexualité débridée du 8. L'aspect intimiste du 2 se combine bien également au goût du secret cultivé par le 8. Le 2 attend toutefois que l'autorité du 8 soit au service du groupe, et non pas de lui-même.

Un parent 2 et son enfant 8 : ici, le parent apporte énormément à l'enfant de par ses qualités humaines (ce qui ne sera pas pour lui déplaire), mais le monde mystérieux du chérubin risque d'être longtemps inaccessible à son parent. L'opposition est forte car les modes de fonctionnement sont très différents, l'enfant risquant d'être exaspéré par une protection trop étouffante. Par ailleurs, des incompréhensions sont à craindre chez le parent, car l'enfant risque de ne pas faire preuve d'une formidable gratitude pour tout ce qu'il a reçu.

Un parent 8 et son enfant 2 : l'enfant qui a besoin de relations, de sentiments et de protection, risque fort de ressentir de grandes frustrations et incompréhensions, si ce parent ne lui manifeste pas davantage de présence et d'attention. Il pourrait même en garder quelques ressentiments. Dans ce type de rapport humain, il y a la dureté du 8 face à la tendresse du 2. Cela dit, ce parent ne va pas à l'encontre des intérêts de son enfant, mais sa sensibilité n'est pas suffisamment spontanée et expressive pour lui.

Deux associés 2 et 8 : les antagonismes sont forts. Le 8 roule pour lui, ce qui n'est pas le cas du 2. Il leur faudra faire un gros effort d'imagination et de compréhension pour s'entendre, car même s'ils sont tous les deux attirés par les bénéfices et les retombées découlant de leur projet, ils n'empruntent pas le même chemin. L'altruiste 2 risque d'être très perturbé par les moyens employés par son associé pour parvenir à ses fins. Et ils ne sont pas toujours très orthodoxes. Cela dit, l'aspect financier est favorisé sous cet aspect.

Les rapports amoureux de 2 avec 8 : s'ils sont ensemble, c'est qu'une attirance mutuelle les rapproche, malgré deux modes de fonctionnement que tout oppose. Le 8 n'y va pas par quatre chemins pour exprimer ses besoins sentimentaux et sexuels, ce qui risque de surprendre énormément sa moitié plus réservée. Le 2 cherche à concrétiser une vie de famille au sens premier du terme, le 8 veut avant tout satisfaire ses pulsions. Le risque étant que le 2 ne parvienne pas à savoir quelle est la véritable identité/nature de son partenaire. Un monde les sépare. Cela dit, si le 2 se satisfait de ce que le 8 est capable de lui apporter au niveau confort et sécurité, il ne s'interrogera pas plus sur ses frasques. Malgré tout, ses principes de vie risquent d'être un tantinet bousculés.

2 avec 9

Aspect général : conflit possible entre le conformisme du 2 et la quête spirituelle ou idéaliste du 9. Harmonieux toutefois par rapport aux vues humanistes, le potentiel du 2 pour s'associer et coopérer se combinant bien avec le potentiel du 9 à donner et aider. En revanche, le 9 est parfois fuyant vis à vis des contraintes de l'existence, alors que le 2 est attentif à la gestion de la vie au quotidien.

Un parent 2 et son enfant 9 : dans ce cas de figure, il s'agit d'une relation un peu lénifiante, où tout est dit / rien n'est dit. A trop vouloir se protéger et éviter les coups d'un monde extérieur trop agressif, ils risquent de trop se replier sur eux-mêmes. Il y a un manque certain d'initiative et de réactivité de part et d'autre. Cela dit, la relation est non conflictuelle, la douceur est au rendez-vous, ce qui ne permet pas de couper facilement le cordon ombilical (« syndrome de Tanguy »).

Un parent 9 et son enfant 2 : une surprotection du parent vis à vis de l'enfant est réelle, mais paradoxalement, l'attitude parfois distante, voire absente du parent, demeure assez perturbante pour l'enfant. Etre à la fois attentif à son enfant et lui dire « Fais ce que tu veux, comme tu le sens... », ne permet pas à celui-ci de trouver un contexte sécurisant et encadrant. Il faut également craindre une insuffisance de dialogue, de concertation, d'échanges, non pas par absence d'humanisme, mais par excès ! A trop vouloir éviter les conflits, on finit par accumuler certains non-dits et faire preuve d'un manque certain de réalisme.

Deux associés 2 et 9 : cet aspect privilégie des projets communs altruistes, où le sens du service est présent. Il favorise aussi les activités de type commerce de proximité. La difficulté étant de parvenir à concrétiser leurs objectifs de façon solide et durable. Tout dépendra donc de la dimension humaniste de l'association. Il s'agira pour eux de demeurer réalistes s'ils veulent mener à bien leur projet, mais aussi faire perdurer leur affaire.

Les rapports amoureux de 2 avec 9 : ils sont harmonieux, empreints de sensibilité, d'échanges et de douceur. Cette association favorise le romantisme et les lunes de miel. Il n'y a pas d'antagonisme au sens premier du terme, tous deux cherchant à se concocter une vie agréable. Un 9 amoureux peut se montrer très prévenant vis à vis du 2, et de sa recherche d'un rapport fusionnel. Ils devront quand même prendre garde à ne pas surenchérir dans leurs jeux émotionnels. D'autant plus que chacun a tendance à prendre sur lui les émotions de son partenaire. Tout ce qui touche au devenir des enfants, à leur scolarité et à l'éducation en général, est particulièrement favorisé sous cette combinaison.

2 avec 11

Aspect général : ou tout ou rien. Favorable si chacun accepte la personnalité de l'autre sans arrière pensée, sinon mariage impossible. Dans tous les cas, association originale mais laborieuse. Le 2 a la capacité de s'adapter à la singularité du 11, mais le contraire est moins évident, sauf à trouver pour le 11, matière à s'exprimer en dehors du cadre du 2.

Un parent 2 et son enfant 11 : ici, le parent se fait beaucoup de soucis quant à sa capacité de juguler et de canaliser l'énergie et les extravagances de son enfant. Cette relation n'est pas de tout repos, et la quiétude parentale risque fort d'être particulièrement perturbée. Cet enfant, loin d'être insensible à la présence chaleureuse et protectrice de son parent, a souvent besoin de dépasser ses limites en s'ouvrant à de nouveaux horizons. Or avec ce père ou cette mère, il aura cette étrange sensation d'être un peu trop protégé et choyé. Cela dit, les discussions iront bon train.

Un parent 11 et son enfant 2 : le désir de protection et d'encadrement de l'enfant risque d'être perturbé par l'esprit très libéral du parent. Il y a dichotomie entre un parent qui ne se formalise pas outre mesure, ni s'épand dans de grands échanges affectifs, et l'enfant qui ne réclame que cela. Le parent agit de manière à ce que son fils ou sa fille devienne rapidement autonome, apte à prendre rapidement des déicsions, voire un peu révolutionnaire. Pas certain que l'enfant soit capable de comprendre cette attention. Quelques frustrations sont à craindre. Le côté infantile de l'enfant risque par ailleurs de mettre la patience peu légendaire du parent à rude épreuve.

Deux associés 2 et 11 : nécessité d'un réel effort partagé d'imagination, et d'une volonté commune d'un consensus pour conjuguer leurs talents. Certes le 2 est doux, humaniste et compréhensif pour accepter le turbulent 11, mais l'inverse n'est pas aussi vrai. Le 11 n'est ni insensible, ni étranger à tout ce qui renvoie à l'affectif et la sensibilité, mais c'est dans la manière qu'ils ont de l'exprimer qu'il y a une très grande divergence, le 11 étant parfois dans ce domaine un peu trop synthétique. Qui plus est, les principes de vie du 2 risquent d'être bousculés par l'énergie déployée par le 11.

Les rapports amoureux de 2 avec 11 : mise à part une passion éphémère, ils devront faire un réel effort pour se comprendre, de manière à faire un bout de chemin ensemble. Si le 11 parvient à amener une certaine sécurité et confort de vie au 2, un terrain d'entente est possible, mais est-ce que le 11 sera suffisamment patient et compréhensif ? Il risque au contraire de s'agacer des atermoiements et des excès émotifs de son compagnon.[3]

2 avec 22

Aspect général : intérêts communs, pacte de stabilité, envie de construire. Le 22 sécurise le 2 qui lui retourne douceur et bien-être. Construction durable. Bonne association pouvant aller jusqu'au couple parfait. Recherche de l'équilibre entre l'antagonisme de leurs personnalités. Le 22 construit la maison, le 2 la décore et la fait vivre. Nul doute que le 2 finisse par adoucir le rustique 22.

Un parent 2 et son enfant 22 : la relation n'est ni conflictuelle, ni agressive. Les rapports ne sont pas belliqueux car notre parent ne cherche en aucune façon à imposer des structures, ni une manière de vivre à l'enfant, celui-ci les possédant tout naturellement. Le parent n'aura qu'à mettre en avant sa gentillesse, sa sensibilité, et même si notre enfant n'affiche pas une reconnaissance immédiate de cette attention, il y est grandement sensible. Ce qui manquera le plus à l'enfant, et qu'il recherche par dessus tout, ce sont des situations qui lui permettent de faire ressortir sa rugosité et son aptitude à affronter les difficultés. Or, ce parent n'est pas véritablement en mesure de les lui proposer. Qu'ils veillent aussi à ne pas sombrer dans une forme de pessimisme.

Un parent 22 et son enfant 2 : ce parent solide, posé, voire rigide, apprendra à l'enfant, malgré lui, à se battre très tôt, à ne pas avoir trop peur des coups, à faire front face à l'adversité. L'enfant risque de souffrir d'un manque d'affection, de tendresse... bref de

---

[3] A nuancer néanmoins en cas de présence d'un 20 au côté des sous-nombres du 11 (29, 38, 47...). Le 11 serait alors un 11/2.

présence, tout simplement. Cela dit, tous deux s'apportent énormément. Le premier par sa force, le second par son affection. Si le 22 sait tempérer son expression, l'enfant lui en sera reconnaissant, sinon un fossé risque de se creuser.

Deux associés 2 et 22 : dans cette association, ce formidable pilier qu'est notre 22 est très sécurisant. Le 2 peut compter sur lui pour mener à terme ce qu'ils entreprennent, et faire en sorte que les affaires soient durables. En retour le 2 sera un allié indéfectible, n'hésitant pas à se charger des tâches subalternes puisque cela fait partie de sa nature, et qu'à ses yeux, le 22 est une personne solide et de confiance. Au niveau des échanges, il ne faut pas s'attendre à des discussions sans fin.

Les rapports amoureux de 2 avec 22 : l'aspect est très favorable, car tout ce qui concerne la tenue du foyer commun, la structure familiale, son organisation et sa mise en place, les réunit. Au niveau sentimental, une très grande attirance de l'un envers l'autre peut se manifester, mais ce ne sont pas les débordements affectifs qui vont caractériser cette union. Quoi qu'il en soit, cette relation peut être durable, car elle est basée sur une forme de sensualité, de recherche de bien-être et de partage des plaisirs de la vie.

3 avec 3

Aspect général : Castor et Pollux. Complicité, communication par le dialogue, créativité. Très bonne entente. Caractère jeune. Association manquant parfois de maturité. Beaucoup de mouvement. Quête sincère de l'harmonie et de la complémentarité.

Un parent 3 et son enfant 3 : beaucoup d'échanges, de discussions, mais aussi une sorte de relation fraternelle caractérisent cette entente. Cet enfant assoiffé de découvertes, de compréhension du monde qui l'entoure et d'explications, sera exaucé sur ce plan. De son côté, le parent trouvera son enfant éveillé, précoce, et acceptera volontiers d'accéder à ses demandes. Des critiques exacerbées, des remises en questions fréquentes, des discussions sans fin, sont toutefois à craindre. Le mouvement étant un des moteurs de leur existence, tout ce qui a attrait aux sorties et à la vie publique les réunira. Dans ce type de relations, le comportement de ce parent 3 risque de le faire davantage passer pour un grand frère ou une grande sœur, qu'un père ou une mère.

Deux associés 3 : la communication est une des bases essentielles de leur relation. Ils ont beaucoup de choses à s'échanger. Si tout fonctionne harmonieusement, aucun nuage à l'horizon. Mais en cas de problèmes dans la bonne marche de leurs affaires, des prises de bec sont à craindre, chacun se rejetant mutuellement la responsabilité. Il leur faudra faire un gros effort d'organisation pour structurer, organiser et planifier ce qu'ils veulent entreprendre de concert.

Les rapports amoureux de deux 3 : ce sont des rapports avant tout fraternels, dénués de réelle passion amoureuse. La relation est quelque part une coquille vide, en ce sens qu'ils ont beaucoup à exprimer, trop peut-être. Leur entente est davantage basée sur l'intellect que sur le cœur et l'affectif. Ils pourront passer de longues soirées à refaire le monde ensemble, à discourir sur tout ce qui va ou ne va pas dans leur couple, ou dans la société en général. Cela dit, ils ne vont pas devenir des adeptes assidus du kamasoutra.

3 avec 4

Aspect général : esprit organisateur et pragmatisme. Favorable pour toute association à caractère socioprofessionnel. Entente moins évidente par rapports aux sentiments, à la vie de couple. Le 4 supportant mal la cérébralité et l'excitation du 3. Le 3 reprochant une forme d'immobilisme au 4.

Un parent 3 et son enfant 4 : ici, le parent explicatif à souhait, cherche à trouver les mots justes pour essayer de faire comprendre à son enfant les tenants et les aboutissants de tout et son contraire. Pas sûr que celui-ci y soit sensible. Cela dit, leur relation peut être très constructive, car cet enfant qui ne cherche pas midi à quatorze heures, sait facilement faire la part des choses. Au parent de comprendre que son chérubin étant d'un naturel pragmatique, il a besoin de choses très concrètes plutôt que de sempiternelles explications.

Un parent 4 et son enfant 3 : l'enfant risque de ressentir quelques frustrations dues au mode de fonctionnement peu expressif et peu loquace de son parent, qui le laisse sur sa faim. Assoiffé de détails, de connaissances, il lui faudra s'armer d'une énorme patience, ou aller chercher ailleurs. Quant au parent, il aura énormément de difficultés à rentrer dans l'univers de son chérubin, et surtout à comprendre pourquoi il a tant besoin de tout décortiquer, analyser, disséquer. Les échanges affectifs ne seront pas toujours des plus chaleureux car ils ne les transmettent pas de la même manière. Malgré tout, le parent apprendra très tôt à l'enfant à concrétiser ce qu'il désire.

Deux associés 3 et 4 : si l'un s'occupe de tout ce qui est communication et relationnel, et l'autre de tout ce qui est organisation et mise en place de la structure, la complémentarité est manifeste et durable. Le 3 devra néanmoins veiller à taire son esprit critique et à ne pas trop s'agiter. Quant au 4, il devra faire preuve d'une plus grande ouverture, et opposer moins de résistance, souvent par inertie d'ailleurs, à tout ce qui vient le perturber et apparemment le déranger, du fait de cet associé 3 sans cesse en mouvement.

Les rapports amoureux de 3 avec 4 : comment concilier ce 4, jouisseur, qui recherche avant tout la tranquillité et la sérénité dans sa vie, avec le 3 cérébral qui a besoin de tout expliquer, de tout décortiquer ? Est ce que ce dernier va facilement accepter les silences, la réserve naturelle, voire l'inertie légendaire de son partenaire ? Rien n'est moins sûr. Cela dit, le 4 peut apporter énormément au 3 dans la manière d'appréhender la vie de façon terre à terre et concrète. En retour, son partenaire peut lui apprendre à sortir un peu de ses habitudes. Mais tout n'est pas gagné.

3 avec 5

Aspect général : dynamisme et stimulation. Goût mutuel pour de nouvelles explorations. Découverte. Intérêts extérieurs communs. Ne favorise pas la quiétude familiale. Tout ce qui touche à l'esprit, aux méandres du psychisme les rapproche. Rivalités assez fréquentes (le 3 reprochant au 5 ses utopies, le 5 lui renvoyant parfois ses idées préconçues et ses analyses toutes faites). Association générant de la nervosité.

Un parent 3 et son enfant 5 : quoi de plus excitant pour ce parent, que d'éprouver le sentiment d'avoir un petit génie à la maison. Les échanges sont favorisés. L'envie de découvertes aussi, mais malgré tout, le côté utopiste de l'enfant risque de perturber ce parent plutôt rationnel. Cela dit, cet enfant indépendant et réactif apprendra rapidement à écouter les bons conseils de son parent, si celui-ci ne cède pas à la critique permanente. Sans quoi, tôt ou tard, l'enfant ne se gênera pas d'exploser et d'envoyer bouler ce père ou cette mère constituant un frein à son évolution. Ce parent risque alors de ne pas comprendre cet esprit indépendant, ni les chemins que son enfant veut emprunter, un comble pour un 3 qui se veut et se dit ouvert sur le monde !

Un parent 5 et son enfant 3 : l'enfant devra apprendre très tôt à se prendre en main, à s'appliquer à lui-même les préceptes issus de son esprit analytique, car son parent lui donnera toute latitude pour le faire. Cet enfant a tout de même besoin de structures, de se sentir guidé et il est très friand d'explications. Ce père ou cette mère a certes toutes les qualités pour répondre à ses interrogations, mais jusqu'à un certain point, car ce parent cherchera à faire comprendre à son enfant qu'il doit tirer son enseignement de ses propres expériences, et non pas de sa cogitation permanente. Néanmoins, les échanges seront nombreux, l'enfant pouvant compter sur son parent pour l'aider et lui faire explorer toutes sortes d'horizons, en lui apprenant aussi à ne pas s'angoisser pour des détails inutiles, ni à trop se formaliser.

Deux associés 3 et 5 : association dynamique, voire explosive, peu commune. Ils peuvent s'apporter mutuellement car ils sont suffisamment intelligents pour se comprendre et taire leurs antagonismes. Toutefois, quelques prises de bec et explications de texte virulentes sont à craindre, sauf à ce qu'ils se montrent rapidement capables d'apprendre à calmer leur impétuosité et leur nervosité légendaires. S'ils parviennent à s'entendre, et ils en sont capables, ils peuvent accomplir de grandes choses ensemble.

Les rapports amoureux de 3 avec 5 : le 5 a besoin d'aventures, de nouvelles expériences, il a soif de découvertes, ce qui n'est pas foncièrement du goût du 3, dont les principes de vie dans ce domaine sont différents. Certes, ce dernier n'est pas non plus insensible à la gaudriole, mais il est bien moins excessif. L'union est tout de même possible, mais elle aura un caractère d'abord amical et fraternel. Le 3 devra cependant se garder de trop faire ressortir les défauts de son partenaire, sans quoi celui-ci risque de s'éclipser rapidement. En retour, ce 5 gagnera à faire preuve de patience et de bonne volonté pour suivre le psychisme parfois tortueux, voire angoissé, du 3.

3 avec 6

Aspect général : cours après moi que je t'attrape. Engagement possible mais jamais total. La dualité de chaque nombre s'exprime au travers de cette association. Et quelque chose manque. Certes, ils se retrouvent dans les échanges, mais l'association n'est pas très constructive par manque de fondations.

Un parent 3 et son enfant 6 : si l'enfant n'éprouve ni rejet, ni quelque *a priori* sur le comportement dont fait preuve son parent pour l'éduquer, il ne comprendra pas toujours ses méandres psychiques, les trouvant parfois confus. Tout en partageant fréquemment des points de vue similaires, cet enfant a besoin davantage de concret, que d'agitation cérébrale. Les deux fonctionnent sensiblement de la même manière, mais la structure de l'enfant est beaucoup plus ancrée dans la réalisation. Il peut être dérangé par la nervosité de son parent. Celui-ci sera de bon conseil, mais il devra taire son esprit critique et ménager la susceptibilité de son chérubin.

Un parent 6 et son enfant 3 : ce parent, tout en aimant l'échange, saura également donner le sens de l'organisation, une aptitude à concrétiser et le goût du travail bien fait à sa progéniture. Il aura aussi des facilités à canaliser les débordements et l'agitation de son enfant. Il lui apprendra à être moins critique envers lui-même, et à se pardonner plus facilement quand il considère avoir commis une erreur ou une faute. En clair, il lui apprendra la constance. Finalement cet enfant gagnera beaucoup au contact de ce parent.

Deux associés 3 et 6 : s'ils ne passent pas leur temps à se critiquer mutuellement, ils peuvent s'apporter énormément. Dans cette association, le perfectionnisme et le sens du devoir accompli sont au premier plan, nul doute que dans le meilleur des cas, tout ceci conduise à une forme d'excellence. En revanche, s'il y a divergence dans l'analyse d'une situation, et qu'ils ne trouvent pas de terrain d'entente, ils ne s'entendront plus.

Les rapports amoureux de 3 avec 6 : il y a le risque d'une neutralisation des deux expressions, en ce sens que chacun voit dans l'autre ce qu'il ne veut pas s'avouer à lui-même. Pour autant, tout n'est pas perdu, car s'ils trouvent un terrain d'entente, ils ont suffisamment de ressources pour se créer un climat propice à une relation durable, basée sur un respect mutuel. Au niveau de la volupté et des relations charnelles, il ne faut pas s'attendre à des manifestations libidineuses extrêmes, tant qu'ils n'auront pas fait le tour de leurs méandres psychiques, et dépassé leur pudeur. Toute préoccupation extérieure pesante les détourne d'une expression immédiate de leur sensualité.

3 avec 7

Aspect général : l'extraverti et l'introverti. Consensus possible quant aux objectifs communs, mais risque de conflit par opposition entre la foi, les convictions profondes du 7 et la « mentalisation rationnelle » excessive du 3. Le 7 reprochant au 3 son manque d'idéaux, le 3 lui retournant son manque de réalisme. Favorable toutefois pour tout ce qui touche à l'enseignement et la connaissance. En fait, ils disent la même chose, mais d'une manière différente.

Un parent 3 et son enfant 7 : l'enfant peut trouver que son parent manque parfois de profondeur, qu'il ne sait pas toujours où il veut en venir dans ses explications, qu'il n'accorde pas suffisamment de place à ses motivations profondes, parce qu'il privilégie trop l'analyse structurelle. Ce parent semble donner la priorité aux choses se situant à la périphérie, là ou l'enfant attend plus de profondeur. Les exposés et les études sont néanmoins favorisés. Il peut y avoir beaucoup d'échanges, l'un et l'autre pouvant s'apporter ce qui leur manque respectivement, à savoir pour l'enfant, apprendre à extérioriser ce qu'il a au fond de lui-même et ne pas vivre simplement au travers de ses croyances, et pour le parent, apprendre à moins se formaliser sur les points de détails qui clochent, et davantage sur ce qui fonctionne.

Un parent 7 et son enfant 3 : le parent apportera beaucoup à son enfant pour tout ce qui touche à la constance, à l'envie de créer, à la foi que l'on peut porter à ce que l'on fait ou aime. Ainsi, il lui apprendra à calmer son esprit critique et à dépasser ses méandres psychologiques. Il est sûr que le parent risque d'être un peu déçu quant à l'orientation et les choix pris par son enfant, mais il les comprendra. Il apprendra très vite en retour à ne pas trop se lancer dans des explications sans fin, privilégiant lui aussi la synthèse que son enfant apprécie tant. Les rapports sont riches, bénéfiques. Il est question ici d'une opposition complémentaire.

Deux associés 3 et 7 : ils peuvent s'apporter énormément, le 7 appréciant tout particulièrement le sens critique, l'esprit du détail et la minutie du 3 qui, en retour, est loin d'être insensible à la capacité du 7 à donner corps et vie à leurs idées. Tous deux perfectionnistes à leur manière, il faut malgré tout qu'ils parviennent à dépasser un mode de fonctionnement diamétralement opposé. Le 3 étant souvent trop synthétique et critique vis à vis de points de détails du moment, là où le 7 projette beaucoup plus loin. Ce dernier risque d'être parfois acide à l'encontre de son partenaire qui, à ses yeux, ne se laisse pas suffisamment porter par la vague. Quant au 3, il risque de trouver le 7 trop à cheval sur ses ambitions, et pas assez attentif à l'organisation de leur partenariat.

Les rapports amoureux de 3 avec 7 : malgré leurs différences, une très grande attraction mutuelle peut s'exercer, les conduisant à une relation amoureuse harmonieuse. Tous deux curieux de nature, ils aiment échanger, dialoguer, communiquer. Grâce à son romantisme, le 7 peut faire fondre assez facilement les réticences et les barrières de notre 3. Il devra tout de même faire très attention à ne pas se couper du monde réel, à être attentif à son partenaire, car il a tendance à s'extraire de la réalité du moment. Il est là sans être là, et cela a pour effet de prodigieusement agacer notre 3.

3 avec 8

Aspect général : est-ce possible ? Oui, à condition que chacun fasse preuve de maturité pour accepter l'autre dans sa différence. Dans ce cas relation créatrice et originale. Sans quoi, la probité et la sociabilité du 3 s'accommoderont mal des extravagances cachées du 8, et de sa façon plutôt rigide de diriger les choses. Quant au 8, il trouvera que ce 3 manque de profondeur et qu'il est trop facile à deviner.

Un parent 3 et son enfant 8 : dans ce cas de figure, le parent doit apprendre très rapidement à ne pas laisser son sens critique s'exprimer d'emblée, à calmer son hyperexcitabilité, car cela n'aura de toutes les façons que très peu d'effet sur la nature profonde de l'enfant. Ce dernier est immunisé naturellement contre ce type de comportement. Sa nature profonde est empreinte de plus de ressentis, de contacts avec l'invisible ou l'impalpable. Elle est donc plus subjective, en opposition avec l'objectivité dont fait preuve son parent. Tout ceci ne signifie pas que l'enfant est insensible aux conseils de son père ou de sa mère, mais que grâce à son caractère bien trempé, il saura faire la part des choses à sa manière. C'est davantage le parent qui risque ici d'être frustré de ne pas accéder au monde secret de son enfant.

Un parent 8 et son enfant 3 : ce parent aura au moins le mérite de chercher à faire découvrir son mode sensitif à cet enfant davantage attaché au rationnel, à la découverte et à la connaissance. Cette mère ou ce père est suffisamment pragmatique et ouvert pour laisser toute latitude à son enfant d'exprimer ce qui lui plaît ou pas. Il saura même patiemment accepter d'être remis en question, et acceptera même d'être incompris. Ce que ce parent devra toutefois éviter, c'est de se laisser aller à la colère, à ses impulsions premières, quand il trouvera son chérubin un tantinet agaçant, ce dernier ne perdant pas une seule occasion de lui souligner ses propres contradictions. Des tensions sont quand même à craindre.

Deux associés 3 et 8 : si l'associé 3 parvient à accepter chez le 8 son désordre apparent, un mode de fonctionnement opposé au sien, et surtout cette difficulté à dialoguer de manière rationnelle, tout est possible. Il va sans dire que faire cohabiter deux mondes de ce type est avant tout une prouesse. Le 3 cherche à organiser, peaufiner, agencer, se protéger des coups durs, bref, il tend à une certaine perfection, alors que notre 8 n'en a cure. Ce dernier, pragmatique, recherche avant tout ce qui peut rapporter, favoriser l'expansion et développer des contacts quels qu'ils soient, sans préjuger de rien. L'association est cependant possible à condition qu'ils se cantonnent à leurs domaines respectifs.

Les rapports amoureux de 3 avec 8 : le 8 saura faire découvrir à notre 3 un monde qu'il ne soupçonnait même pas, ou alors qu'il avait tendance à rejeter. S'il accepte ce challenge, tout est possible, sinon il risque d'y avoir de très fortes incompréhensions. Le 8 vit avant tout de ses sens, de ce qu'ils lui apportent, il cherche en permanence à jouir de l'existence sans préjuger et sans limite. Tout l'inverse du 3 en somme, qui passe son temps à critiquer tout ce qui n'est pas conforme à sa vision (puritaine parfois, voire frigide). S'ils parviennent malgré tout à s'aimer, certaines prises de becs demeurent inévitables. Le 8 aura au moins le mérite de décoincer le 3, qui en retour, lui apportera un peu de probité et le sens des limites.

3 avec 9

Aspect général : couple placide et constructif où chacun vit dans un endroit différent. Le mental du 3 fonctionne totalement différemment du psychisme du 9, et pourtant une attraction mutuelle opère, entraînant une bonne harmonisation des rapports. Dans ce cas, différence n'est pas synonyme d'antagonisme. Intérêt commun dans l'exploration des choses de l'esprit par des approches différentes. Respect mutuel. Par ailleurs la sociabilité du 3 dynamise bien l'humanisme du 9.

Un parent 3 et son enfant 9 : le parent amènera à sa chère progéniture qui n'en demandait pas tant, toutes sortes d'horizons nouveaux à explorer, à charge pour l'enfant de s'investir pleinement dans les domaines qui lui conviennent. Tous deux aiment dialoguer, mais avec un mode d'expression radicalement différent. Le parent se veut rationnel, précis et efficace tandis que l'enfant a tendance à vouloir enjoliver, extrapoler, rêver. L'inertie apparente de cet enfant, ainsi que son côté lymphatique, auront tendance à exacerber le sens critique du parent, qui devra apprendre à s'adoucir et à se montrer plus patient. L'enfant devra en retour se montrer plus rangé, plus efficace et plus précis.

Un parent 9 et son enfant 3 : ici, ce parent a tendance à ne pas trop se formaliser sur la manière dont le destin conduit sa vie. Il accepte assez facilement les contretemps, les difficultés passagères et les obstacles qui peuvent se dresser en travers de son chemin, sans chercher systématiquement le pourquoi du comment, ce qui n'est en aucune manière le fonctionnement de son enfant. Ce dernier a besoin de structures, mais aussi de comprendre et d'établir des comparaisons. Au final, il se peut qu'il ne soit pas pleinement satisfait de son éducation. Cet enfant risque bien de se montrer un peu pénible, souvent insatisfait vis à vis d'un mode de vie qu'il ne parvient pas à ressentir comme étant suffisamment structuré. Il s'agit là d'une opposition forte entre un parent fataliste et son enfant qui ne l'est pas du tout.

Deux associés 3 et 9 : l'ordre et la discipline du 3 se heurtent à la nonchalance, ainsi qu'à cette façon que le 9 a souvent de fuir ou de laisser de côté ce qui l'indispose. Là où le 9 recherche calme et sérénité pour accéder à son monde subliminal, son associé oppose agitation, structure et rigueur. Les deux aiment toutefois la notion de service, tout comme s'impliquer, voire se dévouer, mais ils n'œuvrent pas de la même manière. Notre 9 a tendance à prendre les choses comme elles viennent, les arrangeant au mieux en fonction des événements, alors que le 3 veut tout maîtriser, tout organiser et faire en sorte que tout problème ne se reproduise plus. Ils peuvent quand même s'entendre en sachant accepter leurs différences. Dans ce cas, l'association peut devenir très positive, le 9 ne se préoccupant pas plus que cela des critiques, le 3 acceptant la vision globale, humaniste et visionnaire de son associé, et même son apparent désordre.

Les rapports amoureux de 3 avec 9 : si cette relation s'établit, c'est qu'elle est basée au préalable sur une envie d'entente mutuelle et la volonté de se dévouer l'un à l'autre. Le 9 romantique et sentimental, empreint d'idéaux et de visions subliminales de l'amour, apportera à notre 3 anxieux, parfois distant et froid, une touche d'humanité qu'il possède mais ne sait pas toujours exprimer, tant son envie de perfection le freine. Si notre 3 comprend rapidement qu'il n'est point nécessaire de tout structurer, qu'il accepte de se relâcher et de profiter du moment présent, il finira par se laisser conduire dans un monde sensible et sensuel où le mental n'a pas sa place. Sinon l'entente est impossible.

3 avec 11

Aspect général : passion, feu d'artifice, explosion. Le 3 est stimulé par le 11 tout en gardant un esprit critique vis à vis de ses actions. La susceptibilité du 11 peut être mise à mal par l'analyse critique du 3. Cela étant, ils se rapprochent dans le cadre d'investigations et de projets communs. Vies intime et familiale peu favorisées. Nécessité de ménager leurs passions.

Un parent 3 et son enfant 11 : cette relation peut être très positive, car cet enfant qui a besoin de se sentir canalisé, encadré, soutenu, aime que son parent s'intéresse à lui, qu'il le suive dans ses objectifs, dans ses aspirations, ses désirs, ses envies de découvertes. Tout ceci est harmonieux tant que le parent ne s'offusque pas des colères et de la réactivité de son enfant, et s'il sait lui laisser son espace de liberté. En cas de critique trop forte, l'enfant aura tendance à prendre ses marques de manière à s'extraire de cette emprise. Les deux sont intelligents, ils se respectent mutuellement, gageons qu'ils trouvent un terrain d'entente. Le sens critique du parent fera vite comprendre à l'enfant qu'il y a autre chose au delà de son ego.

Un parent 11 et son enfant 3 : ce parent d'apparence laxiste et libertaire, ne se formalisant pas plus que cela sur l'organisation et le sens de sa vie, aura du mal à canaliser cet enfant qui a justement besoin de structures. A contrario, il lui apportera un moyen d'ouvrir son champ d'investigation, avec la possibilité de découvrir d'autres mondes et de s'extraire d'un mental trop restrictif. Tout n'est pas parfait dans cette relation, surtout si le parent ne sait pas taire son impatience et sa réactivité vis à vis des critiques qui ne manqueront pas de surgir tôt ou tard. En revanche, l'enfant a soif de toutes sortes de connaissances, que ce père ou cette mère n'hésitera pas à lui transmettre. Ce parent offrira là un bel enrichissement, quitte à bousculer un peu les barrières de son enfant.

Deux associés 3 et 11 : c'est un peu l'association de deux excités où le 11, même s'il n'aime pas que des obstacles surgissent sur son chemin, veut conquérir le monde, et où le 3 s'emploie à tout organiser et planifier afin que les choses se déroulent à la perfection, dans le sens de ce qu'il a programmé. Quelque part, ils vont dans le même sens mais sans suivre le même chemin. Curieux non ? Ils peuvent s'apporter énormément. Le sens légendaire de l'organisation du 3 permettra au 11 de se structurer beaucoup plus facilement, même si celui-ci perd pour cela un peu de son espace de liberté. Des conflits et des prises de becs peuvent surgir, mais leur intelligence commune leur permet de dépasser leurs antagonismes. Les moulins à parole se retrouvent et n'ont pas fini de disserter de concert.

Les rapports amoureux de 3 avec 11 : les rapports les plus profonds entre ces deux êtres sont ceux qui touchent à la discussion, l'explication et l'analyse. Ils ont tous deux tendance à vouloir imposer, ou tout le moins à faire comprendre à l'autre leurs valeurs respectives. Ils sont animés par l'envie de se prouver mutuellement leurs capacités, leurs compétences, comme s'il s'agissait du fondement d'un respect réciproque et d'un amour partagé. Tant qu'ils sont sur la même longueur d'onde, qu'ils vibrent sur la même fréquence, tout va bien, sinon c'est impossible. Car s'ils oublient que le monde est fait de sentiments, de relation sensible, d'échanges humains plutôt qu'intellectuels, ils risquent d'être trop synthétiques. En définitive, leur relation est davantage fraternelle qu'amoureuse. Facile de savoir quand il y a un problème, ils ne se parlent plus.

3 avec 22

Aspect général : aspect ambivalent. Tout ce qui est d'ordre technique et pragmatique est favorisé, laissant peu de place aux sentiments et à la sensibilité. Le conformisme du 22 peut être apprécié par le 3, mais il en va autrement de son pessimisme. Quant au 3, il y a le risque qu'il perturbe la recherche de tranquillité et la réserve naturelle du 22. En revanche, le 3 peut être un excellent porte-parole du 22.

Un parent 3 et son enfant 22 : cle parent avec son sens légendaire de l'organisation, de la planification et du détail, apportera à sa progéniture toutes les structures dont elle a besoin pour se construire. Du coup, cet enfant qui cherche lui-même à écarter de sa route tout ce qui l'indispose et n'est pas conforme à la vision de sa vie, a trouvé là un parent modèle pour y parvenir. En retour, le comportement intègre, méthodique, réglé et régulier de l'enfant, donne satisfaction à ce parent tant exigeant. Ce qui est à craindre, c'est trop de conformisme, voire de pessimisme et de gravité. Cela dit, tout ce qui touche à la profession, aux études, à l'élaboration d'un plan parfait de l'existence est favorisé.

Un parent 22 et son enfant 3 : ce qui risque d'indisposer le plus cet enfant, c'est le sentiment d'un manque de présence, d'explications et de dialogue de la part d'un parent qui, certes, fait tout pour son bien-être, mais ne se formalise pas plus que cela des tenants et des aboutissants de l'existence. Cela dit, le pragmatisme lié à une force de caractère peu commune de cette mère ou de ce père sera très protecteur pour son enfant, tout en le laissant sur sa faim quand il veut approfondir les différents aspects de la vie. Il faut dire que les incessantes interrogations existentielles de cet enfant risquent d'exaspérer ce parent qui pourrait bien, la plupart du temps, ne pas les prendre en compte. Néanmoins, cet enfant pourra toujours compter sur cette mère ou ce père pour lui apprendre comment faire face à l'adversité sans trop se poser de questions.

Deux associés 3 et 22 : association qui peut s'avérer très positive sur le long terme, car le 22 de par sa force et sa capacité à faire front, sera d'un parfait réconfort pour son partenaire anxieux et interrogatif. En retour, le sens de l'organisation légendaire du 3 permet à son associé de réaliser pleinement ses objectifs. Le sérieux, l'efficacité de part et d'autre, sont au rendez-vous. Tout sera construit, fait et élaboré en conformité à la feuille de route. Le 22 devra néanmoins s'efforcer à donner un peu plus d'explications sur ce qu'il compte faire ou entreprendre, ce qui rassurera encore davantage son associé qui a tant besoin de savoir où il met les pieds. Par ailleurs, notre 22, peu sensible aux émotions, aux atermoiements et aux états d'âme, ne sera pas plus perturbé que cela par les critiques du 3, sauf à finir saoulé par ce moulin à paroles.

Les rapports amoureux de 3 avec 22 : s'ils ont décidé de vivre tous les deux à la campagne, de partager leur vie commune et leur amour dans un cadre simple et naturel, ils se sont trouvés. Ils pourront alors élever une nombreuse progéniture. Leurs centres d'intérêt respectifs (enfants, nourriture, animaux, maison) seront souvent au cœur de leurs échanges et de leurs préoccupations communes. Il est clair que ce n'est pas la romance au sens premier du terme qui constitue le ciment de leur relation, de même qu'ils ne vont pas se projeter dans des frasques amoureuses délirantes. Il n'en demeure pas moins que tous deux ont de solides appétits terrestres (surtout dans sa jeunesse pour le 3), qu'ils chercheront à assouvir. A eux d'éviter de sombrer dans la monotonie d'une routine trop bien huilée.

4 avec 4

Aspect général : Pour vivre heureux, vivons cachés. Association d'apparence monotone et réservée vue de l'extérieur, mais permettant un accroissement significatif de biens matériels. Quête de la nature, d'une vie paisible et constructive. Recherche du bien-être. Fort attachement aux valeurs du travail. Principes. Entêtement. Risque de ne pas voir la forêt cachée derrière l'arbre.

Un parent 4 et son enfant 4 : ils sont tous deux au diapason en ce qui concerne leurs projections, leurs désirs de paix et de tranquillité. Il n'en demeure pas moins qu'ils sont bien décidés à obtenir de la vie ce qui leur permet d'en jouir pleinement, afin de profiter au maximum de toutes sortes de plaisirs, souvent matériels. Ce parent aura tendance à conforter son enfant dans son aptitude à vivre de manière pragmatique, à se référencer à des choses matérielles et concrètes, bref à conserver l'essentiel. Le parent ne va pas chercher à encourager son enfant à se dépasser systématiquement, lui-même ne le faisant pas. Il saura tout de même lui montrer comment emprunter les chemins les plus pratiques et les plus efficaces pour obtenir un résultat tangible. Il n'y a pas de conflit à craindre, mais beaucoup de non-dits peuvent s'installer. Notons que le parent a parfois tendance à projeter chez l'enfant un désir de réalisation qu'il n'a pas concrétisé lui-même. Il se peut aussi que l'enfant hérite de l'entreprise de son parent et continue l'activité. Ce parent attachera une grande importance à transmettre à sa progéniture les principes et les valeurs ancestrales que lui-même, en son temps, avait reçus.

Deux associés 4 : ces deux amoureux du travail, constants lorsqu'il s'agit de faire aboutir leurs projets et de concrétiser leurs objectifs communs, se font rarement ombrage, car ils partagent le même mode de fonctionnement. Ce qui est essentiel à leurs yeux, c'est la tranquillité et la paix de l'âme. Attachés à une certaine routine, agissant avec régularité, ils sauront additionner leurs forces de réalisation en se partageant leur travail. Tous deux sont des épicuriens, et malgré une forte détermination dans le travail quand ils sont motivés, ils sont aussi des partisans du moindre effort enclins à se la couler douce. Ils devront alors se faire violence pour sortir de cette forme de léthargie pouvant s'installer au fil du temps.

Les rapports amoureux de deux 4 : Motivés en grande partie par la recherche du plaisir et de la jouissance, ils s'entendront à merveille dans ce domaine. Un petit bémol cependant, leur nature pudique et réservée risque de bloquer certains élans, ou pour le moins, empêcher l'expression spontanée de leurs désirs. Ils vont s'entourer de belles choses, d'un cadre de vie agréable, s'employant à ce que tout soit harmonieux, tout ceci dans la discrétion. Nul doute que leur sensibilité artistique et l'amour qu'ils portent à l'embellissement du cadre de vie leur permettra de s'épanouir pleinement. Cela dit, s'ils ne veulent pas se retrouver vivant côte à côte, enfermés dans une certaine routine, ils devront s'efforcer tout de même de dialoguer un peu, en exprimant davantage ce qu'ils ont au fond d'eux-mêmes. Ils devront également se méfier de devenir trop possessifs l'un envers l'autre.

4 avec 5

Aspect général : comment le 4 peut-il vivre en paix avec les extravagances et le goût de l'exploration du 5 ? Comment le 5 peut-il s'accommoder de la fixité et des principes de vie du 4 ? Incompatibilité entre les aspirations matérielles du 4 et la soif de découverte du 5. L'entente n'est donc possible qu'au prix de compromis et concessions mutuels. Dans ce cas, l'association permet de combiner méthode et exploration.

Un parent 4 et son enfant 5 : ce tumultueux et agité enfant risque de troubler la quiétude légendaire de son parent. Celui-ci, qui d'habitude a tendance à vouloir posséder ceux qu'il aime, risque de se retrouver fort dépourvu, son enfant ayant une très nette disposition à s'échapper, en s'aventurant bien loin de son cadre de vie habituel. Le parent devra très vite comprendre qu'il ne faut pas refréner les élans spontanés, voire irréfléchis de son chérubin, mais plutôt chercher à l'encadrer et à le conseiller... bref à l'écouter. En revanche, s'il devient trop protecteur et/ou possessif, son enfant qui a besoin d'espace et de liberté aura tendance à expulser ce qui l'oppresse, et à faire sa vie comme il l'entend, tout ceci bien entendu, sans méchanceté aucune.

Un parent 5 et son enfant 4 : ce turbulent parent, ouvert sur le monde, qui refuse systématiquement de s'enfermer dans un dogme ou une idée préconçue, apprendra à son chérubin à dépasser ses habitudes et sa quête du confort. Cette façon d'agir, parfois expéditive, aura toutefois tendance à perturber cet enfant qui a tant besoin de repères. Cette mère ou ce père devra veiller à ne pas trop s'agacer de la lenteur de son enfant, de son incapacité apparente à comprendre les choses aussi spontanément que lui. Ici, ce parent est appelé à s'armer de patience, ce qui ne constitue pas l'une de ses qualités premières.

Deux associés 4 et 5 : leurs modes de fonctionnement antagonistes provoquent souvent des oppositions flagrantes. La lenteur parfois exagérée du 4 ne cadre pas avec la rapidité et la vivacité du 5. Ce dernier, explorateur et découvreur dans l'âme, ne sait pas toujours se structurer. Dans ce partenariat, il devra apprendre à accepter un associé qui privilégie d'abord les aspects matériels propices à la préservation des acquis. En retour, le 4 devra éviter de bouder et de se renfrogner quand il se sent bousculé par les événements que provoquent souvent son associé 5. Cette agitation, ou ce qu'il juge comme telle, pousse la plupart du temps le 4 à sortir de sa légendaire réserve.

Les rapports amoureux de 4 avec 5 : cette relation n'est pas incompatible du fait qu'ils s'apportent mutuellement un champ d'expérience certes différent, mais complémentaire. Notre aventurier 5, souvent sans le sou, attiré par des horizons nouveaux, aime néanmoins la stabilité du 4 propice au repos du brave. Il n'est pas non plus insensible à sa sensualité, ni à son charme et son goût prononcé pour les plaisirs de la vie. De son côté, si le 4 accepte ce turbulent 5, en lui laissant par exemple un certain espace de liberté, il le trouvera amusant dans sa capacité naturelle à pimenter sa vie. Certes, le 4 jugera son compagnon un peu pénible, parfois trop agité à son goût, mais il s'accommodera facilement de son humour et autres joyeusetés. Le 4 cherchera également à apporter plus de constance à son compagnon.

4 avec 6

Aspect général : ils partagent des intérêts communs. Envie de construire, de réaliser ensemble. Pas d'antagonisme flagrant. Quête de l'harmonie, du consensus. Goût pour l'art, le bien-être, la douceur de vivre, les aspects de la tradition. Vie familiale favorisée. Aspirations matérielles communes. Esthètes.

Un parent 4 et son enfant 6 : notre parent apportera un certain confort, une tranquillité, une paix à cet enfant qui a besoin d'être rassuré afin de taire ses inquiétudes. La douceur et la compréhension mutuelles sont au rendez-vous. Il n'y a pas de conflit particulier. Ce parent épicurien ne fera qu'encourager son enfant à choisir et vivre ce qui lui convient le mieux et lui fait le plus plaisir. Cet enfant qui recherche la perfection et la relation affective idéale, trouvera ici une oreille attentive à ses moindres desiderata. Cela dit, ce n'est pas parce qu'il est de nature réservée et conciliante, que ce parent ne doit pas s'employer à faire comprendre à l'enfant que tout n'est pas parfait partout, que les erreurs ne sont pas condamnables, et qu'à l'impossible nul n'est tenu.

Un parent 6 et son enfant 4 : attaché à la relation humaine, ce parent perfectionniste apprendra à son enfant à se dépasser et à être davantage pugnace quand il fait face à une difficulté. Inciter l'enfant à comprendre qu'il doit remettre l'ouvrage sur le métier pour le peaufiner, en le sortant de sa tranquillité, voire de son indolence, est essentiel à son développement. Car cet enfant, en dépit d'une réelle capacité à travailler, est souvent partisan du moindre effort, se contentant facilement de l'à peu près. Il ne sera pas aisé de lui faire admettre qu'il a les moyens d'être plus précis et efficace.

Deux associés 4 et 6 : association constructive pouvant s'établir sur le long terme. Tous deux cherchent à faire en sorte que tout ce qui est structure, agencement et encadrement soit solide et durable. Certes, le 4 n'est pas un exemple d'ordre et de perfectionnisme, qui est plus l'apanage du 6, donc ce dernier palliera facilement, de par son goût pour l'organisation, à cette espèce d'inertie et cette forme de nonchalance affichées parfois par son associé. Celui-ci ne se formalisera pas plus que cela de certaines critiques du 6, il lui apprendra peut-être, voire sûrement, à moins se formaliser, et même à moins s'angoisser, devant ce qu'il considère comme des imperfections. Il est évident que le 4 devra se faire à la critique, et surtout accepter d'être bousculé dans ses petites habitudes.

Les rapports amoureux de 4 avec 6 : avec ce compagnon 6, le 4 aura au moins l'avantage de vivre plus facilement sa sensualité et ses appétits terrestres quels qu'ils soient. Ces appétits sont d'ailleurs appréciés par le 6, avec toutefois un petit bémol, son perfectionnisme ayant tendance à le bloquer. La relation peut être durable si le 6 ne cherche pas systématiquement à tout vouloir ordonner, sans quoi il risque de se heurter à un 4 qui aura tendance à se refermer. Le 6 a horreur du désordre là où le 4 ne se formalise pas plus que cela. Cela dit, tout ce qui touche au cadre de vie, à l'embellissement et au bien-être est favorisé sous cet aspect. Ils chercheront tous deux à se prémunir de tout ce qui pourrait perturber la quiétude, l'harmonie et la tranquillité auxquelles ils aspirent.

4 avec 7

Aspect général : la matière et l'esprit. Ils sont capables de s'entendre, à condition de respecter la personnalité de l'autre, car tout les sépare. Le 7 est très admiratif des capacités du 4 à construire et concrétiser ce qu'il désire, ce qui le rend plus confiant. Le 4 peut s'enrichir de la foi profonde et des convictions du 7 dans ses aspirations, quel que soit le domaine où elles s'appliquent. C'est le mariage des quêtes matérielle et spirituelle découlant sur une paix durable.

Un parent 4 et son enfant 7 : tout en cherchant à lui apporter la stabilité, tout en essayant de le protéger, ce parent se heurtera aux rêves et aux idéaux de son enfant. La relation est néanmoins très positive, en ce sens qu'il n'y a pas d'agressivité primaire, tous deux s'aiment, se respectent et se comprennent. Ce qui est à craindre en revanche, c'est qu'en cherchant à préserver son enfant, le parent 4 aura tendance à restreindre son champ d'exploration. De toutes les façons, l'enfant est suffisamment intelligent pour comprendre que cette surprotection n'est pas là pour lui nuire. Il saura très tôt composer avec, puis s'en émanciper au moment opportun. Ce parent devra encourager son enfant à se montrer davantage respectueux du cadre dans lequel il vit.

Un parent 7 et son enfant 4 : ce parent naturellement et particulièrement attaché à ce que son enfant fasse des études, les réussisse, ou au moins s'investisse dans des objectifs de haut vol, risque de rester un peu sur sa faim. Pour cet enfant, cet attachement à la connaissance est bien souvent le cadet de ses soucis. Si ce parent ne veut pas continuellement s'arracher les cheveux, il aura tout intérêt à comprendre rapidement le mode de fonctionnement de sa progéniture, de manière à l'encourager, tout en acceptant sa forme d'inertie. Cela dit, l'enfant fera découvrir au parent qu'il n'est pas toujours nécessaire de s'envoler dans ses idéaux, qu'il y a une manière plus pragmatique de faire les choses.

Deux associés 4 et 7 : voici une association qui n'est pas de tout repos, surtout pour notre 4 qui n'aime pas trop être bousculé, tant il aime faire les choses à son rythme et à sa manière. Le 7, quant à lui, appréciera particulièrement la stabilité de son associé, tout en ayant tendance à s'agacer de son manque d'initiative et de sa difficulté à se projeter dans la nouveauté, voire à s'investir totalement. Si les deux comprennent rapidement leur mode de fonctionnement respectif, ils pourront s'entendre malgré tout. Le 4 apportant une certaine prudence, le 7 faisant comprendre qu'il faut parfois se faire violence pour sortir de son cadre habituel.

Les rapports amoureux de 4 avec 7 : notre idéaliste 7 risque de succomber au charme et à la sensualité de notre 4, appréciant notamment sa capacité à ne pas se formaliser outre mesure, à accepter la vie comme elle se présente. Ce 4 cherche à se préserver des coups durs de la vie, à se créer un environnement agréable, ce qui n'est pas pour déplaire à notre esthète 7, qui lui aussi aime bien avoir un point de chute agréable. Cela dit, l'envie du 7 d'explorer le monde et de s'investir, ne cadre pas naturellement avec la réserve de son/sa partenaire. Il leur faudra donc, sur ce point, trouver un terrain d'entente.

4 avec 8

Aspect général : ils partagent sensualité et goût pour les plaisirs terrestres. Créativité. Association favorisant la réussite financière et matérielle. Une opposition peut surgir quand l'un fait ressortir chez l'autre ses plus profonds instincts, souvent inavoués (jalousie, persécution). Relation destructrice en cas de conflit. Tout bon ou tout mauvais.

Un parent 4 et son enfant 8 : l'enfant qui a besoin de canaliser ses énergies, d'être encadré et conseillé, même s'il a du mal à l'accepter, ne trouvera pas chez ce parent les conditions idéales pour le faire. Celui-ci, laxiste et intimiste par nature, éprouvera beaucoup de difficultés à appréhender le monde mystérieux et énigmatique de son chérubin. Or cet enfant a besoin de se confronter à la dure réalité de la vie, quitte à employer toutes sortes de moyens plus ou moins avouables pour y faire face. Ce n'est pas ce parent parfois éloigné des vicissitudes de la vie, qui est mesure de lui fournir les armes pour y parvenir. Pour appréhender le monde de son enfant, ce père (ou cette mère) devra vraiment se faire violence et sortir de son petit confort de vie. Maintenant, comme tout parent 4, il restera un bon protecteur.

Un parent 8 et son enfant 4 : dans cette relation, cet enfant assoiffé de protection, cherchant par dessus tout à éviter coups et bosses, est bien mal loti avec un parent qui ne se formalise pas plus que cela devant les vicissitudes de la vie. L'enfant aura du mal, dans un premier temps, à comprendre que ce monde si mal structuré est celui dans lequel il doit vivre. Il devra pourtant apprendre à se débrouiller par ses propres moyens, à se protéger, et dans tous les cas, se créer son petit havre de tranquillité et de paix. Quelques coups de gueule et colères du parent sont à prévoir vis à vis de son enfant qu'il estime un peu timoré et/ou souvent trop éloigné des réalités de la vie. Toutefois, ce parent a le mérite d'apprendre à son enfant à se débrouiller seul, à se battre, à faire face à l'adversité, et à revoir ses tranquilles habitudes.

Deux associés 4 et 8 : malgré deux modes de fonctionnement diamétralement opposés, ils sont tous deux très sensibles aux bénéfices matériels et financiers de tous ordres et de tous horizons. Tout ce qui peut leur permettre de faire fructifier leurs acquis est donc favorisé.

Pendant que l'un amasse patiemment (4), l'autre recherche davantage les coups de poker et les bonnes opportunités hasardeuses. S'ils parviennent à conjuguer ces deux approches très différentes, ils peuvent aller très loin, sinon il est à craindre des jalousies, des rancunes, des conflits d'intérêts, voire des spoliations. L'âpreté aux gains des deux est telle, que ni l'un ni l'autre ne voudra lâcher ce qu'il possède. La réserve naturelle du 4 risque toutefois d'agacer par moment ce 8 imprévisible par nature, et qui par essence, est attiré par l'insondable.

Les rapports amoureux de 4 avec 8 : là aussi, nous avons une opposition très forte entre deux conceptions de la relation amoureuse, qui peuvent toutefois s'avérer complémentaires. Ce sont deux jouisseurs de la vie, cherchant volupté et plaisirs, mais le 4 est réservé, intimiste, voire pudique, là où le 8 est carrément l'inverse. Ce dernier apprendra au 4 à se découvrir, en lui faisant repousser ses propres limites, quitte à violer un peu sa réserve. Souhaitons au 4 d'amener son partenaire à être plus patient dans ses désirs, à davantage contrôler ses impulsions profondes, en lui montrant la voie d'une plus grande douceur, gentillesse et sentimentalité. En d'autres termes, les préliminaires auxquels un 4 est attaché sont loin d'être une chose acquise pour un 8. Par ailleurs, les aspects financiers sont favorisés.

4 avec 9

Aspect général : association constructive, profitable dans de nombreux domaines. Ces deux nombres se complètent dans leur quête de l'harmonie et du consensus. Ils ne cherchent pas à faire de vague. Ils peuvent s'apporter beaucoup mutuellement. L'inquiétude et la peur de la vie du 9 s'estompent auprès du 4 protecteur. Le 4 n'est pas insensible à la spiritualité du 9, ni à sa quête de douceur de vivre.

Un parent 4 et son enfant 9 : il ne faut pas s'attendre à ce que ce parent vienne interférer, empiéter, voire troubler la quiétude et la tranquillité de l'enfant. Ce n'est pas l'ordre, la discipline et l'organisation qui seront au premier plan, mais plutôt le contact humain, l'échange affectif et sentimental. Cette relation n'incline pas à une vie ordonnée et structurée. Ni l'un ni l'autre ne cherchant mutuellement à se nuire, cela risque d'entraîner beaucoup de non-dits.

Certes, l'amour et les sentiments apportent beaucoup, mais à l'extrême, une forme de laxisme peut s'installer dans leur mode de fonctionnement, à cause de cette propension à ne pas vouloir dire ce qu'ils ressentent sur la vie en général, ainsi que dans leurs rapports personnels.

Un parent 9 et son enfant 4 : ce parent qui ne cherche pas le conflit, et ne veut en aucune manière imposer quoi que ce soit, aura du mal à structurer son enfant, celui-ci s'abstenant par nature d'être en relation ou en contact avec tout ce qui est corrosif et qui fait mal. La tendresse, les sentiments, les marques d'affection sont certes au rendez-vous, mais cela ne suffit pas. Ce parent, à ne pas vouloir blesser cet enfant si sensible et réservé à ses yeux, risque de trop le conforter dans sa volonté de s'extraire de tout ce qui le dérange. Cela dit, au niveau des études, de la volonté de faire quelque chose de sa vie, ou pour le moins de se sentir utile socialement et humainement dans ce monde, ce parent saura assurément imprégner une marque sur son enfant. Gageons qu'avec le temps, il saura en prendre conscience.

Deux associés 4 et 9 : il ne faut surtout pas compter sur eux pour créer une association ordonnée, précise et efficace. Tous deux ne sont pas suffisamment rigoureux et enclins à se faire violence sur l'instant pour être vraiment performants quand il s'agit de réactivité. Si leur association s'inscrit dans le temps, qu'elle ne nécessite pas de prises de décision trop immédiates, cela ne posera aucune problème, sinon gare. Tout ce qui touche au social, à l'enseignement, voire au commerce de proximité, est davantage favorisé. En revanche, tout ce qui les oblige à se « défoncer » et à s'activer en permanence n'est pas pour eux.

Les rapports amoureux de 4 avec 9 : la romance est au rendez-vous. Une envie mutuelle de se faire plaisir les réunit. L'agressivité est absente, laissant place à des non-dits. Tout ceci manque un peu de dynamisme, c'est la porte ouverte à une forme de routine, de monotonie, voire d'ennui, ayant pour conséquence de les conduire à ne plus maîtriser leur destin. Ils peuvent très facilement se laisser envahir par des éléments extérieurs (parasites et profiteurs), qui malgré tout, amèneront un peu de piquant et d'animation. Ceci aura au moins le mérite de les faire quelque peu sortir de leur léthargie heureuse. N'étant pas suffisamment partie prenante dans de nombreux aspects de la vie de tous les jours, ils peuvent se contenter d'aimer les aventures et les frasques des autres.

4 avec 11

Aspect général : opposition et antagonismes très forts. Terrain d'entente difficile à trouver. Fonctionne uniquement si le 4 est disposé à accepter sans condition la domination et/ou l'indépendance d'action du 11. Le 11 devra en retour s'assagir, et s'accommoder du côté placide du 4. L'association est alors favorable, notamment sur le plan professionnel.

Un parent 4 et son enfant 11 : ce parent constant, régulier, super protecteur, ne favorise en aucune manière l'éclosion et la recherche originale et active de l'enfant. Pourtant, celui-ci a besoin de se prouver à lui-même, et ensuite aux autres, ses compétences et sa capacité à se réaliser. Très tôt, il aime innover, chercher, découvrir d'autres horizons ou activités, ce que ce parent a du mal à appréhender. Cet enfant s'emploie sans cesse à élargir son champ d'activité là où son parent, avec les meilleures intentions du monde, cherche à le restreindre. Cela dit, l'enfant pourra toujours compter sur ce parent pour obtenir protection et aide en cas de coups durs, et il y en aura beaucoup, lui permettant ainsi de se ressourcer dans les périodes difficiles.

Un parent 11 et son enfant 4 : cet enfant qui a besoin de quiétude, de tranquillité, de paix, devra, bon gré mal gré, se plier aux desiderata du parent. Ce dernier ne se formalise pas plus que cela des atermoiements et des jérémiades de son chérubin, ni des troubles qu'il peut lui occasionner en le forçant à se sortir de sa réserve naturelle. Tout de même, l'enfant gagnera à être bousculé par ce parent qui l'obligera à dépasser les frontières naturelles qu'il s'est imposé, en le sortant de son cadre habituel et sécurisant. Beaucoup d'incompréhension est à craindre, tout comme avec l'âge, la rancune tenace de l'enfant qui a ce sentiment de ne pas avoir obtenu ce qu'il désirait, à savoir une plus grande attention à son encontre.

Deux associés 4 et 11 : association difficile, mais si le 11 parvient à convaincre le 4 du bien-fondé de ce qu'il veut entreprendre, qu'il accepte la manière naturelle dont est structuré son associé, s'il admet même une certaine forme d'inertie bien étrangère à lui-même, l'entente est possible. Tout n'est pas gagné, le 11 devra montrer patte blanche, faire preuve de patience et accepter de remettre l'ouvrage sur le métier le temps nécessaire. En retour, le 4 devra parfois bousculer ses sacro-saintes habitudes et sortir de sa torpeur. C'est avec le temps que cette mayonnaise risque de prendre, pour peu qu'ils y aient mis les bons ingrédients. Le 11 a malgré tout besoin d'un 4 pour structurer leur projet. Le temps, ami du 4, est l'ennemi du 11.

Les rapports amoureux de 4 avec 11 : relation tumultueuse. Le 11 peut très facilement tirer profit du 4 pour se créer un cadre de vie agréable, tout en allant vivre d'autres expériences ailleurs. Si le 4 ne se sent pas perturbé dans son cadre de vie habituel, s'il ne ressent pas le manque ou la précarité, il s'accommodera très aisément des frasques de son/sa partenaire. Mais comme on dit, pierre qui roule n'amasse pas mousse, du coup, si les décisions trop hâtives et mal structurées de notre 11 viennent à troubler la sacro-sainte tranquillité du 4, ou à mettre en danger ses acquis, il risque d'y avoir des problèmes. Cela dit, le 4 peut apprécier de vivre dans un monde où règnent beaucoup d'activités et d'animations, tant que cela demeure seulement un artifice plaisant.

4 avec 22

Aspect général : entente favorable. Concrétisation d'objectifs matériels et financiers. Recherche des plaisirs de la vie. Goût pour une forme de retraite, de calme, de tranquillité. Retour à la nature. Ils ne brillent peut-être pas par leur originalité, mais c'est une association solide et durable. Propension à s'isoler et à se surprotéger. Attachement aux valeurs ancestrales.

Un parent 4 et son enfant 22 : le parent sera enchanté d'avoir un enfant qui ne trouble pas sa quiétude, et qui en plus, semble posséder une force, une capacité, une structure lui permettant de se réaliser. Sentimental à souhait, notre parent apporte ici douceur, humanité, chaleur humaine. C'est bien une relation harmonieuse, même s'il ne faut pas s'attendre à de longues discussions le soir au coin du feu. Ce qui peut se produire, c'est une inversion du rôle du protecteur, l'enfant devenant le parent au fil du temps, son sérieux, sa solidité et sa force le rendant mature très tôt.

Un parent 22 et son enfant 4 : même s'il ne cherche pas à troubler la quiétude de son enfant, ce parent résistant, caustique et abrupte ne va pas systématiquement couver et « cocooner » sa progéniture. Certes, il fera tout pour protéger son enfant en lui apportant ce dont il a besoin, assurément, il favorisera sa bonne éducation, mais il se cantonnera à l'essentiel. Ce parent n'est pas un amoureux des gadgets, du superflu et de tout ce qui est enfantillage. Malgré tout, l'enfant gagnera à avoir reçu une éducation, une discipline, une structure et ce, même si leur relation n'était pas empreinte de débordements affectifs.

Deux associés 4 et 22 : association constructive, viable et durable. Tout ceci manque néanmoins de fantaisie et de dynamisme, l'efficacité étant avant toute chose, la résultante de cette combinaison. Le rapport à la nature, aux animaux, certaines ambitions sociales, les travaux qu'ils soient publics ou non sont favorisés. Il ne faut pas s'attendre à de grandes innovations, ni à ce qu'ils dépassent les frontières naturels de leur activité, et pas davantage à ce qu'ils remettent en cause leurs acquis, leur fonctionnement et leurs habitudes. Leur entreprise est avant tout caractérisée par son sérieux.

Les rapports amoureux de 4 avec 22 : classiques, un peu rétro, pour ne pas dire vieille France, ils sont empreints d'une certaine nostalgie. Ce couple adepte d'une vie sans heurt ni anicroche, privilégie son confort matériel. Tous deux souffrent néanmoins d'une réserve naturelle et d'une certaine pudeur, qui ne les empêchent ni de s'apprécier mutuellement, ni de profiter des plaisirs de la vie quels qu'ils soient. C'est d'ailleurs bien ce côté épicurien qui peut les faire sortir de leur réserve, en leur permettant de transcender leurs barrières naturelles. Ils peuvent s'accorder pour avoir une très grande descendance, ou alors agir dans des structures en lien avec le monde animal ou celui de l'enfance.

5 avec 5

Aspect général : entente dynamique, mais sans grande profondeur. Une multitude de points communs permet d'avoir une vie exaltante, de partager des expériences, mais l'ensemble manque de concrétisation ou de réalisation objective. Utopie. Une difficulté à faire la part des choses entre amitié profonde et Amour avec un grand A. Dispersion. Instabilité. Vie intrépide peu constructive. Que voulez-vous, l'aventure c'est l'aventure.

Un parent 5 et son enfant 5 : une chose est sure, c'est que l'ouverture d'esprit, le regard nouveau et humaniste du parent est loin d'être étranger à celui de l'enfant. Tous les deux sont sensibles à tout ce qui dépasse leur cadre naturel, et se situe au delà du conformisme de la vie. Ils ont envie de s'affranchir de tout ce qui les restreint. Même si le parent apporte énormément à son enfant pour son éveil et son évolution, un risque demeure néanmoins : le manque de structure et d'encadrement. Vivre de manière indépendante et libre est une bonne chose, mais malgré tout, ce parent devra apprendre à fixer des limites qu'il ne possède pas toujours lui-même. Tous deux sont colériques, parfois explosifs. En cherchant trop souvent à détenir le savoir et à l'imposer, des heurts sont à craindre. Il s'agit là d'une relation plus amicale que filiale. L'enfant va s'émanciper très tôt.

Deux associés 5 : la nature indépendante, rebelle, réactive et révolutionnaire de ces deux êtres, même si elle est animée d'une certaine humanité, ne cadre pas avec une association traditionnelle. Certes, tous deux sont innovants, ils aiment expérimenter, mais chacun veut avoir raison, et aucun n'est disposé à faire de concessions. S'ils se situent dans des domaines avant-gardistes, ou ceux du spectacle, de la relation humaine, du voyage, ils peuvent s'apporter énormément grâce à leur nature intrépide. Il faudra néanmoins qu'ils sachent se préserver un espace viable. Il est nécessaire qu'ils parviennent à dépasser et transcender leur nature première éprise d'indépendance et de liberté, afin de fonctionner de concert. Ils devront s'employer à s'entourer de personnes avisées et à accepter leurs sages conseils. Il leur faudra également prendre très tôt en considération les aspects financiers de leur affaire, car tous deux sont de très mauvais gestionnaires.

Les rapports amoureux de deux 5 : ce genre de rapport est davantage basé sur l'amitié profonde que l'Amour avec un grand A. C'est une relation libre, indépendante, où tous deux cherchent à préserver leur espace de liberté et leur autonomie d'action. Tant que leur vie commune est aventureuse, qu'elle leur permet de rencontrer beaucoup de monde, ou de se lancer dans de nombreux projets, tout baigne. Sans quoi, ils risquent de s'ennuyer rapidement, de sombrer dans une forme d'immobilisme prédisposant à vouloir s'échapper vers d'autres cieux. C'est l'amour libre par excellence, fraternel et universel.

5 avec 6

Aspect général : grande complémentarité, voire complicité. Le 6 amène harmonie et rigueur au 5, qui en retour, apporte du piment dans l'existence du 6. Malgré tout, le 5 peut avoir une difficulté à supporter les principes de vie du 6 qu'il considère trop figés. Le 6 s'accommode peu de l'inconstance du 5 qui a tendance à fuir les responsabilités.

Un parent 5 et son enfant 6 : l'esprit novateur, ouvert et fraternel du parent, ne déplaît pas à cet enfant qui, lui aussi, aime le relationnel. Cependant, il a aussi besoin de se structurer, de peaufiner ce qu'il entreprend, de se rassurer vis à vis de ses compétences et de ses qualités. Or il ne devra pas compter sur ce parent pour le valoriser, car ce dernier n'est pas spontanément enclin à s'épandre sur le côté perfectionniste que l'enfant a tendance à mettre en avant. Cette relation conduit l'enfant vers une émancipation précoce, en lui permettant de ne pas trop se morfondre sur ses échecs, favorisant ainsi sa capacité à dépasser les inhibitions pouvant en découler. Ce parent ne se formalisant pas outre mesure des aléas de la vie, il ne va pas davantage s'appesantir sur le psychisme prégnant de l'enfant.

Un parent 6 et son enfant 5 : ce parent apporte énormément à l'enfant pour tout ce qui touche à la structure, l'envie de réaliser et de parfaire, mais plus que tout, il lui apprend la patience. Poursuivant sa quête d'indépendance et de liberté, l'enfant a tendance à vouloir précipiter les choses, à conduire plusieurs activités simultanément et par conséquence, à se disperser. Son parent l'habituera à se restreindre et à poursuivre un objectif jusqu'au bout, quitte à recommencer ce qui n'a pas été suffisamment élaboré. Du coup, cet enfant pourrait bien se montrer parfois agacé par ce parent qu'il considère pinailleur par certains côtés, mais avec le temps, il appréciera cette obligation de se remettre en question, ainsi que cette exigence de perfectionnisme. Pour autant, tout cela ne les empêche pas d'avoir une profonde relation humaine.

Deux associés 5 et 6 : dans cette association paradoxale, c'est le fond humain des deux protagonistes qui va lier la sauce, sachant qu'ils fonctionnent de manière très différente. Le 5 cherche l'aventure, la nouveauté, il aime dépasser ses limites, faire ses propres expériences et ne se formalise pas outre mesure des conséquences qui en découlent. Or cette approche est diamétralement opposée à celle de son associé 6, méticuleux, précis, efficace, qui n'hésite pas à recommencer encore et encore ce qu'il a entrepris, jusqu'à atteindre la perfection. Si ce 5 apprend la patience et ne s'agace pas trop de ce qu'il considère comme pinaillage, et si en retour, son associé 6 consent à faire des concessions et à supporter cet esprit un peu frivole du 5, tout est faisable, sinon cela risque de conduire à une réelle confrontation. Dans tous les cas, s'ils parviennent à s'entendre, l'innovation alliée à l'efficacité s'avère redoutable.

Les rapports amoureux de 5 avec 6 : ils risquent d'être épiques, tumultueux pour le moins, sinon explosifs. Cela dit, ces deux êtres tout de même animés par un esprit fraternel, s'accordent sur un point essentiel : le sens de la relation humaine. En revanche, notre 5 caustique n'hésitera pas une seconde à s'amuser de la nature entière et perfectionniste de son partenaire 6. Ce dernier, avec sa tendance à se persécuter parfois, aura du mal à supporter cet esprit qu'il juge mal tourné de la part d'un 5 qui, lui-même, n'accepte pas la critique. Tout n'est pas sombre pour autant, bien au contraire. Avec leur intelligence, ils peuvent aisément adoucir leurs échanges et accepter leur mode de fonctionnement différent. En y parvenant, ils s'amuseront même de leurs travers respectifs. En définitive, il s'agit d'un jeu de défis et de séduction perpétuel.

5 avec 7

Aspect général : rivalités. Discordes. Deux manières de vivre l'indépendance. Le 7 a du mal à comprendre l'univers en expansion du 5 et inversement, le 5 perçoit mal l'introversion du 7. Convergence et affinités possibles pour peu qu'ils prennent le temps de l'échange et qu'ils soient animés par des objectifs communs. Le 5 a une facilité d'expression que le 7 n'a pas. Ce dernier est plus introverti et profond.

Un parent 5 et son enfant 7 : dans ce cas de figure, ce parent libéral, turbulent et ouvert, risque d'être très déconcertant pour son enfant curieux de tout, à l'image de son parent certes, mais qui n'a pas la même façon de s'investir. Cet enfant, dans sa capacité à concevoir le monde, à l'appréhender, à l'investiguer, diverge énormément de papa ou maman. Sa curiosité naturelle le pousse à comprendre, à décortiquer, à disséquer d'une manière très polarisée et fixe. En clair, il s'investit totalement et globalement dans ce qu'il croit ou détient pour vrai de manière unilatérale, ne lâchant rien tant qu'il n'a pas fait le tour de ce qui l'interpelle. Le parent, quant à lui, s'intéresse à tout mais sans se formaliser outre mesure, élargissant en permanence son champ de connaissance par de multiples et fréquentes expériences, tout en gardant sa sacro-sainte liberté. Or c'est bien ici qu'il risque d'y avoir incompréhension entre cet enfant un peu inquisiteur, et ce parent désinvolte, quelque peu synthétique. Malgré tout, cette mère ou ce père est en mesure de répondre au désir impérieux de savoir qu'exprime fréquemment son chérubin.

Un parent 7 et son enfant 5 : ce parent peut faire beaucoup pour son enfant. Non seulement il lui permet de satisfaire son goût pour l'aventure, mais il l'encourage à découvrir par lui-même ce qui lui semble bon. Il a aussi le mérite de canaliser ses champs d'investigation, de le discipliner, de le structurer, en lui apprenant à moins s'éparpiller. Vu de l'enfant, ceci peut toutefois être ressenti comme un dictat, ou pour le moins, une canalisation un peu trop forte, qui lui donne l'impression d'être bloqué dans ses élans. Par ailleurs, ce parent qui s'investit totalement et de manière monolithique dans ce qu'il tient pour vrai, peut paraître un peu trop dogmatique aux yeux de son chérubin, celui-ci pouvant lui paraître en retour un peu désinvolte. La réactivité naturelle de l'enfant et son lot de colères, peuvent agacer ce père ou cette mère. En définitive, plus ce parent cherchera à avoir la main mise sur son enfant, plus celui-ci lui échappera. Il devra finalement admettre qu'il peut faire beaucoup pour l'enfant et son éducation, à condition de préserver son espace de liberté, et de ne pas lui interdire systématiquement de vivre ses expériences.

Deux associés 5 et 7 : dans cette association, énormément de coups de gueule sont à craindre. L'impulsivité et la réactivité légendaire du 5 s'accordent mal avec l'esprit inquisiteur et suspicieux du 7, qui lui-aussi se montre parfois querelleur dans sa façon professorale d'imposer ses points de vue. Pour autant, ce partenariat n'est pas impossible dès lors que le 7 apprend à s'exprimer, surtout quand il s'agit de son ressenti profond. Or en se contentant de dire les choses de manière trop superficielle ou incisive, il risque de heurter son associé 5, susceptible à souhait. En retour, ce dernier devra apprendre à ne pas démarrer au quart de tour à chaque remarque. En respectant ces conditions, les deux peuvent alors s'apporter énormément. C'est l'association d'un 7 fin négociateur, comptable et précis, avec un 5 ouvert sur le monde, prêt à se lancer dans toutes sortes d'opérations. Cela dit, les deux aiment l'aventure, ils ont le goût du voyage et sont curieux de toutes sortes de nouveautés à même de les conduire à entreprendre de nouveaux projets. S'ils restent bien dans leur domaine respectif, ce sera une réussite, sinon c'est le conflit ouvert. Pour le 7 parfois introverti, ce 5 est trop extraverti.

Les rapports amoureux de 5 avec 7 : la désinvolture du 5, sa façon de privilégier ses aventures, ses amis, ses relations, sa soif de nouveaux horizons ne riment pas du tout avec les aspirations d'un 7. Celui-ci, malgré son goût pour la découverte, préfère d'abord se protéger et se préserver des aléas de la vie, en se construisant un havre de paix par toutes sortes de moyens matériels et financiers. Le premier, qu'il le veuille ou non, cherche coups et bosses, ne sait pas toujours construire sa vie matérielle et financière, voire s'en fiche ; le second fait tout le contraire. Si un lien profond les unit, leur amour est possible, sinon les intérêts mercantiles de notre 7 finiront par émousser cette relation. Le 5 pouvant lui aussi préférer mettre les voiles.

5 avec 8

Aspect général : attirance commune pour les mystères et « la face cachée de la Lune » en général. Deux nombres médium. Stimulation pour toutes sortes de jeux de la vie, de dépassements. Toutefois, le 5 peut être dérangé par les appétits pas toujours très clairs de ce 8 qui, contrairement à lui, aime asseoir sa puissance. Quant au 8, il ne s'accommode guère des scrupules humanistes du 5, ainsi que de son instinct de liberté et de ses pulsions exploratrices.

Un parent 5 et son enfant 8 : cette relation est spéciale. L'attitude de ce parent ouvert sur le monde, qui privilégie relations et amitiés, semble apparemment en opposition avec celle de son enfant, d'abord habité par tout qui est secret et caché. Ces deux mondes a priori opposés, se rejoignent pourtant à un endroit bien précis, celui de la découverte de ce qui est inexploré et non visible à prime abord. Avec sa largesse et sa vivacité d'esprit, ce parent a bel et bien la capacité de comprendre son enfant. Tout ce qui découle du mystérieux et de l'insondable leur est accessible, le parent le formalisant toutefois davantage que son enfant. Qui plus est, l'idéalisme de ce père (ou de cette mère) a pour effet de dynamiser et d'ouvrir rapidement la conscience de son enfant. La naïveté et la candeur de ce dernier aura cependant tendance à le (la) surprendre, tout autant que la détermination spontanée et instinctive qui l'anime. A eux de ne pas s'inventer des mondes trop imaginaires.

Un parent 8 et son enfant 5 : ce parent ne se formalise pas plus que cela de l'esprit d'indépendance de son enfant, car il est capable de gérer au coup par coup les extravagances de sa progéniture. Sachant faire preuve de mansuétude, il risque même d'avoir parfois un regard amusé sur ses frasques. L'enfant, quant à lui, trouvera ce parent fort sympathique, car il ne cherche pas à lui imposer dogmes et vérités finis. Il comprendra quand même très vite que ce père ou cette mère, loin d'être dénué(e) d'autorité, est capable de faire preuve d'une force de caractère peu commune. Dans cette relation, il existe une notion de respect qui s'ajoute à la confiance. Cet enfant agité et parfois dispersé sait qu'il peut toujours compter sur ce parent qui ne le juge pas. Leur vie peut être très folklorique.

Deux associés 5 et 8 : il va falloir beaucoup de temps, de compréhension et de patience pour qu'ils parviennent à accorder leurs violons et se comprendre, de manière à emprunter la même direction. Leur mode de fonctionnement est aussi différent l'un par rapport à l'autre, que le jour et la nuit. Ils devront donc faire preuve d'une capacité hors norme d'ajustement, s'ils veulent poursuivre les mêmes intérêts. Le 5 agité, utopiste et libre ne supporte pas plus que cela les contraintes et les restrictions nécessaires à la bonne marche d'un projet commun. Il a des difficultés à comprendre qu'il faut parfois se faire violence et s'investir méthodiquement pour obtenir de bonnes retombées financières. Cette façon d'agir et d'être est à l'opposé de la conception du 8, qui lui, par sa force de caractère et sa capacité à résister aux difficultés et épreuves, privilégie les retombées sonnantes et trébuchantes. Très sensible aux sirènes du pouvoir, ce 8 ne vit pas de l'air du temps, à l'inverse de son associé. Cela dit, ils partagent le besoin d'avoir les coudées franches, mais chacun dans son domaine respectif.

Les rapports amoureux de 5 avec 8 : tous les deux ont des caractères trempés et imprévisibles. Ils cherchent à marquer leur différence, en aucune manière ils ne veulent se sentir contraints ou obligés. En revanche, toute nouvelle expérience, toute exploration de sensation hors norme les attirent. Ce qui peut aussi les réunir, c'est cette envie de vivre en marge de la société, en dehors des conventions, au delà de la bienséance même. Pour ce qui est des rapports amoureux, durables, conduisant à une vie familiale construite, il ne faut pas s'attendre à l'idylle. Ce n'est pas la fidélité qui caractérise leur personnalité respective, avec tout d'un même un bonus pour le 5, davantage ouvert et honnête, là où le 8 peut se montrer cachottier et obscur. Au delà de ce qui vient d'être dit, s'ils se rencontrent pour vivre une aventure singulière, hors des sentiers battus, ils se sont particulièrement bien trouvés.

5 avec 9

Aspect général : consensus et respect mutuels. Quête de la douceur de vivre. Entente harmonieuse, mais risque de non-dits pour ne pas décevoir et dégrader leurs rapports. Ils ne se voient pas comme des adversaires. Ils ont besoin d'explorer mais avec une approche différente. Une envie de vivre de façon non conflictuelle les anime. Conscients de la nécessité de faire des concessions, la douceur de vie est au rendez-vous. La nature diplomate et consensuelle du 9 adoucit énormément le tempérament explosif du 5, ce dernier ne ressentant pas son partenaire comme un potentiel rival.

Un parent 5 et son enfant 9 : cet enfant qui aime par dessus tout sa tranquillité, sa quiétude et la paix, fait tout pour les préserver, en ne cherchant en aucune manière à contredire cet impétueux parent. Pourtant, ce dernier emploie toutes sortes de moyens afin de bousculer la douce quiétude et les habitudes dans lesquelles son enfant s'enferme souvent. Celui-ci ne s'en formalisera pas outre mesure, conscient que ce père ou cette mère parent est doté(e) d'un profond humanisme. Nul doute que ce parent apporte à son enfant un espace de liberté et d'indépendance dont il a lui-même besoin. Cependant, cet enfant ne se sentant pas suffisamment accompagné à son goût, risque de ressentir un sentiment d'insécurité, qui pourrait être avec le temps, une source de reproche à l'encontre de ce parent parfois trop libéral. Par ailleurs, cet enfant, tout comme ce père ou cette mère, aime les relations, l'amitié, les rencontres, mais à dose homéopathique. Par ailleurs, ce parent peut paraître parfois un peu trop laxiste vis à vis de son chérubin qui a tout de même besoin d'être canalisé et géré, tant ses aspirations à fuir la réalité peuvent être importantes.

Un parent 9 et son enfant 5 : malgré ses meilleures intentions et sa bonne volonté vis à vis de son enfant imprévisible, incontrôlable, voire explosif, une démission pure et simple du parent est à craindre. Les rapports ne sont pas simples pour ce parent qui privilégie avant tout la quiétude, la tranquillité et la paix. Il cherche à harmoniser sa vie, quitte à se sacrifier souvent pour ce qui lui semble être la bonne cause. Or, ne pas faire de vagues, ne pas vouloir bousculer ce qui dérange, sont autant d'attitudes qui ne correspondent au tempérament de cet enfant qui lui, n'hésite pas à dire ce qu'il pense, tout comme à rejeter ce qui le dérange. Qui plus est, il est friand de toutes sortes d'expériences aussi extravagantes les unes que les autres. Certes, ce parent est suffisamment intelligent pour arrondir les angles, voire accepter l'inacceptable, mais est-ce suffisant ? Il est vrai que cet enfant pourra toujours compter sur la gentillesse, la présence et la serviabilité de ce père ou de cette mère qui, en aucune manière, ne lui reprochera, ni l'obligera, à quoi que ce soit. Mais ce n'est pas avec ce parent bienveillant et tolérant que cet enfant pourra être canalisé, dirigé et contrôlé, alors qu'il en a tant besoin. Cela dit, leurs rapports sont harmonieux et amicaux.

Deux associés 5 et 9 : leur altruisme, leur vision humaniste et leur volonté de vivre dans un monde idéal peuvent les réunir. Pour autant, cette relation n'est pas de tout repos pour notre 9, qui, s'il aime lui-aussi explorer des horizons nouveaux, le fait davantage dans son psychisme que dans une réalité tangible. Notre 5, lui, a besoin de remuer ciel et terre pour trouver a raison de vivre au travers d'expériences multiples et imprévisibles. Il est à espérer que le 9 saura faire preuve de suffisamment de patience pour supporter les frasques de cet associé souvent agité. D'autant plus que celui-ci risque de finir par s'ennuyer, à force de trouver le 9 un peu trop timoré dans la réalisation de leur projet commun. Cela dit ce 9 sera toujours de bon conseil pour son partenaire, mais celui-ci saura-t-il l'écouter ? Ni l'un, ni l'autre ne cherche à se nuire, bien au contraire, mais est-ce suffisant pour construire ensemble ? Pas facile… Le 5 cherche à explorer la planète, en bousculant parfois tout sur son passage, pendant que notre conciliant associé, lui, s'emploie en permanence à arrondir les angles.

Les rapports amoureux de 5 avec 9 : difficile de construire une vie commune sur du sable. Les besoins matériels et financiers du 9, indispensables à l'harmonisation de sa vie et à sa tranquillité d'esprit, ne sont pas les objectifs premiers du 5. Certes, ils ont beaucoup à échanger, ils peuvent s'aimer intensément, et aussi tendrement, mais ce lien humaniste et spirituel suffit-il à construire une vie commune, au regard de toutes les contraintes générées par le contexte environnemental et social ? Ne risquent-ils pas, avec le temps, de se reprocher leur manque de réalisme mutuel ? Le danger qui guette leur union, réside dans la difficulté à supporter le poids des contraintes et des contingences de la vie quotidienne.

5 avec 11

Aspect général : s'ils ne s'entretuent pas, ils peuvent aller très loin. Complémentarité dans l'action, la volonté de dépassement de soi, ainsi que l'intention de repousser sans cesse les frontières des structures sociales. L'intelligence et la compréhension caractérisent cette union, mais il y a présence d'une forte impulsivité. Qui va diriger l'autre ? Association favorisant la dynamique dans toutes sortes de domaines. Il est impératif que l'esprit de liberté qui anime le 5 ne soit pas entravé par les besoins d'accomplissement du 11.

Un parent 5 et son enfant 11 : ce parent apporte énormément à son enfant en développant son aptitude à découvrir son environnement. Il lui apprend à avoir confiance dans ses capacités à faire ses propres expériences, et par là même, à se baser sur ce qu'il considère comme vrai. Cet enfant a besoin d'avoir les coudées franches, à tester ses compétences, à jauger ses capacités, donc en apparence, il a trouvé le parent idéal, sachant que ce n'est pas celui-ci qui va lui imposer un chemin particulier. Néanmoins, l'enfant risque d'être trop livré à lui-même dans un premier temps, ce qui peut avoir pour conséquence un manque de discernement et une difficulté à trouver sa véritable voie. Une forme d'instabilité peut également s'installer, s'il ne rencontre pas suffisamment de directives et d'autorité de la part de ce parent.

Un parent 11 et son enfant 5 : en dépit de son ouverture d'esprit, l'autorité de ce parent est indéniable, avec pour effet la volonté d'imposer à l'enfant des directives, voire des contraintes que celui-ci n'acceptera pas toujours. Il pourrait même se révolter assez facilement, cherchant à tester les limites de cette mère ou de ce père, de manière à savoir comment et où se situer. Tout ceci n'est pas de tout repos, des explosions de colères sont à prévoir. Car même si ce parent comprend très facilement l'envie insatiable de découverte de sa progéniture, il ne l'accepte pas toujours dans ses extrêmes. Cela dit, tout ce qui se rapporte au ludique peut les réunir, adoucissant par là même leur relation.

Deux associés 5 et 11 : voilà deux pionniers réunis qui n'ont de cesse de dépasser leur cadre de vie et les contraintes imposées par la société. Tous deux peuvent faire beaucoup en défrichant, en découvrant, en explorant, mais ils ne sont pas toujours suffisamment réalistes pour gérer les aspects financiers de leur projet, sachant que tout ce qui concerne les aspects matériels n'est pas leur tasse de thé. D'ailleurs, ils ont tendance à ne pas trop s'en préoccuper, alors qu'il semble évident que c'est une condition nécessaire pour bâtir solidement. Colères et coups de gueule peuvent jalonner leur parcours commun. Ils sont malgré tout suffisamment humanistes et amicaux pour trouver un terrain d'entente.

Les rapports amoureux de 5 avec 11 : ils sont réunis par une envie commune d'échanger, de refaire le monde, de se projeter. Les discussions vont bon train. Tout ceci n'est pas très constructif sur le plan matériel et financier, mais a au moins le mérite de réunir deux êtres épris de liberté et d'indépendance. S'ils savent tous deux préserver leur espace de liberté et faire des concessions (ce qui n'est pas gagné), ils pourront partager un long chemin. C'est une relation qui est davantage fondée sur une amitié profonde que sur un amour passionné. Il ne faut pas oublier que le 11 possède une autorité naturelle, qu'il cherche à imposer ses points de vue, alors que si le 5 ne manque pas, lui non plus, d'idées originales, il est plus large d'esprit pour laisser les choses se faire. Au final, des tensions peuvent apparaître si le 11 se sent exclu de l'espace de liberté du 5.

5 avec 22

Aspect général : association difficile, mais respect et compréhension mutuels. Difficulté entre l'optimisme exagéré du 5 et le pessimisme et/ou l'attentisme du 22. Attirance pour les plaisirs terrestres, même s'ils les expérimentent différemment. Ils peuvent partager un idéal commun de société, toutefois le désir de liberté du 5 échappe à la compréhension d'un 22 qui souhaite avant tout s'accomplir matériellement. C'est une opposition entre un progressiste convaincu et un conservateur pragmatique.

Un parent 5 et son enfant 22 : ce parent risque de trouver son chérubin bien trop sérieux, réservé et grave. Tout en respectant cette nature, il a tendance à s'agacer, voire à s'énerver face à cet enfant qui fait mine d'avoir compris tous ses conseils et ses exigences, alors qu'il continue à faire son petit bonhomme de chemin. Il est vrai que cet enfant est suffisamment indépendant et mature pour se prendre très tôt en mains. En fait, il n'a que faire des longs discours, des explications, il lui faut avant tout du concret. Aussi, malgré toute sa bonne volonté, ce parent aura un mal fou à contenir son impatience, à ne pas exploser, et surtout, il devra accepter cette réserve naturelle que son enfant affiche fréquemment. Il serait néanmoins bien avisé de comprendre rapidement les objectifs de son chérubin, ainsi que qu'il pense réellement, de manière à harmoniser leur relation. Car ici, la réserve naturelle de l'enfant se heurte à l'esprit d'ouverture du parent. Tout n'est pas perdu. Les deux peuvent se comprendre, et même se rejoindre, surtout en ce qui concerne leur capacité commune à faire face à l'adversité, chacun dans leurs domaines respectifs. L'enfant peut néanmoins souffrir d'une forme d'instabilité au foyer.

Un parent 22 et son enfant 5 : ce parent sérieux qui privilégie avant tout ce qui se construit à long terme, aura le mérite d'apprendre à cet enfant à se structurer, à se stabiliser, à moins se disperser. Malgré tout, il devra aussi composer avec lui, car ce dernier a une très nette tendance à considérer comme contraintes, voire entraves tout ce qui remet en cause sa sacro-sainte liberté. Toujours est-il que cela lui sera salutaire et que, bon gré mal gré, avec le temps, il saura intégrer ces précieux conseils. Ce parent n'est pas le plus expressif des parents, ne se lançant pas systématiquement dans des explications fleuves. Il aura parfois du mal à supporter cet enfant, le trouvant un peu trop fatiguant, voire épuisant. Ce père ou cette mère qui sait faire face avec brio à l'adversité, se comporte plutôt comme un chef de clan voulant insuffler sa force, bien éloigné de toutes sortes d'effluves émotionnelles et sentimentales. C'est certain, il n'est pas du genre à s'apitoyer, ni à pleurer avec son chérubin.

Deux associés 5 et 22 : le premier tire à hue et à dia, l'autre freine des quatre fers. Voilà pourquoi notre constructif 22 s'accommode mal d'une vie trépidante et changeante que son associé a tendance à vouloir lui faire subir. A contrario, notre 5 ne parvient pas à faire comprendre à son partenaire qu'il a l'impression qu'il cherche systématiquement à lui couper les ailes ou à refréner ses ardeurs. Si malgré tout, ils parviennent à se comprendre, ils pourront réussir, car l'un veillera sur la bonne marche des affaires, pendant que l'autre ira explorer les alentours. Ils sont suffisamment intelligents pour se comprendre, mais en revanche, l'esprit révolté, réactif et un peu trop optimiste du 5 peut quelquefois se heurter de plein fouet au pessimisme et/ou au conservatisme du misanthrope 22.

Les rapports amoureux de 5 avec 22 : une grande passion peut naître entre ces deux personnes. Elle peut durer plus ou moins longtemps, mais elle risque de se heurter à leur conception totalement différente de la vie. L'esprit d'ouverture du 5 se conjugue difficilement avec la réserve naturelle du 22. Celui-ci peut se montrer très critique vis à vis des frasques du 5, et de sa quête perpétuelle de relations. Par ailleurs, notre 22 juge inutile de faire étalage de sa vie privée et de ses aspirations, là où le 5 ne ressent nullement une gêne. Si notre couple parvient à faire cause commune face à l'adversité et/ou un environnement parfois hostile, ils sauront assez aisément s'épauler et se comprendre. En revanche, si leur vie n'est faite que de *train-train* quotidien, nul doute que le 5 aura quelques difficultés à l'accepter. Il ne faut pas non plus oublier que le 22 est orgueilleux, et qu'il a du mal à accepter, entre autres, que sa vie conjugale ne soit pas parfaite.

6 avec 6

Aspect général : beaucoup de dialogue, d'échanges. Quête de l'harmonie. Favorable à la vie de couple, comme à la vie de famille basée sur des principes de vie bien établis, et un partage des responsabilités. Volonté commune de structurer, d'embellir, d'agrémenter. Attention à ne pas se laisser dépasser par l'esprit critique de l'autre. Difficulté à franchir une certaine distance qui les sépare à cause de leur pudeur.

Un parent 6 et son enfant 6 : cet enfant n'en demandait pas tant ! Avoir un parent qui le conforte dans son désir et sa volonté de perfectionner tout ce qu'il touche, que demander de plus ? La relation est positive car tous deux sont très sociables, malgré une tendance de l'enfant à être critique vis à vis de lui-même et de ses imperfections. Il devra donc rapidement s'efforcer de ne pas prendre systématiquement les remarques de son parent comme un jugement ou une condamnation. Ce parent est animé de bonnes intentions quand il cherche à perfectionner les qualités de l'enfant, mais il n'est pas toujours très conscient de l'impact que cela peut provoquer. A l'inverse, ce parent peut tout aussi bien se retrouver sur le grill par son chérubin, et ne pas accepter ses remarques désobligeantes, qui ne sont pourtant pas dénuées de fondement ! Tous deux ont l'œil critique et partagent un sens aigu de l'observation, ce qui leur permet aisément de mettre en évidence leurs lacunes mutuelles. Tout ce qui touche à l'éducation et à la scolarité est mis en avant.

Deux associés 6 : ils s'apportent mutuellement beaucoup. C'est l'association de la perfection alliée à la volonté commune de se créer un espace collaboratif parfait. S'ils parviennent à ne pas soulever systématiquement les points de détails qui clochent chez l'autre, s'ils se concentrent sur leurs objectifs, ils iront très loin ensemble. Une entraide mutuelle et systématique leur permet de pouvoir élaborer toutes sortes de projets. Ce qui prévaut dans cette combinaison, c'est l'efficacité et la précision, même si elle n'exclut pas une forme de rigidité. Pour ne pas se noyer dans un système trop sclérosant lié à ce désir perpétuel de perfection, ils devront apprendre à se détendre, à s'octroyer des pauses, à se laisser aller à davantage de douceur de vivre. Leurs préoccupations ne doivent en aucune manière se conjuguer avec un surcroît de travail qui occulterait cette chose essentielle qu'ils possèdent : le goût pour les plaisirs de la vie.

Les rapports amoureux de deux 6 : en se basant sur une entente commune et un respect mutuel, ils cherchent sans cesse à harmoniser leur vie de manière à ce qu'elle soit parfaite. Cependant, ils devront s'efforcer de dépasser une certaine réserve naturelle, ainsi qu'une forme de pudeur, liées à un esprit très critique découlant de la peur de leur imperfection. Tous deux s'épaulent, chacun apportant ce qui est nécessaire à la bonne marche de leur vie commune. Les aspects matériels sont favorisés. De plus, ces épicuriens esthètes ne perdront jamais une occasion de se faire plaisir ensemble. Dès lors, il faut se garder de cette espèce de surenchère permanente qui les pousse à toujours vouloir le mieux et le parfait. L'éducation de leurs enfants, s'ils en ont, la bonne marche du foyer, sont favorisées.

6 avec 7

Aspect général : association difficile car parfois, quand ils soulèvent un problème, ce n'est pas au sujet des mêmes points de détails. Le 6 est souvent absent et éloigné du désir de concrétisation des objectifs du 7. Et le 7 peut trouver ce 6 parfois trop terre à terre. Difficile pour le 6 de fusionner dans son désir d'amour avec ce 7 plutôt indépendant et introspectif par nature. Ils partagent cependant des intérêts communs quant à la volonté d'harmoniser leur vie.

Un parent 6 et son enfant 7 : ce parent de nature structurée et perfectionniste apporte énormément à son enfant qui a besoin d'être plus réaliste et de garder davantage les pieds sur terre. Ce n'est pas gagné car cet enfant qui vit dans un univers particulier fait de rêves et de mondes imaginaires, n'apprécie pas toujours que ce parent le ramène systématiquement sur le plancher des vaches. Il n'apprécie pas mieux qu'il lui insuffle son esprit critique. En grandissant, il a aussi tendance à considérer que le monde dans lequel évolue maman ou papa est un peu trop rigoriste, précis et systématique. Pour autant, il saura tirer profit de cet encadrement, car ce parent, indéniablement, cherchera par tous les moyens à favoriser un domaine particulièrement sensible de l'enfant : la scolarité, les études, la formation. L'enfant est très attaché à la propreté mais paradoxalement, il n'est pas toujours ordonné. Son parent saura le lui faire remarquer.

Un parent 7 et son enfant 6 : ce parent aura au moins le mérite d'apporter énormément de fantaisie à cet enfant parfois un peu trop strict et réservé. Ce dernier se sent souvent prisonnier de ces attitudes qui ont pour origine les imperfections qu'il croit avoir. Heureusement, ce parent, protecteur par nature, sait deviner les inquiétudes et le questionnement de sa progéniture. Il lui apprendra très tôt à faire la part des choses et à évacuer ses angoisses. Il cherchera à favoriser les études, l'épanouissement et le bien-être de son enfant. De plus, ce parent souvent esthète et/ou au moins amoureux d'une certaine qualité de vie, contribuera à valoriser les goûts de l'enfant. Cependant, il devra apprendre aussi à ne pas s'offusquer des remarques de son chérubin, fin observateur, qui ne se gêne pas pour émettre des critiques afin de lui retourner ses propres défauts.

Deux associés 6 et 7 : si le 7 parvient à supporter l'esprit critique et perfectionniste du 6, cette association peut s'avérer particulièrement constructive. Le 7 n'a pas son pareil pour poursuivre des objectifs et les concrétiser, le 6 quant à lui, est un associé idéal pour planifier, organiser et structurer les moyens pour y parvenir, et ainsi, pérenniser l'affaire. Cela conduit à une redoutable efficacité lorsque tout va bien, sinon il y a risque de confrontation directe si chacun se renvoie à la face ses propres fautes. Cela dit, le 7 apprécie le sens de l'organisation de son partenaire, tandis que ce dernier lui reconnaît aisément un réel sens des affaires.

Les rapports amoureux de 6 avec 7 : une difficulté peut surgir dans ce type de relation qui se veut harmonieuse, c'est le fait qu'ils sont tout aussi critiques l'un que l'autre. Le 7 romantique et sentimental à souhait, qui a besoin d'une certaine chaleur, risque d'être frustré par ce partenaire réservé et parfois un peu rigide. Le 6 ne lui offrant pas systématiquement ce qu'il attend, notre malheureux 7 aura alors tendance à être très critique vis-à-vis de ce manque. Nul doute qu'il conduira cependant son compagnon à déployer tous ses charmes de manière à créer une ambiance romantique. Il parviendra ainsi à faire fondre la glace. Tout ceci ne veut pas dire qu'ils sont incapables de vivre ensemble, mais le 6 peut être parfois agacé par tant d'élans romantico-sentimentaux. En fait, ce 6 n'est pas insensible à tant d'attentions, mais elles doivent s'harmoniser avec ses désirs de vivre dans son univers de perfection où les débordements affectifs n'ont pas vraiment leur place. En fait il est très sociable, voire sentimental, mais beaucoup plus timide dans la manifestation de ses élans amoureux. Par ailleurs, ce qui exaspère le plus le 7, c'est cette tendance de son partenaire à regarder les gens de haut, y compris lui-même. En revanche, il n'y a aucun problème en ce qui concerne l'éducation de leurs enfants.

6 avec 8

Aspect général : attraction mutuelle entre deux mondes très différents. Association constructive. Le 8 peut indéniablement s'appuyer sur la probité du 6, pour peu que celui-ci parvienne à s'accommoder de la nature secrète de son partenaire. D'ailleurs, il est préférable qu'il ne sache pas tout du 8, car il risquerait d'être choqué par ce qu'il pourrait découvrir. Le 6 apprécie toutefois les retombées matérielles et financières découlant de la nature même du 8. Face à un problème, les stratégies divergent : le 6 met en avant sa capacité à gérer méthodiquement la situation, là où le 8 peut chercher à passer en force.

Un parent 6 et son enfant 8 : ce parent a au moins le mérite d'essayer d'apporter une éducation stricte à son enfant, en lui apprenant à organiser sa vie, à se structurer, et surtout à se montrer davantage rationnel car il est souvent naïf. Cela dit, l'esprit critique du parent ne va pas être toujours bien accepté, l'enfant ayant tendance à se révolter, à user de la colère, ou bien encore à se réfugier dans son monde secret. Ce monde qu'il cherche tant à occulter, est cependant plus ou moins accessible par son parent qui dispose d'une grande capacité d'investigation, grâce à un œil aiguisé sans cesse à la recherche du moindre détail. Papa ou maman sera donc de bon conseil même si cet enfant n'accepte pas toujours que ses travers soient épiés. Au parent de s'abstenir de lui faire subir une psychanalyse permanente. Le challenge consiste à lui laisser la latitude d'exprimer sa spontanéité et sa nature entière, tout en l'encadrant.

Un parent 8 et son enfant 6 : dans ce cas de figure, la relation est beaucoup plus difficile, car l'enfant a besoin de sécuriser son monde, de le rationaliser, de le structurer, parfois en conformité avec sa vision propre. Or ce n'est sûrement pas ce parent, parfois désinvolte, ne se formalisant pas plus que cela de la vie, qui risque de lui apporter ce dont il a besoin. Pour autant, ce parent cherchera à libérer son enfant de son mental trop cloisonné, en lui apprenant à composer avec la vie telle qu'elle vient. Cela aura au moins le mérite de permettre à l'enfant d'être plus décontracté et moins stressé face à l'adversité. Car, cet enfant 6 est tout, sauf spontané. Il calcule, il prévoit, il envisage, il anticipe, ce qui est le cadet des soucis du parent. Ce dernier saura-t-il apprendre à son enfant à profiter de la vie sans trop se poser de question ?

Deux associés 6 et 8 : si le 8 parvient à supporter cet inquisiteur de 6 qui remarque ses défauts, ses imperfections, ses travers, et qui parfois les lui signifie, l'association est faisable. Ce n'est certes pas gagné car notre 8 se sert de tous les moyens (pas toujours recommandables) dont il dispose pour parvenir à ses fins, alors que le 6, teinté d'une réelle probité, se veut scrupuleux, obéissant aux règles et aux lois. Notre 6 déteste qu'on puisse lui faire des reproches (il s'en fait déjà suffisamment lui-même), qu'on remette en question son sens de l'organisation, ce que le 8 ne manquera pas de faire si on le pousse dans ses derniers retranchements. L'association est possible, car le culot du 8 peut être encadré par un 6 qui sait régenter leurs projets communs. Le 8 étant beaucoup plus opportuniste, il palliera à la réserve et à la timidité naturelle du 6, réserve qui fait souvent obstacle à sa réalisation.

Les rapports amoureux de 6 avec 8 : dans cette relation, les complications surgissent très souvent à cause du désir de perfection du 6 qui est attaché à l'ordre, aux détails et aux règles. Il est parfois, pour ne pas dire souvent, embringué avec sa sexualité, pas toujours à l'aise dans sa manière de la vivre, alors que notre 8, sans aucun tabou sur ce plan, ne recule devant aucune expérience, pour lui, toute volupté est bonne à vivre. Cela ne signifie pas que le 6 est incapable de se laisser aller, mais il devra faire un réel effort s'il veut satisfaire tous les appétits de son/sa partenaire. Il est vrai qu'un 8 est souvent débridé dans ses mœurs, sans limites bien définies, et qu'il peut être également très cachottier... Espérons que son compagnon lui apprenne à être un peu plus réglo. Le 6 n'étant pas de nature spontanée, il a besoin de s'organiser, d'être propre sur lui, par opposition au 8 qui ne se formalise pas plus que cela. C'est bien la rencontre de deux univers différents.

6 avec 9

Aspect général : ils se sentent redevables de tout un tas de choses vis à vis de la société en général, mais a contrario, ils sont très éloignés des préoccupations de l'autre. Cependant, ils peuvent se rendre moult services, mais leur manière de faire diverge énormément. Le 6 risque de reprocher au 9 ses rêveries, ainsi qu'une forme d'inconstance, alors que le 9 est plutôt indifférent aux préoccupations quotidiennes et domestiques du 6. Ils se retrouvent néanmoins dans des œuvres caritatives, car tous les deux sont animés par la notion de service.

Un parent 6 et son enfant 9 : ce parent aura fort à faire avec cet enfant qui recherche une vie harmonieuse et paisible, mais qui fait tout pour s'exonérer des taches et des obligations. Cet enfant est parfois très désordonné, voire brouillon, ce qui a une très nette tendance à horripiler son parent amoureux de l'ordre et de détail. Se plier à une discipline, se conformer à des règles, n'est pas le fort de l'enfant, espérons que ce parent parvienne à lui inculquer ces valeurs… Gageons aussi qu'avec le temps, cette éducation, parfois un peu trop stricte, porte ses fruits. Cet enfant idéaliste, qui cherche à tous prix à éviter les conflits, pourra éventuellement retourner à ce parent sa douceur, sa paix, sa gentillesse, le faisant par là-même fondre comme glace au soleil.

Un parent 9 et son enfant 6 : ce parent, véritable guimauve, accepte facilement les états d'âme parfois agités de cet enfant qui se cherche. Il a tendance à comprendre ses tourments, son besoin de perfection, en lui prodiguant sa légendaire tendresse. Il lui apprend à se montrer plus compréhensif, moins attaché à la lettre, bref il apaise ses craintes au sujet de cette éternelle quête de son image parfaite. Tous deux sont très tournés vers ce qui touche à la relation humaine, mais leur approche est différente. Le parent privilégie sa sensibilité, l'enfant sa régularité. Malgré tout, même si cet enfant se sent parfois un peu laissé à lui-même, il finira par accepter avec le temps ce qu'il considère comme imperfection chez son parent, ce dernier n'ayant pas de velléités agressives et/ou revendicatives.

Deux associés 6 et 9 : dès lors qu'ils se consacrent ensemble à des activités humaines, à des relations sociales, à l'éducation au sens large du terme, ils peuvent s'apporter énormément. Notre organisateur 6 parvient aisément à pallier les insuffisances d'organisation de notre visionnaire et altruiste 9, ainsi que, parfois, son manque de lucidité et de régularité, voire d'efficacité. Le 9 apprend beaucoup au contact de son associé pour tout ce qui touche à la méthode et la rigueur. Quant au 6, il s'humanise davantage en présence de ce conciliant partenaire. Tout n'est pas gagné pour autant. Notre 9 qui a tendance à fuir les critiques, les contraintes et tout ce qui le dérange, risque de vouloir s'extraire des pesantes lois du 6. Et ce dernier peut être fréquemment exaspéré par ce qu'il considère sensiblerie, atermoiements, retards et, disons les mots, parfois foutoir.

Les rapports amoureux de 6 avec 9 : dans cette relation, le 6 n'a rien à craindre du 9 qui lui est tout dévoué et acquis, et qui cherche en prime par tous les moyens à lui faire plaisir, quitte à devoir prendre sur lui. C'est plutôt au niveau des échanges et des discussions que des problèmes peuvent surgir car ils n'ont pas le même mode opératoire. Le 9 déteste exprimer ce qu'il désire, laissant le soin à son partenaire de le deviner, alors que le 6 a presque toujours besoin de souligner tout ce qui cloche et va de travers chez son/sa partenaire. Il leur faudra faire tous deux l'effort nécessaire pour trouver le bon compromis entre ces deux extrêmes. Tout n'est pas perdu. L'amour l'emporte toujours, même si le 6 a des difficultés à percevoir la nature du 9, ce qui peut lui donner l'impression que ce partenaire n'est pas très fiable.

6 avec 11

Aspect général : association constructive à condition que l'un se laisse dominer par l'autre. Favorable dans un contexte hiérarchique. Le 6 peut apporter énormément au 11 (rigueur, discipline, mise en place, structure) qui en retour lui apporte une ouverture vers d'autres possibles. Le 11 peut toutefois être explosif face à la critique et/ou la rigidité du 6.

Un parent 6 et son enfant 11 : canaliser les énergies de l'enfant, le discipliner, le structurer et lui apporter la patience... voilà un parent idéal. Tout n'est pas de tout repos car cet enfant est susceptible, réactif, et il supporte mal les contraintes ainsi que tout ce qu'il considère comme étant des limitations à son espace personnel. Toujours est-il que cet enfant a réellement besoin d'un tel parent en mesure de lui apprendre méthodiquement à ne pas toujours céder à ses impulsions premières, à ne pas se lancer tête perdue dans n'importe quelle aventure, bref à réfléchir avant d'agir. Il n'est pas certain que cet enfant l'accepte aisément, mais avec le temps, il sera reconnaissant d'avoir été encadré. Apprendre la méthode et l'efficacité n'est pas une chose superflue. Beaucoup de dialogues à bâton rompu caractérisent cette relation.

Un parent 11 et son enfant 6 : certes ce parent est actif, dynamique, et enthousiaste, mais l'enfant ne le perçoit pas toujours comme quelque chose de positif. Il a besoin de se sentir sécurisé dans son monde parfois un peu trop fini, et il déteste par dessus tout d'être bousculé, de perdre ses repères, ou de ne pas toujours savoir sur quel pied danser. Quant à ce parent, pour des raisons X ou Y, il change très souvent d'idée, de direction, d'envie, ce qui peut avoir pour effet de déstabiliser peu ou prou son enfant. Ce dernier ayant besoin qu'on lui décortique, qu'on lui analyse, qu'on lui explique les choses de la vie, il ne faut pas qu'il compte trop sur ce parent de nature plutôt impatiente.

Il peut y avoir beaucoup de dialogues entre les deux, mais l'enfant peut trouver ce parent un peu trop superficiel et synthétique à son goût.

Deux associés 6 et 11 : devinez qui part à la conquête du monde pendant que l'autre organise les préparatifs... Notre 11 est débordant d'enthousiasme, il a besoin de se mesurer et de découvrir, sachant que la patience n'est pas sa vertu première. Notre 6 aura donc fort à faire pour tempérer les débordements de son associé, pour lui apprendre à être plus méthodique et prudent. Quelques coups de gueule sont à craindre, surtout si la nature égotique du 11 est constamment titillé par les critiques de son partenaire. Cependant, les deux peuvent s'apporter beaucoup, surtout si leurs objectifs communs dépassent les querelles de personnes. La manière dont notre 6 planifie la vie peut être très profitable au 11, même si celui-ci est parfois exaspéré par ce qu'il peut considérer comme lenteur et pinaillage.

Les rapports amoureux de 6 avec 11 : tumultueux pour le moins, l'un tire à hue, l'autre tire à dia. Il est nécessaire qu'ils fassent un effort considérable pour s'entendre. Le 6 cherche à planifier et à s'organiser une vie conforme à ses souhaits alors que son partenaire n'en a cure. Cela étant, le 11 qui n'est tout de même pas dénué d'humanité, bien au contraire, apprécie celle du 6, c'est d'ailleurs cette qualité partagée qui leur permet de se rejoindre. En fait, leur relation repose davantage sur une amitié profonde plutôt que la passion amoureuse. Chacun cherche un terrain d'entente pour faire en sorte que le lien s'inscrive dans le temps. Ils apprendront très vite à préserver leur espace de liberté, en évitant de trop empiéter sur celui de l'autre. On peut les appeler courant d'air.

6 avec 22

Aspect général : belle complémentarité au service d'objectifs communs. Volonté de construire à long terme sur de bonnes bases. Intelligence de l'entente. Méthode et efficacité. Cette association peut toutefois manquer un peu de fantaisie, voire conduire à se montrer un peu trop casanier. Idéal pour construire des refuges en tous genres (enfance, animaux...).

Un parent 6 et son enfant 22 : notre enfant qui a besoin d'un espace structuré, solide, efficace et durable, de vivre dans un monde où il y a peu de place pour l'incertitude, a trouvé le parent idéal. La capacité de ce dernier à aider sa progéniture dans la poursuite de ses objectifs et dans la manière dont il va les atteindre, n'a pas d'égal. Ce parent a trouvé le parfait interlocuteur, l'entité la plus sensible à sa façon d'éduquer. Les conseils, les mises en garde ne sont pas lettres mortes dans l'esprit de cet enfant. Il est clair que celui-ci n'est pas toujours un exemple d'ordre et de rangement, mais en aucune manière il ne s'offusquera si ce parent lui impose une forme de rigueur. De toutes façons, comme ce dernier adore être écouté et entendu, qu'il aime par dessus tout prodiguer de bons conseils, avec le sentiment qu'ils produiront un effet, tout va bien dans le meilleur des mondes. Il ne faut tout de même pas s'attendre à des effusions sentimentales spontanées de part et d'autre. A eux d'apprendre à se dérider un peu.

Un parent 22 et son enfant 6 : ce parent peut apporter stabilité, confort, paix et quiétude dans un cadre familial stable et sécurisant, mais... Cet enfant a besoin de conseils, d'échanges, et ce n'est pas cette mère ou ce père qui va s'étaler dans des discussions interminables pour lui expliquer les tenants et les aboutissants de tout ce qui existe. Certes, ce parent est un protecteur pragmatique non dénué d'une certaine écoute, mais il ne faut pas lui demander de décortiquer et de refaire le monde du matin au soir pour son enfant. Pour autant, cette forme de pragmatisme et cette apparente décontraction que le parent possède naturellement, permettra sans doute à l'enfant de moins se formaliser et d'éviter de se torturer l'esprit.

Deux associés 6 et 22 : ils se sont trouvés. Les talents d'organisateur du 6 cadrent parfaitement avec la stabilité légendaire du 22. Ils s'apportent beaucoup mutuellement, le 22 ne s'offusquant pas plus que cela des éventuelles critiques de son associé, lui laissant même la part belle quant à la méthode, l'organisation, l'agencement, l'encadrement. En retour, le 6 pourra témoigner d'une très grande confiance à l'égard du 22, celui-ci ne cherchant en aucune manière à le duper. Tous deux seront capables de construire dans le temps. Ils sont idéalement proches, chacun sachant apporter à l'autre d'une manière on ne peut plus naturelle, ce qui lui fait défaut. La relation peut toutefois manquer un peu de fioritures et de fantaisie.

Les rapports amoureux de 6 avec 22 : gageons que la stabilité et la confiance seront les éléments essentiels qui vont contrebalancer l'enthousiasme et le feu qu'ils ne possèdent pas plus que cela. Ils savent se créer un cadre de vie agréable, se concocter, parfois loin de la société, une vie harmonieuse, s'entourant de ce qui leur est nécessaire matériellement pour y parvenir. Ils ne sont pas particulièrement enclins à avoir des relations amicales exubérantes, étant davantage disposés à fonder une famille avec des enfants et à s'y consacrer presqu'exclusivement. Ils ne font pas preuve d'une très grande démonstration affective et amoureuse… seulement en apparence. Ils peuvent également partager une sensibilité avec le monde animal.

7 avec 7

Aspect général : nécessité d'avoir un idéal de vie et des objectifs communs pour s'entendre. Besoin de se sentir mutuellement investis d'une mission. Ils doivent respecter leur indépendance, ne pas s'inventer d'histoires. Attrait partagé pour la connaissance, l'enseignement et les voyages, mais difficulté à livrer et exprimer leur moi profond. Tous deux ont besoin d'admirer le partenaire, jusqu'à parfois même se reconnaître en lui. Dans cette relation, la fascination que l'un exerce sur l'autre peut être très stimulante et bénéfique, ou à l'inverse, peut conduire à une non reconnaissance de leur personnalité respective. Le tout ou rien en quelque sorte.

Un parent 7 et son enfant 7 : la relation est harmonieuse, mais une sorte de compétition liée à leur curiosité insatiable risque de s'installer. Ce parent aura tendance, comme tous les parents 7, à privilégier la réussite scolaire, les études, ce qui convient parfaitement à cet enfant. Il est clair que le désir de connaissances et le besoin d'apprendre de l'enfant sont particulièrement favorisés dans ce cas de figure. Des problèmes peuvent néanmoins surgir lorsque des divergences de points de vue s'installent entre ce que désire vraiment l'enfant et ce que le parent croit bon pour lui. Si tous deux aiment effectivement échanger sur ce qui les passionne, ils ont tout de même un sérieux déficit en ce qui concerne la manière de l'expliquer et de le présenter. L'enfant éprouvera davantage de difficultés à exprimer son véritable monde intérieur. Des réserves, des pudeurs, des non-dits sont à craindre.

Deux associés 7 : excellente association pour tout ce qui relève des investissements, des investigations, des formations et tout projet porté par la foi et les idéaux. Tous deux sont capables de faire en sorte que leurs intérêts respectifs soient préservés, ne perdant jamais de vue toutes les retombées qu'ils peuvent tirer de chaque situation dans laquelle ils se projettent. Il n'y a pas de problème particulier, ils s'entendent bien, mais en cas de périodes difficiles, leur esprit querelleur peut rapidement prendre le dessus, et dans ce cas, pas de cadeau ! Cela dit, ils sont suffisamment intelligents pour faire la part des choses et ménager ainsi leurs intérêts respectifs. Ce n'est pas toujours évident de mettre deux « gourous » ensemble. Ces deux curieux n'auront de cesse d'explorer des horizons nouveaux, de découvrir de nouvelles perspectives, et de tirer profit de tout ce qui se présente dans leur existence.

Les rapports amoureux de deux 7 : intimistes à souhait, romantiques et amoureux, ils sauront s'apporter mutuellement aide et réconfort, tout en projetant leur idéal dans un avenir joyeux et radieux. Leur vie de couple, à l'image de leur maison, sera organisée de la manière la plus confortable possible. Ils s'attachent tous deux à favoriser la réussite de leur progéniture qu'ils veulent souvent nombreuse. Tout ceci paraît idyllique, mais peut très vite s'assombrir si des divergences surgissent dans le domaine des finances ou des points de vue. Cette association amoureuse somme toute particulière, les conduit facilement à exprimer et à expérimenter leurs aspirations les plus profondes. L'enseignement, le théâtre, les voyages peut les réunir, tout comme des associations ou réunions avec des personnes partageant leurs idées, voire leur foi.

7 avec 8

Aspect général : harmonieux si, tout en conservant leur goût pour le mystère et le secret, ils parviennent à le partager. Réunis par leurs besoins de profiter largement des plaisirs de la vie (argent, acquisitions, bien-être, sexualité). Le 8 peut favoriser les aspirations du 7, qui en retour, lui apporte son dynamisme, une forme de sécurisation, ainsi que sa capacité à se projeter dans l'avenir. En d'autres termes, le 7 aime vivre de sa foi et de ses espérances, alors que le 8 est plus attaché au profit immédiat.

Un parent 7 et son enfant 8 : la perspicacité, la profondeur d'esprit et l'intuition de ce parent ne seront pas de trop s'il veut pénétrer l'univers secret de son enfant, pour le conduire sur le chemin de sa vie. Certes, ce parent possède des atouts indéniables, mais il faudra qu'il s'arme de patience pour comprendre tous les mécanismes subtils et occultes, au sens large du terme, qui animent son chérubin. Ce dernier, doté d'une certaine naïveté et candeur, accueille favorablement les conseils de son parent, sa capacité à l'épauler, mais il n'est pas toujours très emballé par son côté un peu inquisiteur, qui vient aisément fouiner dans ses mondes secrets. Malgré tout, ils ont la capacité de se comprendre, car ils aiment le mystère, les choses cachées, l'insondable. Cependant, leur mode de fonctionnement diffère. Ce qui peut être très déstabilisant pour ce père ou cette mère, c'est l'anticonformisme de son enfant vis-à-vis des vicissitudes que la vie peut amener, cette manière qu'il a de ne pas trop s'en émouvoir, ni de s'en soucier. Notons encore que l'un est très respectueux des lois et des devoirs, alors que l'autre n'en a cure.

Un parent 8 et son enfant 7 : cette relation n'est pas de tout repos, surtout pour un enfant qui a besoin de structures, et qui doit apprendre à ne pas croire à tout et n'importe quoi. Cet enfant cherche à comprendre les règles, ainsi que la manière dont les choses sont organisées et agencées tout autour de lui. En aucune manière ce parent n'est en mesure de le lui inculquer. Il y a de grandes chances qu'avec le temps, ce soit ce père ou cette mère qui demande des conseils à son enfant sur la manière de gérer sa vie. Le monde à l'envers en somme. Le mode de fonctionnement du parent, anticonformiste, instinctif, ne se formalisant pas plus que cela de ce que peut lui apporter la vie (l'instruction, l'expérience...), ne cadre pas avec les visions rassurantes d'un monde bien régenté attendues par son enfant. Pragmatique à souhait, attaché aux plaisirs du moment, sachant faire front avec un certain stoïcisme aux déboires et aléas de la vie de tous les jours, ce parent aura au moins la capacité de faire comprendre à son chérubin qu'il ne doit pas sans cesse se projeter dans ses utopies, ses croyances, ses visions. Le parent est plutôt adepte du « Vis ta vie, profite du moment présent, tu verras bien après... ».

Deux associés 7 et 8 : tout en étant très différents dans leur manière d'appréhender le monde, ils sont malgré tout très attirés par tout ce qui se rattache à la finance au sens large et à l'acquisition de gains matériels. Le premier est un calculateur, un visionnaire averti doté d'une très grande capacité à peser le pour et le contre, même dans des situations âpres et difficiles. Le second est un opportuniste qui cherche par tous les moyens dont il dispose (souvent nombreux), à profiter de ce qui lui passe à portée de main, et ce, sans état d'âme particulier. Tout ceci, il faut le reconnaître, avec une certaine chance qui frise parfois l'indécence. Dans cette combinaison, les deux peuvent s'apporter énormément et gagner sur de nombreux plans, à condition que le 8 parvienne à dépasser sa « petite criminalité intérieure », que son associé très respectueux des lois, a parfois du mal à supporter. Cela dit, notre 8, trop confiant et ingénu par moments, peut facilement se faire rouler dans la farine par son partenaire. Celui-ci peut en effet devenir lui-même peu scrupuleux lorsqu'il se sent lésé, et grâce à sa nature procédurière, donner bien du fil à retordre en retour.

Les rapports amoureux de 7 avec 8 : notre romantique et sentimental 7 a fort à faire avec un partenaire 8 qui n'aime pas s'embarrasser de conventions, de tralalas, préférant de loin aller directement au but. Si notre 7 attend que son partenaire lui récite des poèmes ou joue de la guitare en dessous de sa fenêtre, il risque d'attendre longtemps. Cela ne signifie pas qu'ils sont tous deux incapables d'avoir une vie amoureuse, bien au contraire ! Notre 7 aime aussi l'aventure, et dans ce domaine, il peut trouver son partenaire comme idéal, quant à son aptitude à lui faire découvrir son monde impudique, sinon immoral à ses yeux. Tous deux attirés par l'argent, ils aiment se faire une vie confortable afin de s'extraire des pressions du monde qui les entoure. Il faut souligner que le 7 a tendance à se faire beaucoup plus de soucis pour les petits tracs de l'existence, là où son compagnon affiche une plus grande confiance. Celui-ci, sûr de sa bonne étoile, a une grande capacité à faire face à l'adversité. Parce qu'ils aiment se raconter des histoires, s'inventer des mondes, ils devront veiller à ne pas s'extraire de la société, ni à suivre n'importe quelle chimère.

7 avec 9

Aspect général : association mystico-religieuse et/ou purement commerciale. Quête de la paix, de l'harmonie partagée, de la foi. Sublimation de la vie de tous les jours qui n'exclut pas une recherche de confort matériel. Diplomatie. Attention toutefois à ne pas trop se laisser aller à l'indolence, ni à s'accoutumer à toutes sortes de moyens pour accéder à des paradis artificiels. Nécessité de s'imposer une discipline de vie.

Un parent 7 et son enfant 9 : la vigilance du parent est requise avec cet enfant qui ne bénéficie pas d'un ancrage solide dans la réalité au quotidien. Certes, ils peuvent se comprendre car tous deux sont visionnaires et ont tendance à vivre dans une dimension souvent située au delà de la réalité apparente. Cela dit, ce parent désire aussi structurer, canaliser et motiver son enfant souvent partisan du moindre effort. Heureusement, celui-ci n'est pas insensible aux motivations de son père ou de cette mère qui cherche avant tout sa réussite afin qu'il devienne quelqu'un, mais il n'apprécie guère être bousculé ou se sentir obligé. Cet enfant aime la paix, la tranquillité, les loisirs, il n'a que faire des impératifs que son parent a tendance à lui imposer et qui viennent troubler ses méditations et contemplations. Il n'empêche que ce parent est sensible à la douceur de son chérubin, même s'il ne comprend pas toujours ses mécanismes intérieurs. En définitive, il ne cherchera pas à l'indisposer outre mesure, respectant ainsi son besoin de quiétude.

Un parent 9 et son enfant 7 : l'enfant ne peut que se féliciter d'avoir un parent doux, compréhensif, prévenant et conciliant. En revanche, cet enfant qui a besoin d'exprimer son fond intérieur et de se faire comprendre d'une manière explicite, ne trouvera guère d'écho chez ce parent qui a souvent lui-même des difficultés à faire percevoir ce qui l'anime. Ce n'est que grâce à son intuition et à son empathie naturelle que ce père ou cette mère aura accès à l'univers intérieur de son enfant, sans que celui-ci n'ait besoin de l'exprimer explicitement. Cela ne va pas inciter l'enfant à s'extérioriser en toutes circonstances, parce qu'il a tendance à croire que tout le monde fonctionne de la même manière. Cet enfant qui aime s'inventer des histoires et se fabriquer des mondes idylliques, a davantage besoin d'être encadré de manière à mieux structurer sa pensée. Or, ce n'est pas simple pour ce parent de répondre à tous ces impératifs d'éducation. Ceci dit, l'enfant conservera en mémoire, et ce pour longtemps, cette douceur et cette compréhension parentales.

Deux associés 7 et 9 : entente favorable pour tout ce qui concerne la formation, les domaines des assurances, du commerce et/ou de la religion. Notre 7 inquisiteur aura beau s'évertuer à comprendre pourquoi son partenaire agit comme ceci ou comme cela, il ne le saura jamais. Ce qui peut l'amener à ressentir de profondes insatisfactions, voire des angoisses. Le 7 a besoin de savoir à qui il a à faire, en jaugeant de potentiels associés, malheureusement pour lui, le 9 est plutôt insondable. Ceci étant dit, ce dernier, même s'il est souvent partisan du moindre effort, peut s'avérer être très dévoué et serviable. Le 9 est joueur, il possède une très grande facilité à retomber sur ses pattes, il s'amusera beaucoup des missions que son partenaire s'impose souvent. L'apport mutuel peut être conséquent, car ils aiment se fabriquer une entreprise exempte de tout souci, en se protégeant des aléas de la vie. Les relations avec l'étranger et les voyages sont favorisés, de même que la proximité de l'eau.

Les rapports amoureux de 7 avec 9 : la romance, la sentimentalité, la douceur sont au rendez-vous, bref tout ce qui peut leur permettre de vivre dans un monde parfait. Ici, les motivations amoureuses sont axées principalement sur la tendresse et une envie partagée de se faire plaisir. Malgré tout, notre 7 inquisiteur aura parfois du mal à cerner son partenaire qui ne fera rien du tout pour lui ouvrir son monde métaphysique. Notre 7 a besoin de se rassurer, d'aimer et d'être aimé. Il faudra pourtant qu'il apprenne très tôt à ne pas être tout le temps dans l'attente de paroles rassurantes, mais plutôt être attentif aux manifestations d'attentions au quotidien que lui prodigue son partenaire. Sans quoi le 9 qui ne supporte pas d'être bousculé et poussé dans ses derniers retranchements, aura tôt fait de s'éclipser et/ou de prendre de la hauteur, laissant son partenaire à ses propres questionnements. Par ailleurs, comme un 7 amoureux a tendance à combler sa moitié de cadeaux, notre insondable 9 en jouira beaucoup.

7 avec 11

Aspect général : en apparence, ils partagent des objectifs communs, mais ils divergent profondément dans leur vision idéaliste de les exprimer et de les atteindre. Tous deux possèdent une réelle volonté d'aller au delà des structures préétablies. Importante capacité à développer toutes sortes de projets. Le 7 peut soutenir et valoriser les initiatives d'un 11 qui a l'audace de concrétiser les aspirations du 7. L'association n'est toutefois pas de tout repos.

Un parent 7 et son enfant 11 : la patience de ce parent est soumise à rude épreuve avec ce turbulent enfant qui n'a de cesse d'explorer son monde et de se lancer dans de nouvelles aventures. Les mises en garde seront fréquentes, pas toujours entendues, mais à terme, elles porteront sûrement leurs fruits. Nul doute que la soif d'apprendre de l'enfant sera amplement satisfaite, même s'il trouve que cet enseignement est parfois un peu lourd, un peu dogmatique, voire sclérosant. L'enfant a tout de même un réel besoin d'être canalisé, encadré, ce que ce parent est apte à lui apporter. Des crises et des coups de gueule sont à craindre de la part de l'enfant, des remises en question aussi, voire des rebellions. Du coup, le parent devra lui-même veiller à modérer son côté querelleur qui peut être exacerbé par l'impertinence de son enfant. Ce n'est qu'avec le temps que ce dernier finira par apprécier les attentions louables de ce père ou de cette mère qui ne voulait que son bien, même s'il trouve qu'il ou elle n'employait pas toujours à ses yeux les bonnes méthodes.

Un parent 11 et son enfant 7 : débordement, agitation, mini séisme, voilà ce que peut parfois ressentir l'enfant vis à vis de ce parent impulsif, souvent intolérant et emporté. Cet enfant parfois trop pinailleur, qui a besoin de se structurer, de comprendre le monde qui l'environne, de le décortiquer, peut paraître agaçant aux yeux de sa mère ou de son père. Pourtant, le réel bénéfice pour cet enfant est bien d'avoir un parent qui lui apprend à s'extirper de lui-même, qui l'oblige à s'exprimer et à faire ressortir ce qui l'habite. Ce parent a tendance à pousser son enfant dans ses derniers retranchements. Cela lui permet de sortir de son introversion naturelle. Souhaitons également que cet enfant devienne plus spontané et moins calculateur quand il désire quelque chose. En retour, le charme naturel de l'enfant aura au moins le mérite d'attendrir son parent, même si sa douceur et sa gentillesse ne sont pas toujours gratuites. Au final, malgré quelques ressentiments éprouvés, l'enfant gagnera beaucoup au contact de ce parent dynamique et décidé.

Deux associés 7 et 11 : associer un fin calculateur, sûr de son bon droit, visionnaire dans ses objectifs, avec un feu follet dispersé, réactif et pas toujours discipliné en voilà une belle affaire ! Si l'un se charge de débroussailler, de défricher, de rechercher, d'explorer, tandis que l'autre assure les arrières et la stabilité de l'entreprise, rien à redire. Cela dit, il faut impérativement qu'ils se fassent confiance et qu'ils se cantonnent dans leur domaine de compétence respectif, sans quoi des conflits ouverts sont à craindre. Notre 7 qui n'a de cesse de chercher à se prémunir, à se protéger et à exploiter les moindres failles n'aura aucun mal à cerner son partenaire, ni à trouver les défauts de sa cuirasse. Tous deux sont susceptibles pour des raisons différentes. L'un cherche à assurer sa sécurité, ses finances et son savoir, l'autre n'aime pas perdre la face. Le 11 serait bien inspirer de calmer ses ardeurs et d'écouter les sages conseils de son collaborateur préféré. Quant au 7, il ferait bien de se montrer plus hardi et moins calculateur. Tout n'est pas de tout repos, vous l'aurez compris.

Les rapports amoureux de 7 avec 11 : notre tendre romantique et amoureux 7 n'a de cesse de vouloir admirer la personne qu'il aime. Il ressent le besoin de participer aux projections de son partenaire et de donner vie aux siennes. En ce sens, il a trouvé le compagnon idéal qu'il pourra épauler, aider et conseiller. Une passion commune, des objectifs partagés peuvent les réunir, l'amour étant au rendez-vous. Notre 7 thésaurisateur qui sait accumuler les miettes pour les transformer en or, fera tout pour créer un cadre de vie agréable. Ce que finira par comprendre notre 11, parfois un peu dispersé, c'est qu'il doit admettre et reconnaître cet appui sans faille, et n'hésiter en aucune manière à lui témoigner une véritable reconnaissance, notre 7 en a tant besoin ! L'autorité naturelle du 11 n'est pas systématiquement remise en cause ici, mais son partenaire, visionnaire et idéaliste, pourrait facilement s'éclipser si le 11 ne fait que tirer la couverture à lui.

7 avec 22

Aspect général : association constructive sur le long terme. Ils ne cherchent pas à s'opposer. Ils sont en quête d'une certaine tranquillité, et pour ce faire, ils peuvent facilement vivre dans un cadre naturel. Le 22 apporte une grande protection au 7, qui en retour, lui donne un appui, voire un amour inconditionnel. Favorable à la vie familiale, aux contextes éducatifs. Néanmoins, à cause de son introspection naturelle, l'inquisiteur 7, parfois un peu trop pinailleur, doit s'efforcer de ne pas entraver les appétits naturels du 22 pour tout ce qui touche au domaine matériel.

Un parent 7 et son enfant 22 : cet enfant réservé, en apparence froid et distant, ne peut qu'apprécier ce parent chaleureux, attentif et soucieux de sa réussite. Il n'a rien à craindre de ce père ou de cette mère qui, en retour, apprécie tout particulièrement le sérieux et la stabilité de son chérubin, même s'il (elle) ne comprend pas vraiment pourquoi la solitude est son mode de fonctionnement favori. Il est vrai que ce parent visionnaire, lui-même introverti, avec sa tendance à vivre dans son propre monde, cherche à entraîner sa progéniture dans son sillage. Animé par une certaine foi, ce parent veut la partager avec son enfant pragmatique, même si celui-ci n'est pas très sensible à ce type de manifestation. Il est vrai que ce dernier a du mal à se laisser entraîner dans ce qu'il considère comme chimère, préférant de loin la visualisation objective d'un monde concret. Le côté stable et posé de cet enfant, sa capacité à faire front à l'adversité et à se construire sans fioritures, plaisent beaucoup à son parent admiratif. Ce dernier aura au moins le mérite d'amener son enfant à être plus communicatif, à apprécier le jeu, à être un peu plus léger.

Un parent 22 et son enfant 7 : cet enfant apprécie tout particulièrement ce parent solide, capable de faire face à l'adversité sans broncher, même s'il trouve qu'il n'est pas suffisamment volubile, expressif et gai. Que voulez-vous, ce parent pontife privilégie la construction à long terme, ne s'embarrassant ni de préjugés, ni d'atermoiements. N'aimant pas non plus les minauderies, il a d'autant plus de mal à accéder au monde théâtral de son enfant, et à répondre à son questionnement incessant. Pour cette mère ou ce père, faire l'effort de rentrer dans le monde merveilleux et féerique de son chérubin équivaut à mettre en couleur tous les films tournés en noir et blanc. Il n'en demeure pas moins qu'il ou elle se montrera indéfectible, qu'il ou elle assurera à l'enfant les conditions de vie basiques et nécessaires. Au final, malgré un mode de fonctionnement différent, cet enfant vouera une certaine admiration à ce parent digne de sa confiance.

Deux associés 7 et 22 : ils font la paire, le 22 stable, fixe et fiable, permet à son associé d'évoluer dans un climat serein. Ainsi, le 7 peut apporter en retour une contribution efficace pour la bonne marche de l'entreprise. N'ayant rien à craindre, il peut agir en toute liberté, en comptant sur la capacité de structuration de son partenaire. Par ailleurs, le 7 étant de bon conseil, le 22 serait bien inspiré de les écouter. Cela lui permettrait de ne pas affronter certains écueils et coups du sort, lui évitant ainsi de s'épuiser inutilement à trop vouloir compter sur sa seule force. Il est vrai que le 22 est âpre au combat, qu'il se laisse difficilement démonter et qu'il est rarement troublé par l'adversité, ce n'est pas une raison pour n'en faire qu'à sa tête... Or c'est souvent cet orgueil démesuré qui peut se retourner contre lui.

Les rapports amoureux de 7 avec 22 : le 7 est un esthète qui aime la douceur de vivre, les plaisirs et les belles choses, là où le 22 privilégie plutôt une vie austère, parfois spartiate. La relation amoureuse peut être au rendez-vous, car là aussi, le 7 n'a rien à craindre de son solide 22. Cependant, il ne faudrait pas que ce dernier impose une vie trop monacale et morne à notre charmant 7, sans quoi celui-ci risquerait malgré son indéfectible loyauté, de s'éclipser. Cela dit, le 7 qui apprécie tout particulièrement d'être accompagné d'une personne solide en laquelle il peut avoir confiance, est servi, en trouvant là, un partenaire idéal. Par ailleurs, sa chaleur légendaire pallie à une certaine froideur et distance affichées par le 22. Ensemble, ils peuvent rechercher une vie proche de la nature, éloignée des contraintes, ou bien encore se lancer dans de grands projets utiles à l'humanité. Une famille agrandie, des descendants, voire des animaux font partie de leurs projets.

8 avec 8

Aspect général : association du tout ou rien. Respect et méfiance, chacun étant conscient des forces et travers de l'autre. Les plaisirs de la vie et les intérêts matériels sont le moteur de leur union. Destruction ou sublimation. Réussite ou chute extraordinaire. Nécessité de faire preuve de souplesse, car leur quête du pouvoir, parfois habilement inavouée, peut être fatale à leur relation. Qui va corriger les canailleries de l'autre ?

Un parent 8 et son enfant 8 : ce n'est pas grâce à une communication et un dialogue intensifs que ces deux là vont se comprendre ! Ils cherchent par-dessus tout à préserver leur jardin secret dont ils défendent jalousement l'entrée, ne permettant qu'à des personnes de confiance de pénétrer. Ce parent, qui ne s'émeut guère devant l'adversité et les vicissitudes de la vie en général, saura faire comprendre très tôt à son enfant comment y faire face. Celui-ci ayant le même mode de fonctionnement, il l'acceptera d'emblée. Tous deux sont autoritaires, parfois très colériques, c'est donc sur ce plan qu'ils devront apprendre à s'adoucir. D'autant plus qu'ils ne craignent pas les débordements excessifs de l'autre, chacun étant très conscient de ses propres turpitudes… Pour eux, leurs excès, leur réactivité intempestive font partie de la norme. En fait, c'est surtout leur naïveté et leur candeur qui leur jouent souvent des tours. Comment un parent parfois (ou souvent) crédule peut-il apprendre à cet enfant à être plus rationnel ? Les deux aiment les mondes magiques et/ou hors normes, une sorte d'émulation, de course à l'insondable risque ici d'être amplifiée. Sachant que le nombre 8 est aussi synonyme de chance et de bonnes opportunités, le parent apprendra très tôt à cet enfant convaincu que l'on peut instinctivement tirer de grands bénéfices dans sa vie, sans nécessairement s'en faire outre mesure.

Deux associés 8 : tous deux sont motivés par les mêmes ambitions pour peu qu'on puisse les nommer. Car celles-ci ont à voir avec l'appât du gain, le goût du pouvoir et la jouissance de biens quels qu'ils soient. Du coup, ils peuvent s'apporter beaucoup l'un l'autre, car ils cherchent à faire fructifier ce qu'ils possèdent. Tout ceci est très bénéfique pour eux, il n'en demeure pas moins que leur côté expéditif, destructeur et explosif peut provoquer la fin de leur projet commun. Tant qu'ils sont en phase avec leurs objectifs et qu'ils se comprennent, tout va bien dans le meilleur des mondes. Nul doute qu'ils sauront faire fructifier leurs affaires avec une certaine facilité. En revanche, s'il y a lutte de pouvoir ou un manque de confiance réciproque, il n'y aura aucun retour possible. Les deux se connaissent suffisamment individuellement pour savoir que leur méfiance instinctive est l'image de leurs véritables travers. Sauront-ils dépasser cette façon qu'ils ont de projeter sur l'autre leur petite (ou grande) criminalité intérieure ? Quoi qu'il en soit, ils défendent âprement leurs intérêts, craignant sans cesse qu'on puisse leur porter atteinte. Alors si cette suspicion se reporte sur l'associé… De surcroît, ils devraient s'efforcer de ne pas mélanger sexualité et affaires. Ils gagneront également à se défaire du sentiment diffus de se sentir parfois grugés. A leur décharge, ils se savent naïfs, souvent crédules, et ont une peur instinctive de se faire manger la laine sur le dos.

Les rapports amoureux de deux 8 : quel joli programme puisqu'au delà d'une attirance très forte, ils n'ont de cesse d'explorer tous les délices des rapports amoureux, de repousser sans cesse les frontières. Jouisseurs de la vie comme ils sont, ils peuvent très bien s'entendre dans nombre de domaines sans être très regardant sur leurs escapades réciproques. Coquins à l'extrême, ils sont même capables de partager, la nuit étant pour eux le moment de la journée qu'ils préfèrent. Ils privilégient l'accès à une certaine richesse. Rarement démunis face à l'adversité, s'il faut redoubler d'ardeur, se faire violence pour arriver à leurs fins, ils ont les moyens et les capacités d'y parvenir. Ils garderont tout de même leur jardin secret. Ce sont surtout celles et ceux qui les côtoient qui risquent d'être surpris par leur mode de fonctionnement. Pour peu qu'ils le connaissent réellement…

8 avec 9

Aspect général : goût partagé pour les plaisirs et les biens terrestres. Complicité. Parfois entente mystique. Ils se complaisent dans une vie tranquille et paisible. Le 9 apaise et inspire le 8 en l'ouvrant à une dimension plus spirituelle. Le 8 apporte une protection au 9 grâce à sa capacité à se réaliser. Ils apprécient de vivre un peu cachés.

Un parent 8 et son enfant 9 : ce n'est certes pas un parent 8 qui a le plus de capacités pour canaliser l'imaginaire d'un enfant 9. Sachant, que la tolérance de ce parent est liée à son goût parfois immodéré pour le mystère et les choses cachées, il accepte assez facilement que son enfant puisse vivre dans ses mondes subliminaux. Néanmoins, ce père et cette mère est pragmatique alors que son enfant est rêveur. Ainsi, ce parent peut surtout apporter à son enfant ce qu'il possède au plus profond de lui : capacité à faire front à l'adversité, à se dépasser, à se faire mal si nécessaire, à tout faire pour suivre le chemin de la réussite. Cela atténuera cette tendance de l'enfant à trop facilement baisser les bras si les choses deviennent difficiles. Il lui apprendra à ne pas s'échapper devant les contraintes de l'existence et à ne pas se réfugier systématiquement dans son monde virtuel. Ce parent aura au moins ce mérite, parfois avec ses coups de gueule, de le faire redescendre sur la terre. Malgré tout, ils aiment vivre dans une certaine tranquillité, donc sur ce plan, ils vont s'entendre.

Un parent 9 et son enfant 8 : ce parent est plus à même de comprendre le monde mystérieux d'un enfant 8 grâce à son empathie naturelle. Avec le temps, sa patience légendaire, sa capacité à encaisser pacifiquement les coups, lui permettent d'atténuer les colères et les replis sur soi dont l'enfant use et abuse fréquemment. Ainsi, grâce à sa subtile perception, cette mère ou ce père est en mesure de ressentir et comprendre les raisons des sautes d'humeur de son chérubin. En retour, celui-ci saura faire confiance très tôt à ce parent, percevant rapidement qu'il ne lui veut aucun mal. Le transfert que fait souvent un enfant 8 finira donc rapidement par s'émousser avec le temps. Et même si cet enfant trouve son parent un peu trop éloigné de ses préoccupations bassement matérielles, en aucune manière il ne pourra lui reprocher d'avoir voulu bloquer ses élans spontanés. Ce parent 9 est davantage conseiller qu'adjudant.

Deux associés 8 et 9 : un beau potentiel à se faire une place au soleil, à accumuler ce qui est nécessaire à la réussite d'un projet grâce aux capacités naturelles du 8 et à la nature conciliante et avisée du 9. Ce dernier est suffisamment souple et diplomate pour encaisser les brusqueries de cet associé, souvent peu soucieux de l'effet qu'il provoque sur son entourage quand il explose. Notre 9 saura alors composer avec le temps, en attendant patiemment que son partenaire se calme. Mais qu'on ne s'y trompe point, si ces excès devaient trop durer, notre 9 s'éclipserait laissant le 8, baba. Il est vrai que celui-ci peut fortement s'agacer des atermoiements, des retards, voire de l'apparent désintérêt que le 9 manifeste parfois. Le 8 a besoin de s'attacher à des choses concrètes et palpables, il lui faut ressentir qu'il ne se décarcasse pas pour rien, ce n'est pas le 9 avec son comportement semblant parfois évanescent, qui va le rassurer. Il s'agit encore une fois de ce fameux transfert que fait le 8, tellement attaché aux biens terrestres qu'il en devient soupçonneux et suspicieux.

Les rapports amoureux de 8 avec 9 : la brusquerie légendaire de notre 8 s'accorde très mal avec la réserve et la douceur que son partenaire recherche avant tout. Ceci ne veut pas dire qu'ils sont incapables de s'aimer, mais si notre 8 ne sait pas se montrer plus romantique et sentimental, il aura des difficultés à accéder à ses désirs. Le 9 n'est pas insensible aux relations sexuelles, mais il faut y mettre les formes, sans quoi le 8 risque de trouver fréquemment portes closes.

Ce dernier a tendance à aller directement à l'essentiel, à ne point s'embarrasser de préliminaires, là où notre 9 a besoin de rêver l'amour, de l'idéaliser, de le romancer. Ils pourront sûrement trouver un terrain d'entente, mais de gros efforts sont à consentir de part et d'autre. Ils aiment malgré tout partager une certaine douceur de vivre, tout en se préservant si possible des aléas de l'existence. Maintenant, notre 9 est assez diplomate et compréhensif pour accepter quelques escapades de son partenaire, d'autant plus si cela lui permet de préserver sa légendaire tranquillité. D'ailleurs le 9 ne cherchant jamais à contredire qui que ce soit, ce n'est certainement pas avec son compagnon 8 qu'il va commencer.

8 avec 11

Aspect général : association productive mais conflictuelle. Confrontation de personnalités. L'indépendance du 11 s'accommode mal de l'autorité et de l'emprise du 8. Terrain d'entente si chacun met son ego en veille. Le 8 matérialise les projets du 11 et devra jouer franc jeu avec lui. Relation passionnée pouvant être éphémère.

Un parent 8 et son enfant 11 : ce père ou cette mère pragmatique et efficace, aura fort à faire avec cet enfant qui est souvent à son goût trop idéaliste, trop éloigné des réalités et pas suffisamment attaché à la concrétisation de ce qu'il veut engendrer. Certes, ce parent 8 est prêt à tout entendre, mais il a du mal à accepter que son enfant n'évoque que des idées en l'air, sans en rechercher de retombées significatives. Ici, deux mondes s'opposent, celui de l'enfant qui veut dépasser sans cesse son cadre de vie en explorant de nouveaux horizons, et celui du parent qui, tout en étant sensible au fait que le monde est autre chose que la réalité que l'on voit, supporte difficilement que tout ceci reste du domaine des idéaux. Ce parent apprendra très tôt à l'enfant à être efficace, à donner corps à ses projets. Ni l'un ni l'autre n'étant diplomates, explosions, colères et coups de gueule sont à craindre. En revanche, ils se voueront une certaine admiration et reconnaissance, car dans cette relation, ils sont directs et jouent franc jeu.

Un parent 11 et son enfant 8 : cet enfant risque d'être très sérieusement malmené par ce parent qui n'est pas toujours à même de percevoir le monde vaste, imperméable, voire secret, dans lequel il vit.

Ceci aura pour conséquence de l'agacer prodigieusement. Ce parent tout feu tout flamme, qui a tendance à bousculer tous ceux qui l'entourent, va se heurter à une forme d'inertie et se retrouver dans l'incapacité de comprendre sa progéniture. Certes, l'enfant a besoin d'être canalisé, dirigé, mais ce n'est sûrement pas en lui imposant une façon d'être et de vivre qu'il l'acceptera. Ce parent aura au moins le mérite d'ouvrir l'enfant aux relations extérieures, de lui insuffler une certaine joie de vivre, de faire en sorte qu'il ne se réfugie pas systématiquement dans son univers si particulier. Tout de même, ce parent devrait apprendre très tôt que son enfant a besoin de son monde, que celui-ci fait partie intégrante de sa nature profonde. S'il veut que ses échanges puissent perdurer, il devra s'adoucir et se montrer plus patient et conciliant. Sans quoi, la brusquerie légendaire du 11 ne ferait que conforter l'enfant à se rebeller ou à s'échapper.

Deux associés 8 et 11 : si d'un côté notre 11 part à la conquête du monde, défrichant tous les sentiers qui conduisent à la réussite, et que de l'autre, notre 8 pragmatique gère la finance et les aspects concrets et matériels en général, aucun nuage à l'horizon. Mais si l'un empiète sur l'autre, ou s'ils revendiquent tous deux le choix de la direction à prendre, ou encore, s'ils cherchent à imposer leur autorité naturelle, des conflits sont inévitables. Leur projet commun doit impérativement prendre corps, générer des retombées sonnantes et trébuchantes, ne pas rester à l'état d'idées, sans quoi notre 8 ne le supporterait pas. Inversement, notre idéaliste 11 a un impérieux désir de s'extraire des contraintes de la vie, de ne pas être systématiquement attaché aux aspects matériels, sans quoi, lui aussi cherchera d'autres horizons à explorer. Là aussi des coups de gueule sont à craindre, il leur faudra faire énormément de concessions pour amener à bien ce qu'ils cherchent à concrétiser ensemble. Cela dit, notre soupçonneux 8 ne pourra jamais reprocher au 11 de ne pas être honnête, franc et loyal. Il ne pourra pas davantage projeter sur lui, comme à son habitude, ses propres turpitudes. Le 8 est calculateur, le 11 ne l'est pas.

Les rapports amoureux de 8 avec 11 : tumultueux pour le moins, ou alors, ils pourraient s'appeler courants d'air. Il est certain que le côté exaltant et entreprenant du 11 séduit assez facilement le 8, mais tout ceci n'est probablement que passager. Le 8 a besoin de vivre intensément ses sensations alors que notre 11 a tendance à ne pas toujours comprendre les desiderata et envies de son partenaire. Le 11 ne possède pas les mêmes appétits que le 8, il lui faut un peu s'extraire de la réalité, plonger dans des mondes subliminaux, notre 8 n'en a cure. Ces rapports amoureux ne seront pas simples. Beaucoup d'incompréhension est à craindre. Cela dit, s'ils ont décidé tous deux de vivre cette entente sur un ring, ou d'exprimer leurs relations charnelles d'une manière acrobatique, ils se sont trouvés.

8 avec 22

Aspect général : entente parfaite pour concrétiser, réaliser, créer. Ils partagent un goût commun pour tous les aspects matériels et les plaisirs de l'existence. Une condition : le 8 doit être honnête et flexible avec ce 22 souvent tendu et réservé. Ils œuvrent pour un cadre de vie familial agréable et sécurisant. Conflits d'autorité possibles mais association très puissante.

Un parent 8 et son enfant 22 : ce parent qui n'est pas de nature particulièrement souriante, spontanée et ouverte, n'exprime pas non plus de manière directe ses véritables sentiments. Cet enfant qui possède également un monde secret et réservé, n'est pas plus direct, spontané et souriant. Bien qu'ils puissent se comprendre très facilement, sans qu'il ne soit sans cesse nécessaire d'échanger oralement, ils laissent peu de place à l'exubérance et la manifestation de la joie de vivre. Ce n'est pas que l'envie de vivre joyeusement leur fasse défaut, mais ils ne trouvent tout simplement pas de raison particulière à la manifester ostensiblement. Notre parent pragmatique est protecteur, il fera tout pour accéder aux désirs de cet enfant : paix, tranquillité et quiétude. Ce père ou cette mère ayant instinctivement confiance dans les capacités et les qualités de son chérubin, ne cherche pas systématiquement à le bousculer, ni à l'obliger de s'extirper de son univers. Il ne se formalise pas plus des lenteurs et atermoiements de celui-ci, que de sa légendaire réserve. Il saura composer avec lui.

Un parent 22 et son enfant 8 : ce parent très protecteur qui cherche à créer un havre de paix et de tranquillité, a facilement la capacité de sécuriser son enfant. Celui-ci en a besoin pour se retrouver dans un climat qui lui permette de vivre sa véritable vie intérieure. Le parent possède une autorité naturelle, il est attaché à ses principes de vie, d'ordre et de respect. Nul doute qu'il saura imposer à son enfant canaille quelques nécessaires règles et principes de vie, les réactions parfois colériques et explosives de son chérubin n'ayant que peu d'emprise sur lui. Les objectifs de ce parent s'inscrivant dans le temps, c'est par usure qu'il cherche à remettre dans le droit chemin son chérubin. Ce n'est pas toujours évident car ce parent a tendance à être trop sûr de son fait et de sa force de caractère, ce qui masque sa capacité à voir vraiment l'enfant tel qu'il est réellement. Toutefois, à son contact, l'enfant gagnera finalement en intégrité et en honnêteté.

Deux associés 8 et 22 : association de la canaillerie et de la probité, est-ce possible ? Plus sérieusement, le 22 s'affichant pur et sans tache comme un preux chevalier, cherche avant tout à construire dans le temps, faisant en sorte qu'on n'ait rien à lui reprocher. Il est sérieux, efficace, en aucune manière il ne cherche à spolier, à profiter... Bien au contraire. On ne peut pas en dire autant de son associé, qui certes, n'est pas systématiquement un bandit, il va de soi, mais qui n'est pas très regardant sur les moyens nécessaires pour parvenir à ses fins. Est-ce que la combinaison fonctionne ? Oui, car tous deux sont attirés par les aspects matériels de la vie, le retour sur investissements, et dans ce cas de figure, ils peuvent s'apporter énormément. Le 8 a toute confiance en son associé, admirant sa capacité et sa ténacité à faire front face à l'adversité, ce 8 possédant lui-même une certaine âpreté au combat. Si notre 22 ne s'offusque pas trop des travers de son associé, il trouvera un partenaire efficace. N'oublions pas ce besoin du 8 de jouir systématiquement, et si possible de suite, des retombées de ses entreprises, alors que le 22, lui, grâce à sa légendaire patience peut attendre. En conséquence, ils devront apprendre à accorder leur tempo.

Les rapports amoureux de 8 avec 22 : tous deux sont très ancrés dans la matière. Aimant se faire plaisir, ils ne négligent en aucune façon tous les délices de la vie. Certes, notre 8 est un peu expéditif, il ne s'encombre pas toujours de romantisme ni de sentimentalité, mais cela tombe bien, le 22 non plus. Ils trouveront donc facilement un terrain d'entente pour tout ce qui touche à leur vie intime, ainsi qu'à la gestion de leur patrimoine et intérêts communs. Ils peuvent être à l'origine d'une nombreuse descendance et partager énormément de secrets entre eux. Notre 22 est protecteur, il cherche à construire, nul doute qu'il permettra à notre 8 de se stabiliser, un tant soit peu, même si celui-ci a parfois quelques velléités à aller explorer d'autres horizons. Dans ce cas, le 22 pragmatique préférera sans doute préserver sa vie familiale et sentimentale quitte lui-même à céder à l'appel du guilledou... Point trop n'en faut. Une vie proche de la nature leur est tout particulièrement indiquée.

9 avec 9

Aspect général : entente consensuelle. Quête de la douceur, de l'harmonie et de la paix. Ils privilégient les loisirs, le bien-être. Attirance pour la spiritualité pouvant conduire parfois à une déconnexion du monde réel. Goût pour les voyages. Disponibilité et entraide. Communication intuitive qui permet une entente tacite, une compréhension à demi-mots. Rêves communs.

Un parent 9 et son enfant 9 : amoureux tous deux de la paix, du calme, de la tranquillité, il n'y a aucun conflit à craindre. Il n'y a pas non plus beaucoup de risque de voir se pointer à l'horizon des problèmes relationnels insolubles. Tous deux réservés, souvent partisans du moindre effort, en aucune manière ils ne cherchent systématiquement à s'imposer. Alors demander à un parent 9 de diriger, d'obliger l'enfant à être rangé, efficace et précis relève d'une gageure. Le parent, somme toute très conscient de ses propres défauts liés à son manque d'organisation, s'emploie à faire en sorte que son enfant ne sombre pas dans les mêmes travers. Malgré tout de bon conseil, il veille à la bonne éducation de son chérubin et ne néglige aucun moyen pour que ce dernier obtienne les bagages nécessaires afin de partir sur de bonnes bases. Beaucoup de sensibilité, d'affection, de tendresse de part et d'autre. Ce qu'il manquera un peu à l'enfant, c'est l'envie de se surpasser et de faire front à l'adversité. Il est vrai que ce n'est pas ce parent qui lui apprendra à ne pas s'éclipser systématiquement à la première difficulté de taille. Le parent peut même s'avérer parfois trop permissif.

Deux associés 9 : s'ils œuvrent de concert pour toutes sortes de causes communes, souvent axées vers le social, l'enseignement, l'humanitaire, le monde artistique, voire le commerce de proximité, ils se sont bien trouvés. Sinon, il est à craindre que leur manque d'agressivité et de combativité leur joue des tours. Ils n'aiment ni se faire violence, ni ce qui les contraint, pas plus que ce qui vient troubler la bonne marche tranquille de leur projet. Ils désirent par-dessus tout que leur activité soit empreinte d'une aura de paix. Ils se comprennent quasi intuitivement et peuvent s'apporter mutuellement beaucoup, sauf si tous deux se masquent la réalité en cherchant à s'extraire des problèmes rencontrés au quotidien. A force de ne pas vouloir regarder les difficultés en face, de ne pas systématiquement faire ce qui est nécessaire en temps et en heure pour solutionner des petits détails qui ont leur importance, ils risquent de finir par se retrouver devant des problèmes insolubles. En fait, ils cherchent à se préserver mutuellement, de manière à ne pas s'inquiéter inutilement, mais se voiler la face, est-ce la bonne solution ? Un rapport étroit avec l'étranger dans leur business est possible.

Les rapports amoureux de deux 9 : tendresse, sentiments et douceur sont au rendez-vous, quoi demander de plus ? Très attachés à vivre une vie paisible et harmonieuse, ils cherchent par tous les moyens à satisfaire les desiderata de l'autre. Malgré tout, une forme de passivité et de réserve toute naturelle, fait qu'ils passent parfois l'un à côté de l'autre sans se voir, trop préoccupés de ne pas troubler la quiétude ambiante. A l'écoute des souffrances du monde qui les entoure, ils peuvent créer un refuge pour toutes sortes d'âmes animales ou humaines en peine. Ils devront surtout faire attention à ne pas tomber dans une sensiblerie extrême, ni à se laisser envahir. Généralement amoureux de la musique, du monde artistique et des belles choses, ils ont une grande facilité pour se concocter un cadre de vie agréable. Ils se sont tout trouvés pour s'inventer des histoires extraordinaires et refaire le monde. Ils peuvent aimer voyager ensemble, si possible à proximité de l'eau.

9 avec 11

Aspect général : association peu évidente, demandant un gros effort de compréhension réciproque. Ils ne vivent pas dans les mêmes sphères. Toutefois, ce qui touche à ce côté humaniste et progressiste qui les caractérise, facilite grandement leur entente. Le 9 a la capacité de tempérer et pacifier l'agitation légendaire du 11, tandis que celui-ci peut dynamiser le 9.

Un parent 9 et son enfant 11 : ce parent a fort à faire avec ce turbulent enfant qui ne lui laissera que très peu de répit et de tranquillité. Celui-ci est bien souvent trop nerveux et actif à son goût. Notre parent consensuel et diplomate cherche avant tout à poser ses pattes avec précaution de manière à ne pas avancer sur un terrain trop miné. Ne comprenant pas toujours cette trop grande prudence, son enfant sera enclin à ne pas écouter les conseils, en filant droit sur ce terrain « miné » (juste pour voir si c'est vrai !). L'un cherche à se protéger des pièges de la vie et des conséquences d'un monde qu'il juge trop agité, l'autre n'en a que faire. Alors est-ce que ce parent parviendra à faire entendre raison à l'enfant, à lui faire prendre conscience qu'il n'est pas invincible, sans trop étouffer sa spontanéité ? Telle est la question[4].

Un parent 11 et son enfant 9 : ce parent n'a de cesse de bousculer cet enfant qu'il trouve trop placide et tranquille à son goût. Peine perdue, l'enfant vit dans son monde, il a ses propres aspirations et n'a que faire de l'apparente agitation de son parent. Il est donc fortement conseillé à ce dernier d'apprendre la patience, de ne pas s'énerver pour un rien, car cela n'aura pas plus d'effet que cela. L'enfant est beaucoup plus sensible à ce qui lui est expliqué et enseigné de manière douce, car il fuit l'agressivité et la violence qui l'obligent à se replier sur lui-même. Ce parent sera donc bien forcé de faire preuve de diplomatie en y mettant les formes, et d'accepter cette nonchalance et indolence qu'il a tendance à prendre pour de l'inertie. Pour autant, si ce parent parvient à faire comprendre à son enfant qu'il doit se faire un peu violence, accepter les défis et se forcer à prendre l'initiative, il lui aura au moins fait un message utile.[5]

Deux associés 9 et 11 : la légendaire diplomatie du 9 n'est pas de trop pour canaliser et apaiser ce 11 sans cesse en quête de nouveautés et d'aventures. La relation n'est pas de tout repos pour le 9, mais sa tempérance aplanit aisément les difficultés en adoucissant des relations parfois difficiles. Le 9 est précautionneux, le 11 ne l'est pas, donc ils devront impérativement faire un pas l'un vers l'autre. Le

---

[4] Si en plus des sous-nombres de ce 11, se trouve un 20, l'écoute de l'enfant sera plus attentive.
[5] Il y parviendra d'autant mieux, si là encore, un 20 côtoie les sous-nombres du 11 dans le thème.

monde du 9 est très sensitif, visionnaire et souvent impalpable, alors que le 11 se veut concret, efficace et rapide, ils n'ont assurément pas le même tempo. Ils peuvent poursuivre tous deux des objectifs communs, donc s'entendre assez facilement sur ce point, mais le 11 a malgré tout du mal à appréhender l'univers un peu évanescent de son associé. S'il y parvient (la présence d'un 20 dans le thème le favorisera), il découvrira un monde qu'il ne soupçonnait pas, dont il pourra tirer profit pour leur projet commun. Une chose est sure, notre combatif 11 qui peut avoir toutes sortes de griefs à l'encontre de son partenaire, finira avec le temps par découvrir que son associé ne lui veut aucun mal. Quant au 9, il devra apprendre impérativement à s'exprimer, à expliquer pourquoi il fait ceci ou cela sans quoi cela risque de générer des incompréhensions. De même, il ne devra pas systématiquement fuir devant ce qui l'indispose.

Les rapports amoureux de 9 avec 11 : le paradoxe de cette relation, c'est que ces deux entités peuvent s'entendre amoureusement à merveille, alors qu'elles ont un mode de fonctionnement diamétralement opposé. Malgré le fait que le 11 paraisse parfois un peu trop agité et nerveux, il est suffisamment entreprenant pour faire tomber cette réserve naturelle fréquemment affichée par son partenaire. Celui-ci sera très amusé de réaliser qu'il est l'objet de cette quête amoureuse. C'est toujours agréable de se sentir convoité et désiré. Notre 11 qui aime les challenges et les conquêtes, a trouvé chaussure à son pied. Il devra tout de même apprendre la télépathie afin de capter dans son être intérieur les desiderata de son partenaire. Grâce à sa sensibilité du monde qui l'entoure, le 9 empathique devine les désirs de l'autre qu'il devance aisément. L'inverse n'est pas aussi évident. Le 11 est un aventurier, le 9 dans son imaginaire l'est aussi. Gageons que notre 11 concrétisera les projections et les rêves que le 9 a tendance à se faire. Une chose est sûre, la tempérance du 9 ne sera pas de trop pour apaiser le 11.

9 avec 22

Aspect général : association favorable et constructive grâce à une réelle complémentarité. Le 22 privilégie une vie fondée sur des bases solides, ce qui convient particulièrement bien à un 9 amoureux de la sécurité et de la quiétude. Celui-ci privilégie la foi dans la vie, dispense douceur et confiance ce qui a pour très bénéfique effet de rassurer le 22 dans ses entreprises. Ils partagent beaucoup d'idéaux qui se concrétisent grâce à une confiance mutuelle.

Un parent 9 et son enfant 22 : ce parent surprotecteur qui a tendance à faire en sorte que sa progéniture évite les écueils de la vie, sera fort surpris d'avoir un enfant, qui sous une apparente tranquillité, ne s'émeut pas plus que cela des vicissitudes et de l'adversité de l'existence. Celui-ci est décidé, il sait au plus profond de lui-même qu'avec le temps, il atteindra ses objectifs. Du coup, il a du mal à faire percevoir à son parent qu'il a davantage besoin d'encouragements que de mises en garde. Notre parent avec cette sensibilité tournant parfois à la sensiblerie, est souvent désorienté devant cet enfant qui semble totalement insensible à ses états d'âme. Tous les deux aiment la vie calme et tranquille, mais pour des raisons différentes. L'un pour se protéger de tout, l'autre pour poursuivre assidûment ses ambitions, sans état d'âme. Malgré tout leur relation est douce. Gageons qu'ils se comprennent à demi-mots, car il ne faut pas compter sur eux pour se lancer dans des diatribes sans fin.

Un parent 22 et son enfant 9 : la légendaire force de caractère du parent, sa causticité, risquent de se heurter de plein fouet à la sensibilité parfois excessive de son enfant. Dans ses marques d'affection, ce père ou cette mère ne s'épanche pas outre mesure, alors que c'est le besoin premier de son chérubin. Ce dernier trouve son parent un peu rude, même si celui-ci répond toujours présent pour l'aider, l'encourager et faire face à l'adversité. Il est clair qu'avec un tel parent, l'enfant doit très vite apprendre à s'endurcir, même si cela peut provoquer un sentiment de frustration et un manque d'échanges. Il est possible qu'il cherche alors à étancher sa soif d'amour auprès d'autres membres de la famille, ou grâce à la compagnie d'un animal. Ce parent risque d'avoir du mal à accepter et à comprendre ce qu'il considère comme pleurnicheries et jérémiades. Notons tout de même que ce parent est pragmatique, et qu'encore une fois, il ne fermera jamais la porte, toujours prêt à voler au secours de sa progéniture, et disposé à lui assurer gîte et couverts.

Deux associés 9 et 22 : ils peuvent s'entendre à merveille dans des domaines tels que le commerce, surtout si ceux-ci ont à voir avec l'acquisition de biens matériels, de biens de consommation, voire d'articles de luxe. Le 22 a besoin de concrétiser ce qu'il entreprend, il déteste construire sur du sable. Quant au 9, il apprécie plus que tout de se sentir en sécurité afin de se préserver des coups durs. S'ils trouvent que leur objectif commun profite à tous les deux, l'association sera très positive, sinon ils risquent de passer l'un à côté de l'autre sans se voir. Les deux sont parfois trop réservés, car trop attachés à leur monde intérieur, ce qui a pour effet de bloquer les échanges utiles pour dynamiser leur projet. Ce n'est que lorsque leur entreprise est vouée à l'échec qu'ils prennent alors la parole et peuvent se reprocher mutuellement leur manque d'initiative. Il leur est particulièrement conseillé d'avoir une activité liée d'une manière ou d'une autre à la nature.

Les rapports amoureux de 9 avec 22 : il ne faut pas compter sur eux pour générer des crises graves, des conflits ouverts et s'envoyer des assiettes à la figure. Attachés à leur havre de paix, à la quiétude du foyer, ils peuvent se construire un nid douillet loin du tumulte du monde, et par là même, assurer le bien-être de leur descendance. Tous deux sont sensibles au calme et au silence, ils supportent mal le bruit, les bouleversements et les révolutions. Le 9 est capable de témoigner beaucoup d'amour à son solide 22, alors que ce dernier, tout en étant sensible à ces marques d'affection, est bien moins démonstratif sur ce plan. Qu'à cela ne tienne, le 9 grâce à son empathie naturelle sait qu'il a à faire à une personne en qui il peut avoir une totale confiance. De toutes les façons, ce partenaire 9, qui cherche avant tout à préserver son havre de paix, est capable d'accepter et de pardonner d'éventuelles escapades de son 22 (pourtant) fidèle de nature. Une fois n'est pas coutume, le 9 est en mesure d'accepter une petite incartade.

11 avec 11

Aspect général : comment vont-ils pouvoir s'entendre ? Association improbable sauf s'ils parviennent à partager durablement et en profondeur leurs objectifs. Deux ego gigantesques l'un à côté de l'autre, d'où risque de confrontation. Nécessité que ni l'un ni l'autre ne se sente lésé en quoi que ce soit, de manière à ce que chacun ait le sentiment que les retombées de leurs actions sont réparties à parts égales, afin de satisfaire leur besoin de reconnaissance.[6]

Un parent 11 et son enfant 11 : enthousiastes tous deux, ils ont besoin d'avoir le sentiment de croquer le monde. Le parent est enchanté d'avoir un enfant qui lui ressemble, capable de s'intéresser à sa vision du monde, voire à la partager. Les échanges vont bon train, la relation est directe, spontanée mais parfois explosive. Ni l'un ni l'autre ne veut céder du terrain ou accepter d'avoir tort. L'enfant a besoin de se nourrir d'expériences nouvelles, de repousser ses frontières, d'explorer, et ce n'est pas ce parent qui va l'empêcher de le faire. Toutefois, une certaine prudence et une forme de sagesse sont requises, et doivent être, si possible, inculquées très tôt à l'enfant. Pas certain que ce parent soit en mesure de le réaliser. Comme le 11 aime se faire des amis, il faut s'attendre à ce qu'il y ait beaucoup de copains de tous âges, voire de toutes conditions, débouler à la maison. Ici, cette relation s'apparente assez facilement à une relation de copinage.

Deux associés 11 : s'ils poursuivent des buts communs axés sur l'innovation, le dépassement de soi, l'abolition des frontières, l'exploration d'horizons nouveaux, l'envie de révolutionner et de transformer, ils se sont tout trouvés. Tant qu'ils se projettent dans une direction commune vis à vis de leurs objectifs, aucun nuage n'est à craindre à horizon. En revanche, un réel risque d'affrontement peut surgir si cette belle harmonie est rompue, l'un et l'autre voulant faire entendre raison à son associé. Les deux étant impulsifs, quelquefois trop expéditifs, si d'aventure ils se sont accrochés, leur orgueil risque d'être une barrière difficilement franchissable lorsqu'ils devront faire le premier pas pour se réconcilier. Gageons que leur nature amicale et non conformiste prendra le dessus, ce qui permettra d'évacuer plus facilement ce qui posait problème.

Les rapports amoureux de deux 11 : plus axés sur une relation d'amitié profonde que sur la passion amoureuse au sens vrai du terme, ils ont besoin tous deux de communiquer pour que la fusion s'opère. Ce n'est certes pas l'envie de vivre des passions qui leur fait

---

[6] Il convient de nuancer cet aspect si un sous-nombre 20 est présent au côté des sous-nombres du 11 dans les thèmes respectifs.

défaut, mais leur naturelle expression nécessite obligatoirement de nombreux échanges pour pouvoir se comprendre et s'accepter. Ils ont besoin de se sentir sur la même longueur d'onde et de s'apprécier mutuellement dans leur domaine respectif. Ce sont deux originaux attachés à leur indépendance. Ils devront faire très attention à ne pas accorder une trop large place à leur vie amicale car cela pourrait avoir des conséquences néfastes sur leur vie de couple... Sauf si leurs amis sont communs. Par ailleurs, leurs rapports peuvent devenir conflictuels à cause d'une émulation inconsciente propice à développer une sorte de rivalité entre eux. Ils ne sont pas obnubilés par l'envie d'avoir des enfants.

11 avec 22

Aspect général : conflit d'autorité. Modes de fonctionnement diamétralement opposés. Le 11 construit avec un désir de retombées immédiates et spectaculaires, tandis que le 22 construit à long terme, discrètement, avec parfois trop de réserve. Ils partagent un même désir de réalisation, mais pour le conjuguer harmonieusement, d'énormes concessions sont nécessaires. Toutefois, lorsque le fruit de la concrétisation du 22 est impulsé par l'inspiration du 11, la qualité de la réalisation est impressionnante.

Un parent 11 et son enfant 22 : ce parent qui aime bousculer les choses, révolutionner et transformer son environnement, a fort à faire avec cet enfant doté d'une très grande force d'inertie. Celui-ci n'obtempère pas immédiatement aux injonctions qui lui sont faites, il a tendance à prendre son temps, et n'a que faire de ce qu'il considère comme agitation et gesticulation inutiles. Cela dit, s'il s'exécute c'est par sagesse, et surtout pour se préserver des plages de tranquillité. Dans tous les cas, il cherche à éviter la contradiction et tout ce qui pourrait nuire à son confortable havre de paix, de manière à ne pas avoir à se justifier systématiquement. Finalement, c'est plus par raison qu'il accepte l'autorité parentale que par acceptation de son bien fondé. Pour ce parent 11, il est difficile de comprendre les méandres du psychisme réservé de son enfant. Il est en attente d'un retour, d'un écho qui risque d'être long à venir. C'est le placide qui oppose une certaine force tranquille à l'impulsif.

Un parent 22 et son enfant 11 : ce parent a au moins le mérite d'atténuer la nervosité et la réactivité de son enfant, mais celui-ci risque de rester un peu sur sa faim pour tout ce qui touche aux échanges. Son parent est pragmatique. Doté d'une certaine force lui permettant d'encaisser facilement les coups du sort, il ne formalise pas plus que cela des contraintes que la vie peut apporter. Là où cet enfant a tendance à se révolter, à réagir fortement, le parent laisse couler. La patience de ce dernier est légendaire, nul doute qu'elle sera indispensable pour canaliser toutes les énergies de ce « gosse » on ne peut plus éveillé et excessif ! Heureusement, ce parent est résistant, protecteur, et ne se formalise pas outre mesure des exigences de son enfant. Ce dernier comprendra très vite qu'il faut qu'il se tourne vers d'autres sources d'inspiration pour étancher son éternelle soif de connaissance.

Deux associés 11 et 22 : si les fondations de cette collaboration reposent essentiellement sur le 22, avec la condition que celui-ci accepte d'être fréquemment bousculé, il n'y aura pas trop de nuages à l'horizon, sinon gare aux orages. Notre 11 tourné vers l'extérieur, enclin à défricher, à découvrir toutes sortes de nouveaux procédés et nouvelles pistes, serait bien inspiré d'écouter les sages conseils de son collaborateur, plutôt que de tempêter. Il a souvent tendance à penser que les projets communs n'avancent pas suffisamment vite à son goût. Sinon, il y a fort à parier que notre tranquille 22, qui ne se formalise pas outre mesure, verra son collaborateur par épisode, celui-ci ayant tant de projets à concrétiser. Notre 11, souvent agacé, découvrira très tôt qu'il n'est pas nécessaire d'exprimer ses revendications, parfois excessives, d'une manière colérique ou impulsive. Il finira par comprendre que ce manque d'échanges n'empêche pas d'être posés et constructifs. Le 11 est très extériorisé, l'autre est très intériorisé. Sauront-ils se retrouver ? Sûrement. A condition de partager la même foi en leur projet.

Les rapports amoureux de 11 avec 22 : le 22 a besoin d'une vie tranquille, stable, régulière, en aucune manière il n'est prêt à sacrifier ses acquis pour une hypothétique aventure. Ce n'est pas ce qui caractérise la quête amoureuse du 11. Si l'un reste à la maison tandis que l'autre part explorer les environs, et que bien entendu, cela leur convient, tout va bien dans le meilleur des mondes, sinon il y a risque flagrant de mésentente. Dans leur nature profonde, ils sont tous deux très indépendants à leur manière, ce qui ne facilite pas toujours les véritables échanges. Certes le 22 peut apprécier dans un premier temps son turbulent compagnon, mais avec le temps, il risque de s'en lasser plutôt que de s'enlacer, surtout si ce partenaire ne concrétise pas leurs projets communs. Notre 11, qui ne comprend pas toujours la réserve naturelle du 22, devra apprendre à être plus conciliant et patient, et davantage à l'écoute. Il gagnera à ne pas systématiquement céder à cette sorte d'agacement qu'il éprouve en face de ce qu'il considère comme inertie. Mais on sait bien que l'amour transcende tout, non ?

22 avec 22

Aspect général : association favorable car ils poursuivent les mêmes buts. Ne permet pas l'exaltation mais favorise la construction à long terme. Nécessité d'apporter un peu de gaieté, de jovialité pour éviter de sombrer dans une forme de gravité. Solide mais pas dynamique.

Un parent 22 et son enfant 22 : si vous aimez un foyer où il n'y a pas de bruit, nulle agitation excessive, où la paix et la tranquillité règnent, vous êtes tombés dans le foyer idéal. L'entente est favorisée car ils sont capables de se comprendre à demi-mot, ce n'est pas ce parent qui va perturber cet enfant. Tous deux sont durs à la tâche, ils privilégient tout ce qui est concret et touche au sérieux du travail. Ce sont essentiellement dans ces domaines qu'ils parviendront à se comprendre parfaitement. Il ne faut pas compter sur eux pour avoir de profonds échanges, ni pour se lancer dans l'exploration des tenants et des aboutissants des méandres psychiques et psychologiques ! La proximité de la nature et des animaux leur est particulièrement conseillée.

Deux associés 22 : ils se sont trouvés pour vivre dans un monastère, pour faire de la politique, pour s'installer à la campagne et/ou dans tous lieux où règne une certaine forme de tranquillité, de quiétude et de paix. Si pour des raisons X ou Y, tous ces critères ne sont pas réunis, grâce à leur stature et leur détermination profonde, sûrs de leur fait, ils se construiront quand même un univers conforme à leurs aspirations. Tous deux pragmatiques, ils ont besoin de concrétiser ce qu'ils détiennent pour vrai, et c'est grâce à leur force de travail, qu'ils mèneront à terme leurs projets. Même si tout cela manque de fioritures et de poésie, c'est du solide !

Les rapports amoureux de deux 22 : ils ont tendance à privilégier une vie pratique et fonctionnelle, à s'établir dans un foyer confortable, agréable, si possible proche de la nature. Amoureux des enfants et des animaux, ils aiment s'entourer de leur présence. Tous les deux apprécient la bonne chère et recherchent les sensations du corps. En d'autres termes, ils goûtent tout particulièrement aux plaisirs de la vie. Il ne faut pas se fier à leur apparente réserve, à cette distance qu'ils mettent systématiquement vis à vis de tout ce qu'il considère comme vulgaires, ou ne faisant pas partie de leurs critères de bienséance. Cette union est bien souvent durable, car quels que soient les aléas de l'existence, ils font tout pour préserver leur relation.

Chapitre IV

Aspects entre les Chemins de Vie

« A celui qui ne sait pas vers quel port il navigue, nul vent n'est jamais favorable. »

Sénèque (philosophe latin)

Définition : calculé à partir de la date de naissance, le Chemin de Vie constitue une donnée essentielle du thème. Il renvoie à notre nature profonde, aux aspects de notre être qui vont devoir composer, voire se confronter avec d'une part, celles et ceux que nous rencontrons (pour ne pas dire retrouvons), et d'autre part, notre environnement. A ce titre, la compatibilité entre deux Chemins de Vie apporte un éclairage essentiel sur les facilités et les difficultés d'une entente entre deux personnes.

Dans la notion de nature profonde (Chemin de Vie), il y a l'idée que la vie conduit le sujet à rencontrer résistance et adversité en cas d'utilisation inappropriée de ses capacités, contrairement au nombre d'Expression que nous verrons plus loin, qui lui, renvoie à l'énergie motrice privilégiée pour évoluer.

Mode de calcul : il y a trois façons de calculer le Chemin de Vie. Vous devez faire les trois calculs afin de voir quels sous-nombres se cachent derrière, surtout si votre Chemin de Vie donne 2, 4, 11 ou 22. Dans ces cas, il faut voir si votre Chemin de Vie est davantage 2 que 11, 4 que 22 et inversement.

1ère méthode : addition de tous les chiffres de la date de naissance et réduction du résultat obtenu.
Exemple :
```
16/10/1965 → 1+6+1+(0)+1+9+6+5 = 29 → 2+9 = 11
```

2ème méthode : addition du jour, du mois et de l'année de naissance, puis réduction du résultat obtenu.

Exemple
```
16/10/1965 → 16+10+1965 = 1991 → 1+9+9+1 = 20
20 → 2+0 = 2
```

3ème méthode : addition du jour, du mois et de l'année après les avoir réduits à un nombre simple, sauf si le résultat donne 11 ou 22, puis réduction du résultat obtenu.
Exemple : le jour 16 se réduit à 1+6 = 7, le mois 10 donne 1+0 = 1, l'année 1965 donne 1+9+6+5 = 21 → 2+1 = 3 (si la réduction donne 11 ou 22 on conserve ce nombre car on ne réduit jamais un maître nombre).
Addition de 7 (jour réduit) + 1 (mois réduit) + 3 (année réduite) = 11

Dans notre exemple, deux méthodes donnent 11 et la troisième donne 2. Nous avons donc une personne dont la nature profonde est 11/2, avec un 11 plus marqué.

Note : la notion de sous-nombre est approfondie dans le dernier chapitre du livre.

Chemin de Vie 1

Une personne ayant un Chemin de Vie 1 renvoie à un personnage décidé et volontaire, attaché à la valorisation de son ego au travers de ses réalisations et de la haute idée qu'il se fait de lui-même. Il laisse peu de place aux atermoiements, aux jérémiades, aux sensibleries, car sa nature directe et entière ne lui permet pas de s'attarder sur ces sentiments, qu'il perçoit davantage comme un frein qu'autre chose. Il n'est pas foncièrement malsain, il ne cherche pas à s'acharner ou à détruire pour le plaisir de le faire, il veut simplement écarter tout ce qui se met au travers de son chemin. Il est vrai qu'il manque de tact, parfois de considérations, et qu'il a sérieusement besoin d'apprendre à collaborer, à être à l'écoute des autres, à ne pas se croire seul et indestructible. Ce singulier personnage est un entrepreneur, créateur, souvent très efficace. Il gagnera à composer, à accepter les desiderata des autres, bref en un mot à s'humaniser davantage. Face à lui, devant tant de majesté et grandeur... un peu de magnanimité dont il sait faire preuve, voilà ce que le partenaire lui demande.

Chemin de Vie 1 partagé

Les deux ont un ego gigantesque, sont intransigeants et ne font pas dans la demi mesure, n'acceptant ni l'un ni l'autre les minauderies ainsi que les hésitations. Ils devront très tôt déposer les armes s'ils ne veulent pas s'étriper. Il est clair qu'ils ont un mode de fonctionnement identique, qu'ils ont peu ou prou les mêmes centres d'intérêt et sont conscients de l'impact qu'ils ont sur les autres grâce à leur force de caractère. Ce sont deux leaders qui prennent la vie pour un vaste champ d'investigation où tous les coups sont permis. Il n'y a pas de limite quant à la faisabilité de ce type d'association, c'est ou tout bon ou tout mauvais. Il convient de comparer le reste du thème, sachant que ce qui vient d'être dit peut concerner uniquement quelques points précis. Ils pourront associer leurs forces légendaires et faire cause commune contre cette adversité que leur réserve parfois, voire souvent, leur destinée. Ils devront comprendre que les rapports de force ne sont pas une fin en soi.

Chemin de Vie 1 avec un Chemin de Vie 2

Leurs véritables natures sont diamétralement opposées, à tel point qu'une longue relation intime permettra peut-être de dévoiler leurs différences. Il est clair que la pierre d'achoppement que la vie va offrir à ces deux personnes n'est pas la même, et qu'ils peuvent être l'un pour l'autre les fournisseurs de cette pierre. En clair, les obstacles que le 1 va rencontrer face à sa détermination légendaire, sont ceux que le 2 va lui imposer, et inversement, les peurs et les inhibitions qui habitent le 2 vont être exaspérantes pour le 1. Donc dans leur for intérieur, tout en n'étant pas branchés sur la même longueur d'onde, ils peuvent, bon gré mal gré, finir par apporter l'un à l'autre ce qui est nécessaire à son évolution. Bien entendu ce parcours n'est pas de tout repos, des heurts sont à prévoir, c'est le reste du thème qui dira si cette association est potentiellement viable dans le temps.

Chemin de Vie 1 avec un Chemin de Vie 3

Les natures profondes sont très différentes et tout n'est pas parfait dans le meilleur des mondes. Le 1 a un réel besoin de s'affranchir en permanence de tout ce qui pourrait entraver la bonne marche de ses entreprises et ambitions, de tout ce qui pourrait bloquer ses inspirations et ses aspirations, tandis que le 3 a besoin de comparer, d'analyser, d'étudier, de disséquer. Ce dernier étant bien plus cérébral, il ne se satisfait pas d'emblée de l'impulsion créatrice du 1. Il lui faut davantage d'éléments qui puissent amener de l'eau à son moulin. Le 3 n'est pas dupe des dangers que peut représenter une action non réfléchie. Heureusement, ils sont suffisamment intelligents l'un et l'autre pour trouver un terrain d'entente, et associer deux forces en apparence contradictoires. Le 3 peut devenir un excellent conseiller capable de gérer, tandis que son compagnon donne l'élan nécessaire à leur parcours. De violentes prises de becs peuvent cependant jalonner leur chemin commun.

Chemin de Vie 1 avec un Chemin de Vie 4

Le principal obstacle qui se dresse devant le feu d'action du 1 est avant tout l'inertie légendaire du 4. Ce dernier a du mal à s'affranchir de son cadre sécurisant, et à explorer systématiquement de nouveaux horizons. Ce cocktail peut être explosif, mais il n'exclut pas la possibilité pour le 4 de dépasser progressivement son univers habituel quotidien, afin de s'enrichir de nouvelles expériences, à la plus grande joie du 1. Souhaitons qu'en retour, celui-ci apprenne à agir d'une manière plus posée. Car rien n'exaspère plus un 4 que la nervosité et la débauche d'énergie déployée par le 1 pour défendre ses seuls intérêts.

Chemin de Vie 1 avec un Chemin de Vie 5

Mise à part l'obligation de mettre un peu en veilleuse leur ego respectif, l'association peut être très constructive, mais elle ne sera pas de tout repos. Chacun dispose d'énormément d'énergie à dépenser. Chez le 1, cette énergie est très axée sur sa propre réalisation, tandis que le 5 a besoin de faire participer son entourage. Il y a donc là une complémentarité. Une composition intelligente est cependant nécessaire, des compromissions sont à effectuer des deux côtés, le 1 étant pour le 5 parfois un peu trop directif et autoritaire, alors que le 1 peut reprocher au 5 sa trop grande liberté d'action, son esprit parfois caustique, bref une forme de désinvolture.

Chemin de Vie 1 avec un Chemin de Vie 6

L'opposition et la confrontation entre le 1 et le 6 est légitime car ils ont un mode de fonctionnement totalement opposé. Le 1 privilégie ses instincts, ses envies d'entreprendre et ne se soucie guère de la manière dont le 6 planifie à long terme ce qu'il veut entreprendre, ni des réserves qu'il émet en permanence. Le 1 peut considérer cela comme des atermoiements, une façon de pinailler bien inutile. Ici, le 6 aura beaucoup de difficultés à laisser de côté son désir de perfection pour foncer dans l'à peu près. Il a besoin de davantage de certitudes afin d'être irréprochable dans ce qu'il veut entreprendre ou faire. L'association demeure néanmoins possible si le 1 accepte et supporte la critique, et si le 6 accepte en retour, de reprendre à son compte et de terminer ce que le 1 a commencé.

Chemin de Vie 1 avec un Chemin de Vie 7

Heureux mélange très complémentaire, de deux natures animées par un feu sacré, pouvant se combiner aisément et harmonieusement. Le 1 créateur sera particulièrement bien secondé par un 7 qui n'en demandait pas tant, car il est lui-même souvent en quête d'un initiateur, d'une figure de proue. Le 1 écoutera les conseils avisés du 7 et ne verra aucun inconvénient à être secondé par une personne aussi perspicace, pertinente et profonde. Quant à ce 7, il a besoin de se projeter dans ses idéaux et dans les figures charismatiques que le 1, somme toute, peut naturellement représenter. Le 7 ayant énormément besoin d'être sûr dans ses engagements, des déceptions peuvent survenir si le 1 ne les respecte pas. Pour le 1, le 7 ne devra pas trop s'appesantir sur ses travers en les lui faisant ressortir en permanence. Un 7 qui n'éprouve plus d'admiration pour son partenaire 1 ira très aisément en chercher un autre.

Chemin de Vie 1 avec un Chemin de Vie 8

Tout ou rien. Les énergies peuvent être complémentaires, ou opposées, car tous deux recherchent le pouvoir, n'hésitant en aucune manière à employer les moyens nécessaires pour l'obtenir. Toutefois le chemin emprunté pour y parvenir est souvent très différent. Le 1 est diurne, il avance à découvert, fait clairement entendre ce qu'il veut faire, le 8 est nocturne, il n'a guère de scrupule à utiliser des moyens parfois peu recommandables pour arriver au même résultat. S'ils parviennent à trouver un terrain d'entente, ils formeront une équipe imbattable. En revanche, il y a confrontation directe s'ils ne respectent pas un pacte de non agression, ou si l'un ou l'autre cherche à faire ombrage. Quand il y a conflit, c'est que le 1 pense que le 8 a cherché à le spolier et/ou que le 8 a mal supporté le côté fanfaron, exubérant de son partenaire. Notons que notre 8 aura, au passage, une facilité pour en profiter quand même !

Chemin de Vie 1 avec un Chemin de Vie 9

Association où les deux protagonistes ne cherchent pas systématiquement à se nuire même s'ils ne se comprennent pas vraiment. Ils n'empruntent tout simplement pas le même chemin. Le 1 pense que seule sa force peut le conduire au succès et lui permettre de se réaliser, alors que le 9 est convaincu que ses aspirations, ses intuitions et la face cachée de la vie sont les seules références viables. Il n'y a ni animosité, ni confrontation, mais une conception diamétralement opposée sur la manière de conduire sa vie. Peuvent-ils s'entendre ? Oui. A condition que ni l'un, ni l'autre, et surtout pas le 1, ne cherche à imposer son style de vie. Quant au 9, il a suffisamment de prescience pour savoir que l'agitation perpétuelle et systématique du 1 n'est souvent qu'une course à la reconnaissance de son ego.

Préoccupation très éloignée de la nature ô combien empathique du 9 ! Par contre ce dernier devrait quand même s'inspirer de l'énergie déployée par le 1 pour initier, appliquer et concrétiser ses visions humanistes.

Chemin de Vie 1 avec un Chemin de Vie 11

L'association de ces deux nombres est empreinte d'éléments difficiles à gérer. Le 1 est le 1, avec tout ce qui le caractérise (l'esprit d'entreprise, de conquête, de réussite). Le 11 possède aussi ces qualités, car il est en quelque sorte un double ego, mais le tout peut être baigné d'émotivité en cas de sous-nombre 20 conjoint dans les calculs. Cela dit, la nature profonde du 11 est difficile à cerner car il cherche à transcender son cadre de vie, dans un domaine prioritairement collectif. Là encore, en fonction des sous-nombres (voir dernier chapitre), si le 2 est trop présent, c'est l'émotion qui risque d'être un trouble fête. Finalement, selon que l'on a à faire à un 11 « pur », l'association avec le 1 devient probable et fructueuse car ils trouveront facilement des centres d'intérêt communs, mais si le 2 incapable de gérer correctement ses émotions est trop présent, le 1 aura des difficultés à s'accommoder (voir 1 avec 2). Un 11 impulsif qui cherche à s'affranchir de ses limites avec une difficulté à canaliser ses champs émotionnels, ne sera pas vraiment apprécié par le 1, qui peut le trouver utopiste.

Chemin de Vie 1 avec un Chemin de Vie 22

L'association n'est pas de tout repos tant à cause de nombreux antagonismes que d'un mode de fonctionnement diamétralement opposé ! Et que dire de leur orgueil respectif ! Alors que le 1 cherche à défoncer les barrières, à agir dans l'instant, faisant peu cas des oppositions, son rustique partenaire construit à long terme ; le temps jouant pour lui, le 22 ne cherche en aucune manière à imposer de façon péremptoire ce qu'il tient pour vrai. Il n'en demeure pas moins que lui aussi veut être, à sa manière, maître de toutes les situations. Ceci n'est pas fait pour plaire à notre impulsif 1. Finalement, les deux recherchent le pouvoir, mais ils n'empruntent en aucune façon le même chemin pour y parvenir. A prime abord, ils risquent d'avoir beaucoup de difficulté à se comprendre, voire à s'estimer, il va leur falloir faire un effort considérable pour découvrir ce qu'ils peuvent s'apporter mutuellement. L'un l'énergie, la dynamique, l'autre l'efficacité à long terme, la construction méthodique, le juste positionnement et la structure.

Chemin de Vie 2

Une personne ayant un Chemin de Vie 2 recherche le bonheur en ménage, et plus largement dans le cercle familial ou ce qu'elle considère comme tel (parti politique, groupement, collectif). Elle accorde le plus souvent une importance particulière aux enfants, et plus généralement aux êtres sans défense (animaux) qu'elle cherche à protéger. Sensible à l'harmonie de son intérieur, ainsi qu'aux tenues vestimentaires et aux arts, elle est surtout sujette à une forme d'immaturité, car prisonnière de peurs irraisonnées, et parfois enfermée dans des inhibitions... Elle accepte plus facilement de se soumettre à un partenaire dès lors qu'il lui apporte ce qu'elle recherche le plus, à savoir la sécurité, la protection et un certain équilibre affectif. Elle n'hésite pas à se servir de ses charmes et de son magnétisme si cela s'avère nécessaire, ils font partie de ses atouts majeurs. Son psychisme est changeant, elle est lunatique, imprévisible, car sa nature profonde est soumise à une émotivité qu'elle n'arrive pas toujours à contrôler.

Tout au long de son existence, nombre de rencontres avec des personnes prêtes à l'aider se présenteront, lui permettant de dépasser ses faiblesses, de ne pas se laisser embraser comme un fétu de paille, de ne pas céder à ses sensibleries. Avec un Chemin de Vie 2, il y a une nécessité impérieuse de s'endurcir et de faire front à l'adversité, tout en dépassant son égoïsme naturel et parfois, un comportement infantile et capricieux.

Chemin de Vie 2 partagé

Cette association présage une vie calme, sereine et douce, qui peut se transformer en de véritables tempêtes si leurs émotions respectives sont mal contrôlées. Les vagues qu'ils cherchent constamment à contenir sont issues d'une envie quasi viscérale de ne pas rencontrer d'obstacles, ni d'être confrontés à la dure réalité de la vie. Il peut en résulter une capacité certaine à construire et à réaliser un environnement paisible, conforme à leurs aspirations. En revanche, ils risquent d'être incapables de se faire suffisamment violence si un grain de sable vient se loger dans les rouages. S'ils ne parviennent pas à exprimer franchement leur fond intérieur, à dépasser leur timidité naturelle, voire leurs inhibitions, ils pourraient se retrouver comme deux entités l'une à côté de l'autre dans l'incapacité d'échanger de façon raisonnée. Ce n'est qu'en poursuivant un but commun d'aide et de protection vis à vis d'autrui, en recueillant et en mettant en avant leur hospitalité, qu'ils pourront trouver une motivation suffisante pour dépasser le petit cadre dans lequel ils risquent de s'être enfermés.

Chemin de Vie 2 avec un Chemin de Vie 3

Il n'y a pas d'obstacle particulier à une entente harmonieuse entre ces deux nombres, car le 2 s'accommode assez facilement de la précision, de l'efficacité, de l'ordre et de l'organisation du 3. Ce dernier n'est pas insensible à la douceur et au désir d'harmonie que le 2 dispense généreusement. En s'appuyant sur une certaine méthodologie, le 3 aime dialoguer, communiquer, s'exprimer. Grâce à une oreille attentive et alerte, il peut apporter énormément au 2 en l'aidant à extérioriser ses émotions, sa nature profonde, voire aussi à la canaliser, tout en étant amusé par la nature infantile de ce partenaire. Il devra veiller à ne pas s'en moquer, même s'il le fait gentiment... Le 3 peut aussi s'avérer être un excellent porte-parole, ainsi qu'un protecteur du 2. Quant à ce dernier, il parviendra à canaliser et à stabiliser assez facilement l'imprévisibilité et l'impulsivité du 3, grâce à son côté maternel. En revanche, il y a un antagonisme très fort entre l'esprit casanier du 2 et l'envie de bouger du 3.

Chemin de Vie 2 avec un Chemin de Vie 4

Très bonne association sachant qu'ils sont très complémentaires. Le 4 apporte au 2 toute la sécurité matérielle et financière dont il a besoin, ainsi qu'une constance et une certaine tranquillité de vie que le 2 apprécie tout autant. Le 4 est très sensible aux qualités humaines du 2 découlant de sa profonde nature émotive.

Le 4 aime construire sur du solide, il aime les choses tangibles et concrètes, il ne cherche pas spécialement à faire de vagues. En aucune manière il ne voudra afficher ostensiblement ce qu'il décide de faire, pas plus qu'il n'aura envie de clamer haut et fort ce qu'il pense. Comme il a tendance à se livrer plus aisément dans un climat de confiance, entouré de personnes qu'il apprécie, le 2 est cette personne idéale. Ils devront quand même se garder de tomber dans un train-train un peu trop quotidien, une monotonie de vie qui pourrait finir, s'ils n'y prennent pas garde, à trop les couper du monde et de la société.

Chemin de Vie 2 avec un Chemin de Vie 5

Cette association est des plus curieuses. Ils vivent tellement dans des mondes différents qu'il leur est possible de passer l'un à côté de l'autre sans se voir. Il n'y a que le charme et le magnétisme envoûtant du 2 qui peuvent mettre un frein, momentanément, à la vie trépidante et exaltante du 5. Ce dernier a besoin d'explorer et de découvrir la terre entière, voire le cosmos alors que le 2 n'en a cure. Il est clair que celui-ci peut apporter énormément au 5 en tempérant ses élans et sa nervosité, en calmant un peu ses excès. Le 5 quant à lui aura tendance à vouloir bousculer ce 2, le trouvant un peu trop casanier et pas suffisamment tourné vers l'extérieur. Que dire de cette relation si particulière ? Ni l'un ni l'autre ne cherche à se nuire, mais il faut reconnaître que la vie risque de les amener à prendre des directions différentes.

Chemin de Vie 2 avec un Chemin de Vie 6

Collaboration particulièrement positive grâce à une véritable complémentarité. Les deux font tout pour se créer un environnement favorable et harmonieux. Ils sont attentionnés et prévenants l'un vis à vis de l'autre, ne cherchant nullement à détruire leur relation. Ce 6 qui place très haut l'envie d'avoir une vie affective et amoureuse, trouve chez le 2 un partenaire capable de lui rendre la douceur et la compréhension dont il a besoin. En retour, ce 2 apprécie énormément ce 6 dévoué à sa cause, proche de sa nature émotive, capable de le stimuler, de lui faire prendre goût à la vie, voire même de le sortir et de lui faire découvrir d'autres horizons. Le 6 possède un sens critique très prononcé, ainsi qu'une capacité aiguë à découvrir les détails qui clochent, lui permettant de psychanalyser aisément son partenaire. Il devra toutefois veiller à ne pas être que jugement. Quant au 2, il serait bien avisé de faire tout de même un effort afin de ne pas s'offusquer systématiquement de certaines remarques du 6 qu'il juge désobligeantes. De manière directe ou indirecte, le 2 aura au moins le mérite d'aider le 6 à davantage exprimer ses émotions, afin de le sortir de son mental excessif.

Chemin de Vie 2 avec un Chemin de Vie 7

Cette association peut être très bénéfique car tout en étant foncièrement différents, ils ont un mode de fonctionnement similaire. A leur manière, ils ont tous deux une imagination très fertile. Le 2 est introverti, il cherche à protéger sa personne, son environnement immédiat et son « home ». Discret, le 7 est également très attaché à ses proches, ainsi qu'à son cadre de vie, mais les deux n'empruntent pas le même chemin pour trouver cet équilibre. Le 2 intimiste et cocoonant va préserver ses acquis, ne cherchant pas systématiquement à se confronter à ce qu'il ne maîtrise pas, et encore moins à se battre. Ce n'est pas le cas du 7 qui, tout en ayant exactement les mêmes besoins que le 2, ne reculera pas devant une éventuelle confrontation, voire un véritable combat si cela s'avère nécessaire. Le 7 aime par ailleurs avoir un grenier à grains bien rempli, le 2 aussi. Tous deux poursuivent donc le même but, le 7 faisant figure d'excellent protecteur pour le 2, ce dernier lui retournant toute la douceur et l'affectivité dont il a tant besoin.

Chemin de Vie 2 avec un Chemin de Vie 8

Cette combinaison hétéroclite n'est pas si opposée que cela en apparence. Notre 8 complexe, imprévisible, impalpable et mystérieux peut très facilement s'accommoder d'un 2, car en aucune manière il ne verra en lui un quelconque adversaire, bien au contraire, il percevra une personne qu'il peut facilement modeler à son goût. Le 8 recherche le pouvoir, l'argent, il est doté d'une très grande force intérieure, il peut assez facilement faire front à l'adversité si le besoin s'en fait sentir, il n'hésitera pas à satisfaire les besoins essentiels du 2. Ce dernier risque quand même de mettre longtemps à découvrir qui est vraiment ce 8, ce n'est d'ailleurs pas sa préoccupation première. Attention, ils sont tous deux sont naïfs et crédules au point d'être pris à leur propre jeu, en tombant dans le piège qu'ils se sont mutuellement tendus. Cela dit, le 2 peut seconder d'une manière très efficace ce compagnon, dans sa capacité à obtenir par tous les moyens ce dont il a besoin. En retour, le 8 saura faire découvrir et explorer des mondes nouveaux, parfois mystérieux, à son partenaire qui a soif d'explorations dès lors qu'elles nourrissent son imaginaire. Qui plus est, le 8 grâce à sa générosité naturelle, est tout disposé à céder aux caprices et aux exigences du 2.

Chemin de Vie 2 avec un Chemin de Vie 9

Collaboration pacifique, douce, tranquille. Ils ne cherchent pas à se faire de l'ombre. Ce sont deux personnes sensibles, animées de bonnes intentions, mais autant le 2 est proche de ses aspirations, de ses envies, de ses exigences, de ses caprices, autant le 9 a des vues humanistes qui vont bien au delà du petit cadre de vie restreint de son partenaire. Ce dernier cherche à se prémunir des conditions difficiles de la vie, à s'extraire de tout ce qui peut entraver son cadre agréable, alors que ce n'est pas la préoccupation première du 9. Cette relation peut être positive, mais le 9 aura tendance à vouloir fuir les intransigeances capricieuses (ou ce qu'il considère comme telles) du 2. En pareilles circonstances, il a parfois la manie de ne pas exprimer son mécontentement ou son exaspération. En fait, l'univers dans lequel le 9 évolue est difficilement perceptible en général, et ce n'est pas le 2 avec son côté parfois égoïste qui peut le comprendre. Donc, tous les deux auront besoin de faire un effort réel pour échanger et communiquer. L'un en modérant ses émotions, l'autre en redescendant sur terre.

Chemin de Vie 2 avec un Chemin de Vie 11

Dans le cas d'un 2 et d'un 11/2, cette association présage plutôt d'une vie calme, sereine et douce pouvant néanmoins se transformer en de véritables tempêtes si leurs émotions respectives sont mal contrôlées. Comme deux chemins de vie 2 ensemble, s'ils ne parviennent pas à exprimer franchement leur fond intérieur, à dépasser leur timidité naturelle, voire leurs inhibitions, ils pourraient se retrouver telles deux entités l'une à côté de l'autre dans l'incapacité d'échanger, surtout si le 11/2 ne parvient pas à canaliser ses trop fortes émotions, ni à s'extraire d'un environnement qu'il juge parfois trop restreint, voire étouffant. Ce n'est qu'en poursuivant un but commun d'aide et de protection vis à vis d'autrui, en recueillant et en mettant en avant leur hospitalité, qu'ils pourront trouver une motivation suffisante pour dépasser le petit cadre dans lequel ils risquent de s'être enfermés.

En présence d'un « pur » 11, les vagues que le 2 cherche pourtant constamment à contenir, ses champs émotionnels issus de son envie quasi viscérale de ne pas rencontrer d'obstacles, ni d'être confronté à la dure réalité de la vie, ont tendance à alimenter le vent propice aux tempêtes. Ce n'est pas dans la nature profonde du 11 de s'apitoyer sans cesse. Il peut en résulter une incapacité à vivre un long fleuve tranquille, même s'ils ont des aspirations communes. Le 2 aura plus de difficulté à s'extraire de son cadre habituel, alors que le 11 voudra faire exploser barrières et limites. Pourtant, tous les deux aspirent à un environnement conforme à leur nature profonde, c'est à dire, à vivre en bonne entente avec leurs proches, mais leurs chemins pour y parvenir divergent. Le 11 étant beaucoup plus extraverti et téméraire que le 2. Il est vrai que sous son aspect conciliant et affable, le 11 est tout de même très imprévisible.

Chemin de Vie 2 avec un Chemin de Vie 22

Malgré un mode de fonctionnement opposé, l'association peut s'avérer très bénéfique et constructive. Le 22 poursuit inlassablement ce qu'il veut entreprendre sans jamais se laisser distraire de ses objectifs. Il sait que le temps joue pour lui. Il a acquis la confiance et la constance nécessaires pour maîtriser sa vie. Solide de nature, endurant, voire rustique, il ne se laisse pas si facilement que cela démonter par l'adversité. Il n'en fallait pas moins à un 2 qui a tant besoin de protection et d'aide, avec un petit bémol toutefois. Autant le 2 est émotif, expressif, emporté, capricieux, autant le 22 est carrément l'opposé. Il faudra donc que le 22 fasse un effort pour exprimer sa véritable nature profonde, chose qui n'est pas innée chez lui. Il devra se détacher d'un trop plein de sérieux, se montrer moins pontifiant et ne pas céder à un certain pessimisme qui parfois l'envahit, afin d'épouser l'excentricité du 2. Ainsi, à son contact, le 2 gagnera en assurance et en sagesse. S'ils parviennent à se rejoindre à mi chemin dans cette opposition, ils arriveront à se construire un cadre de vie agréable et sécurisant. La proximité de la nature leur est conseillée.

Chemin de Vie 3

Une personne ayant un Chemin de Vie 3 se caractérise par un esprit ouvert, critique, voire sceptique. Elle recherche le contact, la communication et se montre souvent disponible. Elle se montre utile et dévouée, surtout lorsque les circonstances l'exigent. Son énergie créatrice est particulièrement exacerbée lorsqu'il y a émulation, recherche de la compétitivité, défi à relever.

Cette personne agit la plupart du temps de façon réfléchie, en prévoyant les conséquences de ses actes. Elle a un très grand sens de l'organisation, parfois quasi militaire. Ses talents d'organisateur font merveille, elle n'a pas son pareil pour entraîner les autres dans son sillage. Il n'empêche, elle peut aussi afficher un esprit juvénile et se laisser aller à une certaine excentricité. Sous couvert de dialogues incessants, par pudeur ou par crainte, elle cherche avant tout à masquer sa véritable nature profonde, ses imperfections corporelles, voire ses travers.

Un humour parfois caustique l'anime. Elle aime tout ce qui touche aux études, à la connaissance. Elle devra surtout se garder d'être trop superficiel et/ou trop synthétique. Un esprit trop critique, trop tourné vers la rhétorique ou la joute verbale est un piège que le Chemin de Vie 3 devra s'efforcer d'éviter. Son besoin de comparer, d'analyser, d'étudier, de disséquer est légitime pour peu que cela ne devienne pas une religion.

Les relations avec la fratrie et les enfants jouent souvent, bon gré, mal gré, un rôle important dans son cheminement. Par ailleurs, le plus gros travail qu'elle ait à faire sur elle-même est d'apprendre à se détendre et à se libérer des contraintes et des responsabilités, que bien souvent elle-seule s'impose et croit devoir assumer. Cela dit, une nature adolescente vit à l'intérieur de cette personne, à elle de la laisser s'exprimer ! A ce titre le sport est un bon exutoire pour la « décérébraliser », lui permettant ainsi de se relâcher.

Chemin de Vie 3 partagé

Nous avons affaire à deux doubles personnages. Deux aspects sont à considérer, parfois diamétralement opposés. L'un est insouciant, juvénile, libertaire alors que l'autre est beaucoup plus enclin à tout analyser et structurer. Selon que l'un ou l'autre domine, cette association peut créer un parfait binôme d'adolescents immatures ou d'intellectuels cherchant en permanence à structurer leur vie commune à partir de leurs analyses. Il est clair que ce mariage sera axé sur les échanges, le dialogue, la communication, l'envie de partager leurs visions du monde et du couple. Ce genre de challenge n'est pas de tout repos pour ceux qui les côtoient, mais pour eux, rien de plus naturel. Ils peuvent s'apporter énormément, mais cette union laisse peu de place à l'expression de la véritable nature biologique de l'humain. En d'autres termes, il peut s'agir de deux êtres asexués. Tant qu'ils trouvent matière à discussion tout va bien, sinon...

Chemin de Vie 3 avec un Chemin de Vie 4

Tout n'est pas gagné dans cette association pour le moins hétéroclite, car les deux protagonistes ont un mode de fonctionnement diamétralement opposé. Le 3 est un cérébral analytique qui s'oppose violemment au pragmatisme et au mutisme de notre 4. Ce dernier a besoin de choses concrètes, établies, il n'a cure des incessantes hypothèses et recommandations que le 3 dispense à tous vents en permanence. Pour le moins, notre 4 risque d'être agacé, voire irrité, si ce n'est profondément perturbé, par ce type de comportements. Quant au 3 qui cherche l'échange et la communication, il ne trouvera pas son compte en compagnie d'un 4. Un 3 peut néanmoins devenir un excellent porte-parole d'un 4 à condition qu'il ait bien compris ce que celui-ci est en train d'élaborer ou de construire. Quant au 4, il peut tout aussi bien s'inspirer des idées pertinentes du 3. Il n'y a que la nervosité de ce dernier, issue d'un mental sans cesse en activité, qui indispose notre 4, l'empêchant de jouir de la tranquillité et de la paix dont il a tant besoin. Inversement, l'apparente lenteur et placidité du 4 a tendance à exaspérer le 3. Ce dernier privilégie l'action rapide alors que le 4 privilégie les réalisations tranquilles.

Chemin de Vie 3 avec un Chemin de Vie 5

Dans cette association loin d'être de tout repos, un terrain d'entente peut être trouvé. Certes, le 3 est un critique parfois avisé, qui n'hésite nullement à manifester sa désapprobation vis à vis d'un 5 anticonformiste et indépendant. Malgré tout, ce 3 qui possède un petit côté aventurier attiré par la découverte et aimant relever des défis, sera assez facilement stimulé par le 5, qui lui, passe son temps à explorer de nouveaux horizons. Cependant, le 3 n'hésitera en aucune manière à souligner le manque apparent de constance et de suivi du 5 dans sa façon de suivre ses objectifs, car il le trouve parfois trop versatile et/ou un tantinet trop utopiste à son goût. En retour le 5 sera souvent agacé par les critiques formulées par ce 3, il aura la sensation réelle ou imaginaire que ce dernier entrave sa libre expression. S'ils trouvent un but commun leur permettant d'unifier leurs efforts dans une même direction afin de croquer le monde, tout ira pour le mieux, sinon des confrontations, parfois violentes, sont à craindre. Ceci dit, les deux sont intelligents, ils sont conscients que la confrontation directe n'est pas une fin en soi, et qu'un consensus peut leur permettre d'harmoniser leur relation. Dans son mode de communication, le 3 peut être énormément stimulant s'il est positif, dans le cas contraire, il devient totalement paralysant. Auquel cas, son compagnon 5 qui ne s'embarrasse pas toujours de détails, pourrait bien choisir de tout expédier aux quatre vents.

Chemin de Vie 3 avec un Chemin de Vie 6

Il n'y a pas de forte opposition entre ces deux personnes car peu ou prou, ils se ressemblent, en dépit d'un mode fonctionnement différent. Le 6 ne voit aucun inconvénient à écouter les bons conseils d'un 3, à suivre ses principes de vie et même à composer avec son sens de l'organisation, puisque lui-aussi aime l'ordre et le rangement. Tout ce qui touche à la communication et aux échanges entre eux est privilégié, le 6 amenant un peu plus d'humanité au 3, tout en étant parfois dépendant à cause de son affectivité prononcée. En revanche, l'éternelle quête de perfection du 6 risque de mal s'accommoder avec les critiques du 3, d'autant plus qu'aux yeux du 6, le 3 peut apparaître manquant de profondeur dans ses analyses, et en décalage entre le discours et l'application. Un comble car le 3 est lui-même un perfectionniste, mais qui a moins de constance que le 6 dans la réalisation ! Il leur est néanmoins possible de trouver un terrain d'entente, à condition que le 3 accepte de minimiser ses critiques en agissant davantage sur le terrain, comme sait si bien le faire son compagnon 6. Celui-ci, malgré son amour immodéré pour l'ordre, le détail et les choses bien faites, possède un certain pragmatisme et ne se formalise pas outre mesure des agitations verbales de du 3. Finalement, c'est bien le 3 qui devra accepter d'avoir trouvé son maître dans son domaine de prédilection, celui de la perfection.

Chemin de Vie 3 avec un Chemin de Vie 7

Dans ce style de figures, tout ce qui relève de la communication et de l'enseignement est privilégié en dépit de leurs modes de fonctionnement diamétralement opposés. Le 3 possède une spontanéité pour émettre ses critiques et ses idées, parfois de façon superficielle ou trop synthétique, tandis que le 7, lui, cherche plutôt à imposer des points de vue profonds, ciblés et étayés. Il refuse les jugements à l'emporte pièce. La légendaire introspection du 7, son sens de l'observation, sa capacité à voir les défauts de l'armure sont en totale opposition avec la cérébralité du 3. Le 7 cherche à contrôler, à manipuler, à posséder ce qu'il convoite, en aucune façon, il ne dévoile ses stratégies, le 3 fait l'inverse !

Les deux sont curieux de tout, friands de nouveautés, la collaboration est donc possible. Le 3 peut s'avérer être un excellent porte-parole du 7. L'ordre, le rangement, l'efficacité sont des valeurs partagées. Le 7 a toujours une longueur d'avance sur le 3 grâce à son esprit inquisiteur et calculateur. Les deux de concert peuvent s'apporter énormément et profiter d'une vie bien remplie. Le 7 est en mesure de concrétiser les idées du 3. Toutefois l'introversion et l'apparente absence du 7 peuvent agacer prodigieusement notre 3 extraverti. Créativité prolifique.

Chemin de Vie 3 avec un Chemin de Vie 8

Un abîme sépare ces deux natures car ils ne vivent pas dans le même monde. Le besoin de communication du 3 n'est pas du goût du 8, ce dernier ne cherchant pas systématiquement à dialoguer. Est-ce que le 3 saura découvrir le monde mystérieux du 8 ? Malgré sa légendaire perspicacité, saura-t-il percer les véritables motivations de son partenaire ? Essayer de marier le jour et la nuit n'est pas une mince affaire, c'est un sacré challenge, surtout pour ce 3 qui aime les relever. Le 8 s'accommode mal de l'agitation, de la nervosité, voire de l'irritabilité du 3, car il n'aime pas ce qui est surfait, ni ce qui trouble sa tranquillité et l'oblige à se dévoiler. Quant au 3, il a tendance à trouver ce 8 en apparence bien éloigné des responsabilités quotidiennes. Le 8 souvent sûr de sa force et de ses capacités, ne cherche pas à s'embarrasser avec les détails, il n'est pas outre mesure inquiété par les soucis de la vie, alors que ce sont les préoccupations premières du 3. Une collaboration est néanmoins possible si le 3 daigne comprendre et accepter que l'univers du 8 est impalpable. Quant à ce dernier, il devra faire un réel effort pour dialoguer et s'aligner sur les principes et préceptes de vie du 3, sans quoi ils risqueraient de marcher côte à côte sans se voir.

Chemin de Vie 3 avec un Chemin de Vie 9

Ce mariage est possible car le 9, doté de sa légendaire empathie et diplomatie, est plus que quiconque capable de comprendre et d'accepter la critique, ainsi que le flot de paroles déversé par un 3. Cela dit, l'univers du 9 étant plus axé sur le méditatif, la contemplation, le ressenti, il ne s'offusque pas outre mesure si son environnement n'est pas conforme à ses souhaits, ce qui n'est absolument pas le cas du 3. Et puis le 9 ne cherche pas systématiquement à bousculer son partenaire, alors que le 3 oui ! Ce dernier risque d'être souvent exaspéré par l'apparente docilité et le côté lymphatique du 9. Il n'en demeure pas moins qu'ils sont intéressés par le psychisme et le cognitif, et sont tous les deux disposés à se rendre service. Le 9 ne voit pas d'inconvénient à laisser le 3 organiser sa vie et son environnement. Quant au 3, il a trouvé le partenaire idéal qu'il peut conseiller, modeler et encourager à sa guise. Mais n'oublions pas que le 9 est un poète, un troubadour, un sentimental, un rêveur et que tout ceci ne s'accorde pas toujours avec le rationalisme du 3. Adepte de la non violence, le 9 est de nature timorée, voire peureuse, alors que le 3 aime les défis et les challenges.

Chemin de Vie 3 avec un Chemin de Vie 11

Le partenariat peut être très positif. Les deux peuvent s'encourager et se stimuler car ils ont en commun un esprit de compétition, une envie de se réaliser et d'atteindre leurs objectifs. Il est clair que les moyens pour y parvenir ne sont pas les mêmes, sans être pour autant antinomiques. Les deux sont communicatifs, aiment exprimer leurs états d'âme, faire valoir leurs droits, s'imposer. Le 3 cherche à s'exprimer, à organiser, à dévoiler la manière dont il va poursuivre ses buts. Le 11 n'étant pas indifférent à ce mode de fonctionnement, il est plus enclin à faire cavalier seul, faisant passer ses desiderata avant ceux de l'autre. L'association n'est tout de même pas des plus reposantes car de nombreux conflits peuvent surgir. Nous avons à faire à deux fortes personnalités. Ce dont le 11 aura le plus à souffrir auprès d'un 3, c'est un manque certain de reconnaissance. Notre 11 est tout de même égocentrique et s'accommode assez difficilement du sens critique du 3. Cela dit, ce dernier n'éprouve aucune difficulté à suppléer les initiatives de son partenaire, voire de les épauler si bien entendu ces initiatives vont dans le sens du bien commun. Le 3 est parfois un peu trop terre à terre, en opposition au 11, qui lui, détient une certaine dose d'utopie qui le motive.

Note : Si dans les différents sous-nombres du chemin de vie 11, il y a un 20 voir aussi l'aspect Chemin de Vie 2/Chemin de Vie 3.

Chemin de Vie 3 avec un Chemin de Vie 22

L'association est particulièrement favorable car tous deux cherchent à concrétiser leurs objectifs, même si le 3 peut paraître tout de même un peu agité pour un 22. Ce dernier aime construire et se construire à long terme, le temps jouant en sa faveur. Tout ce qui touche à l'autorité pleine et entière fait partie de sa nature profonde, et il n'aura aucun mal à imposer sa force de caractère. Même les critiques et les avis contradictoires d'un 3 peuvent le laisser de marbre. Le 3 trouve ici une présence rassurante et solide en laquelle il pourra mettre toute sa confiance. Ce 3 soucieux a besoin d'être rassuré et de vivre dans un climat de confiance, le 22 par sa stature peut aisément lui procurer. Les deux aiment dominer mais leur mode de fonctionnement est diamétralement opposé. Le 3 use de la parole et de la communication là où le 22 s'exécute. A ses côtés, le 3 beaucoup moins agité et inquiet, parviendra davantage à se stabiliser. Il ne verra que des avantages à suppléer, aider, participer aux actions constructives du 22, il peut être son porte-parole ainsi que son stratège. Quant au 22, beaucoup moins sensible à la critique et à une quelconque agitation en général, il ne sera pas outre mesure dérangé par notre volubile 3. Ce couple peut cependant manquer de gaieté, d'entrain et de joie de vivre.

Note : Le Chemin de Vie strictement 22 est rare. Il est fréquent de trouver des sous-nombres renvoyant à un 4 dans les différents calculs du Chemin de Vie. Dans ce cas, voir aussi Chemin de Vie 4 et Chemin de Vie 3.

Chemin de Vie 4

Une personne ayant un Chemin de Vie 4 base principalement sa vie sur la régularité, l'efficacité et la constance, dans tout ce qui concerne les domaines socioprofessionnels. Tout ce qu'elle entreprend doit impérativement avoir des retombées concrètes et revêtir une dimension palpable, bref, tout ce qui est aux antipodes des chimères et de l'imaginaire. Tout ceci ne veut pas dire qu'un 4 n'aime pas rêver, mais cela ne doit en aucune manière occulter le bon sens et le pragmatisme. Il aime avant tout la sécurité, il cherche à se protéger d'éventuels coups durs du destin par l'acquisition et la conservation de tout ce qui est essentiel à sa vie, et pour y parvenir, il est tout disposé à fournir de très grands efforts. Les atermoiements, les remises en question, les obstacles ne perturbent pas plus que cela cette personne. Elle considère que le temps joue pour elle, et que grâce à son opiniâtreté, ce qui n'est pas fait aujourd'hui se fera de toutes les manières un jour.

Il est clair qu'un 4 fait tout pour ne rien perdre de ses acquis, et qu'il peut parfois, voire souvent, se montrer trop matérialiste. Cet aspect de sa nature profonde l'incite à ruminer, à ressasser des scénarios, ce qui a pour effet de le couper de son environnement et/ou de ses proches.

Tout ce qui touche au patrimoine héréditaire, aussi bien sur le plan matériel que celui des ascendants, revêt une importance toute particulière à ses yeux. Au cours de sa feuille de route, il devra apprendre à se soustraire du poids que représente justement cette ascendance, en cherchant à rompre avec les schémas transgénérationnels qui, en définitive, ne lui appartiennent pas. Les 4 s'incarnent pour comprendre qu'ils ne sont pas coupables de ce qui s'est produit avant eux. Se laissant très facilement absorber par une routine confortable, le 4 rencontre parfois de réelles difficultés à élargir ses horizons. Malgré son goût prononcé pour le travail, il lui arrive de se laisser baigner par une douce torpeur, une envie de ne rien faire. Ce 4 devra apprendre à être plus gai, plus jovial, plus léger, à rechercher le contact, à se détendre. Il supporte difficilement les gens nerveux, trop volubiles, les brasseurs d'air envahissants, bref tout ce qui vient troubler sa quiétude. Il devra surmonter sa nature possessive et jalouse.

Chemin de Vie 4 partagé

Il n'y a pas d'opposition flagrante entre les deux, mais la vie risque d'être très monotone. En basant principalement leur existence sur le travail et l'acquisition de biens, tous deux cherchent avant tout à se protéger de tout et de rien. Ils sont mus par une certaine régularité propice à s'installer dans un train-train quotidien, car ils recherchent le confort et la tranquillité. Ce sont leurs proches qui risquent de trouver cet embourgeoisement un peu trop lisse. Tant qu'ils ont un but commun, tout va bien, grâce à leur nature placide et tranquille, peu de conflits pointeront à l'horizon. Toutefois, des problèmes d'ordre matériel peuvent se présenter avec force, si l'un des deux protagonistes a l'impression que l'autre cherche à lui prendre ce qu'il possède. Malgré leur nature pudique, les rapports amoureux et la sensualité sont au rendez-vous, leur permettant d'avoir une vie sexuelle très riche.

Chemin de Vie 4 avec un Chemin de Vie 5

Dans ce cas de figure, la vie tourbillonnante du 5 risque un tantinet de bousculer les habitudes du 4, de troubler sa légendaire tranquillité et au final, de l'agacer profondément. Pourtant, cet aspect des choses n'est pas pour totalement déplaire à un 4, car cela pimente un peu sa vie. Mais point trop n'en faut quand même ! De son côté le 5 ne se formalise pas plus que cela de l'image statique de son partenaire, cela pourrait même l'amener à se stabiliser et se calmer. C'est au niveau des projets que les choses peuvent poser problème. L'esprit aventureux du 5 ne cadre pas du tout avec celui du 4. Ils devront faire de réels efforts pour accorder leur violon, le 5 calmant ses ardeurs et ses impulsions, le 4 acceptant de bousculer un tant soit peu ses habitudes, en ne s'effrayant pas outre mesure s'il a l'impression de perdre pied et/ou de ne plus retrouver ses marques et ses repères. C'est grâce au dialogue qu'une harmonisation est possible. Le 4 est très lent à comprendre les tenants et aboutissants de chaque situation, ce qui n'est en aucune manière le cas du 5. Ce dernier devra en retour accepter de canaliser son impatience, en prenant le temps qu'il faut pour que notre 4 comprenne. Il y a une très forte opposition entre le matérialisme du 4 et la désinvolture apparente, ainsi que la versatilité du 5.

Chemin de Vie 4 avec un Chemin de Vie 6

Cette forme de collaboration est positive, enrichissante et viable sur le long terme. Il n'y a pas d'opposition flagrante entre ces deux natures profondes car toutes deux cherchent la constance, l'efficacité et la régularité. Mariage parfait entre un 4 privilégiant son confort de vie que le 6 peut lui magnifier, et un 6 qui ne dédaigne en aucune manière la stabilité et la paix qu'un 4 possède naturellement. Le 6 appréciera tout particulièrement la douceur et la capacité d'accroissement matériel inhérentes au 4, car lui-même cherche à obtenir un cadre de vie agréable. L'esprit critique du 6 risque d'être moins acerbe que de coutume, car l'inertie légendaire de son compagnon absorbe très facilement ce qui est corrosif. En effet, grâce à cette apparente forme d'indolence, le 4 dispose d'une capacité hors norme à laisser glisser les contrariétés comme l'eau sur les plumes d'un canard. Le 4 trouvera chez le 6 une oreille attentive, un bon conseiller. Pour parfaire cette association, notre 6, parfois un peu trop cérébral, devra se laisser absorber par la sensualité du 4.

Chemin de Vie 4 avec un Chemin de Vie 7

Le 7 est un idéaliste animé par une foi profonde. Il cherche à faire en sorte que ce qu'il entreprend soit conforme à ses visions. Il tient avant tout à œuvrer pour le bien de tous, et au minimum, celui des siens. Il est attaché à la réussite, à l'acquisition de biens matériels, voire à l'aisance financière. Tout ceci ne déplaît en aucune manière à son partenaire qui perçoit aisément ce qu'il peut lui apporter de concret et de protecteur dans sa vie au quotidien. Le 7, malgré une forme d'indépendance très prononcée, avec souvent une envie de n'en faire qu'à sa tête et/ou d'avoir les coudées franches, appréciera chez le 4, la stabilité, la tranquillité, la paix et la douceur. Le 4 est très rassurant car prévisible, surtout pour cet inquisiteur de 7 qui s'interroge constamment sur les motivations profondes de ceux qui l'entourent (il a tellement besoin de savoir s'il doit ou non leur faire confiance). Ce mariage est lucratif et positif si tous deux font quand même quelques efforts de communication, et si le 7 ne prend pas la lubie de partir dans une quelconque croisade, très loin du périmètre restreint qui suffit amplement au 4. C'est une association fructueuse.

Chemin de Vie 4 avec un Chemin de Vie 8

Cette association est avant tout composée de deux natures diamétralement opposées. Malgré des objectifs communs quant à la jouissance et l'acquisition de biens, le plaisir éprouvé à consommer les délices que la Terre peut offrir, les moyens employés pour y parvenir sont totalement différents. Le 4 cherche à obtenir patiemment ce qu'il convoite et ce qui le rassure, alors que notre 8 utilise tout ce qui lui tombe sous la main et ce, d'une manière parfois éhontée, pour obtenir ce qui l'attire. Tous deux sont convaincus que l'aisance matérielle doit faire partie de la vie de tout à chacun, même si c'est un principe premier qu'ils appliquent d'abord à eux-mêmes.

Toutefois, l'abîme profond qui peut les séparer provient en grande partie d'une incapacité du 4 à comprendre l'univers, souvent caché, de son partenaire. Ceci est souvent la conséquence de sa pudeur naturelle, qui l'empêche de trop s'épandre sur la cachotterie innée du 8. Ce dernier s'accorde très aisément avec un 4 prévisible et parfois trop réservé, alors que le 4 ne saura peut-être jamais qui est réellement ce 8, avec lequel il partage une tranche de vie. Il est clair que le 8, non conformiste, aura tendance à bousculer les habitudes du 4, ce qui en soi n'est pas une mauvaise chose. Le 4 apportera à son partenaire l'amour du travail au quotidien, la persévérance et le goût de l'ouvrage fini.

Chemin de Vie 4 avec un Chemin de Vie 9

Association douce et agréable de deux natures profondes ne cherchant en aucune manière à se nuire. Empreints de tranquillité, de douceur et de paix, tous deux s'emploient à se créer un univers harmonieux, de manière à se protéger des vicissitudes de la vie. L'opiniâtre 4 apporte beaucoup de constance, d'assiduité et de ténacité à notre 9 parfois évaporé et éloigné des préoccupations du quotidien. Notre 4 aura tout de même fort à faire avec un 9 cherchant sans cesse à s'extraire de la réalité et des contraintes de la vie. Il lui faudra user de sa patience légendaire pour parvenir à ses fins. Cela dit, le 9 ne voit aucun inconvénient à être accompagné et soutenu d'une manière douce, sa forte empathie lui permettant aisément de savoir ce que lui veut son compagnon. Il est clair que les objectifs de ces deux protagonistes peuvent être très éloignés, l'un privilégiant le concret, l'autre l'à peu près. Par ailleurs, ils sont animés par un même désir de discrétion. Eloignés du bruit qu'ils ne supportent ni l'un, ni l'autre, s'ils ne s'enfoncent pas dans une profonde léthargie, ils pourront mener à terme, main dans la main, des objectifs souvent humanistes. La musique, la décoration, l'embellissement, l'art en général sont des domaines et valeurs partagés.

Chemin de Vie 4 avec un Chemin de Vie 11

Association de deux natures diamétralement opposées, sauf si le 11 est accompagné du sous-nombre 20. Le 4, qui cherche par dessus tout à privilégier sa tranquillité et sa quiétude, risque d'être fortement bousculé par un 11 trop entreprenant et actif. Leur manière de voir la vie et leur capacité à concrétiser ne sont pas mus par le même moteur. La vision créatrice du 4 à long terme se heurte souvent à l'impulsivité d'un 11 qui veut tout, tout de suite. Ce dernier risque d'être très agacé par le manque de réactivité apparent du 4, ne comprenant pas pourquoi il remet aux calendes grecques ce qui peut être fait aujourd'hui. Ce n'est donc pas une collaboration des plus fructueuses, chacun risquant de passer à côté de l'autre sans le voir. Par la force des choses, le 11 devra se montrer beaucoup plus patient, en acceptant que le temps fasse son œuvre. En retour, le 4 tout de même séduit par l'esprit d'initiative et de conquête du 11, ne se formalisera pas outre mesure, et continuera son petit bonhomme de chemin. Ils se verront par épisodes.

Note : en présence du sous-nombre 20 pour le 11, l'association sera beaucoup plus douce, le 2 (2+0) tempérant le 11 (voir Chemins de Vie 2 et 4).

Chemin de Vie 4 avec un Chemin de Vie 22

Chacun étant animé d'une réelle intention de bien faire, chacun attachant une très grande importance au confort et à la vie matérielle, ils ne verront aucun inconvénient à s'entraider. Tout ce qui se construit à long terme ne les effraie pas outre mesure, bien au contraire. Le 22 beaucoup plus solide, rarement déstabilisé par l'âpreté de la vie, a tout simplement la capacité naturelle d'apporter la confiance, en prêtant son épaule sur laquelle le 4 viendra s'appuyer. Ce dernier risque toutefois de se plaindre un tantinet du manque de délicatesse, de sensualité, de douceur, qualités qui ne sont pas la marque première du 22. Par ailleurs, les ambitions et les objectifs auxquels le 22 est particulièrement attaché, peuvent poser problème dans cette association, car ils ont tendance à l'éloigner de son cadre de vie, au sens propre comme au sens figuré. Du coup, le 4 recherche attention et prévenance auprès de son compagnon 22 qui, trop préoccupé par ses affaires, ne peut lui accorder. Le 4 partagé entre son désir de relation quasi charnelle et son besoin de sécurité, devra s'efforcer de composer. Quant au 22, il appréciera tout particulièrement un 4 qui peut l'extraire de son cadre parfois trop rigide. Il ne faut pas s'attendre à des confrontations ouvertes sous cet aspect.

Note : Il est peu fréquent de trouver un Chemin de Vie complètement 4 ou 22. Il y a souvent présence d'un sous-nombre 22 derrière un Chemin de Vie 4. Dans ce cas, il faut faire une synthèse avec ce qui est dit du rapport entre deux Chemins de Vie 4.

Chemin de Vie 5

Une personne ayant un Chemin de Vie 5 est de nature ouverte, exaltée et entraînante. Dotée d'un bel optimisme, rien ne l'effraie, ou pas grand-chose, car elle est souvent inconsciente du danger. Elle cherche à repousser ses limites, à les dépasser, et à s'affranchir de tout ce qui bloque, restreint, freine, décourage. Ouverte au dialogue, à la nouveauté, à l'exploration de toutes sortes de domaines, elle n'a de cesse de se créer de nouvelles aventures lui permettant de s'extraire d'un quotidien qui peut lui sembler pesant. Très utopiste, elle préfère par dessus tout son monde de liberté et d'indépendance. Parfois trop agitée, son excitabilité peut la rendre colérique, explosive, intransigeante, expéditive. Elle devra apprendre la patience qui n'est pas une vertu première chez elle, afin d'être plus à l'écoute des autres. Ce n'est pas tant qu'elle manque d'altruisme ou qu'elle ne soit pas dotée d'un bel humanisme, bien au contraire. Ce qui pêche le plus dans sa rapidité d'esprit à capter ce que les autres expriment, c'est qu'elle croit avoir tout compris, sans tenir compte des tenants et aboutissants de chaque situation.

Révoltée, parfois révolutionnaire, il est clair qu'elle dynamise très facilement son entourage, surtout lorsqu'elle se sent utile à ceux qui l'entourent. Le paradoxe, c'est qu'elle aime beaucoup remuer les autres pour les motiver, alors qu'elle-même n'aime pas être bousculée par surprise, elle devrait donc s'efforcer d'apprendre à ne pas faire aux autres ce qu'elle n'aime pas qu'on lui fasse. Elle vit sans être liée à quoi que ce soit, mais paradoxalement il lui faut toujours être entourée. Nombre de blocages et de freins peuvent néanmoins se présenter dans son existence de manière à lui apprendre à se tempérer. Les voyages, les aventures, c'est bien, mais pierre qui roule n'amasse pas mousse.

Chemin de Vie 5 partagé

Cette association on ne peut plus dynamique n'est pas de tout repos, car ces deux entités exaltées cherchent sans cesse à repousser leurs limites dans tous les domaines. C'est un beau copinage qui certes, peut permettre de transcender l'existence en général, mais qui en même temps risque de manquer un peu de réalisme. L'amitié est certainement la pierre angulaire de leur relation, tous deux chercheront à la préserver, tout comme leur espace de liberté. Esprits brillants, hors normes, lequel des deux va s'assagir ? Le reste du thème le dira. S'ils parviennent à ne pas se laisser envahir par toutes sortes d'amitiés pas toujours très recommandables, ils peuvent accomplir de grandes choses, sinon il y aura confrontation directe. Les discours, les points de vue, les remises en question peuvent être leur cheval de bataille, mais tout ceci ne remplit pas un porte-monnaie. Il s'avère indispensable qu'ils trouvent dans toutes sortes d'activités avant-gardistes (spectacle, animation, relationnel, voyages, clubs en tous genres...) chaussure commune à leurs pieds, sans quoi ils risquent de se voir en coups de vent.

Chemin de Vie 5 avec un Chemin de Vie 6

C'est au niveau de l'esprit et de l'intelligence que cette relation se décline, car tous deux sont très cérébraux. Malgré tout, ce n'est pas non plus la collaboration idéale, leur nature profonde étant totalement opposée. Le 6 qui aime ordonner, ranger, classifier et planifier se heurte au 5 qui a tendance à vivre au petit bonheur la chance. Cependant, tous les deux sont intelligents et capables de très grands échanges aptes à les rapprocher. Si le 6 accepte les débordements et les exaltations du 5, aucun problème à l'horizon, sinon le 5 aura tendance à fuir un trop fort conditionnement. Le 6 peut néanmoins apporter beaucoup au 5 en le stabilisant et en le structurant, ce dernier amenant en retour une touche de renouveau dans la vie du 6. En tous les cas, l'humour caustique est au rendez-vous.

Chemin de Vie 5 avec un Chemin de Vie 7

Association amusante car les idéaux de ces deux entités sont identiques, hors normes, en dehors du temps et de l'espace, mais en aucun cas ils se manifestent de la même manière. Un 7, tout comme un 5, recherche le savoir, la connaissance, l'expérience. Chacun aime se faire sa propre opinion de façon indépendante. Là s'arrêtent les ressemblances. Autant le 7 est structuré, méthodique, idéaliste, un tantinet gourou, autant le 5 est imprévisible, inféodé, libre de ses mouvements, sans loi ni maître. S'ils le désirent, tous deux obtiendront une très grande connaissance de la vie en général, mais force est de constater que la manière dont ils vont s'en servir au jour le jour sera bien différente. Le 7 cherchera à rendre lucratif, palpable et rentable tout ce qu'il investit, alors que pour le 5 non formel, chaque étape de cette connaissance ne sera qu'une aventure de plus - le 5 ne cherchant pas systématiquement à monnayer, à matérialiser son savoir et ses connaissances, cela lui sert plutôt à s'affranchir et à se rendre libre. Dans cette association difficile, ils peuvent quand même beaucoup s'apporter. Connaissance pour connaissance, un respect mutuel les anime.

Chemin de Vie 5 avec un Chemin de Vie 8

Comment marier la lumière et l'ombre ? L'association est hétéroclite et peu conventionnelle. Le risque est grand qu'ils passent l'un à côté de l'autre sans se voir, sauf ponctuellement dans des cas de figure bien précis. Ce qui les anime tous deux, c'est leur grand esprit d'indépendance et de liberté, mais la nature diurne du 5 s'accommode difficilement avec celle, nocturne, du 8. Le 5 a tendance à trop facilement dévoiler ses plans, à exprimer qui il est réellement, faisant peu cas des réticences qu'il peut rencontrer. Le 8, lui, connaît la nature profonde de tout un chacun, il ne cherche pas systématiquement à dévoiler ses plans et se sert plutôt de son instinct pour aboutir à ses fins. Sa façon d'agir est généralement très déterminée, et il s'embarrasse bien peu des moyens et des chemins qu'il choisit d'emprunter pour parvenir à ses fins. Là où le 5 manifeste quelques scrupules à ne pas être en harmonie avec sa profonde humanité, le 8 n'en a cure. Ce dernier n'a d'ailleurs pas toujours conscience de sa petite criminalité intérieure qui à ses yeux, lui semble on ne peut plus naturelle. Il use de certains stratagèmes (pas toujours très honnêtes) pour prouver son bon droit. Les deux naviguant dans des sphères totalement différentes, un réel effort d'imagination s'avère nécessaire pour envisager le mariage de la Lune et du Soleil. D'ailleurs, quand ils sont conjoints, c'est que l'un(e) éclipse l'autre. Néanmoins, s'ils trouvent un but commun, chose qui n'est pas impossible, ni extravagante, ces deux forces conjuguées peuvent alors être d'une redoutable efficacité.

Chemin de Vie 5 avec un Chemin de Vie 9

Grâce à la nature empathique du 9, nombre de consensus peuvent être trouvés, celui-ci ayant tendance à privilégier davantage la douceur du contact, la diplomatie, l'amour et la tranquillité. En retour, le 5 peut aisément apporter à ce compagnon qui a quand même besoin de stimuli extérieurs, la découverte de toutes sortes d'horizons, pour peu qu'il ne cherche pas à le bousculer en permanence, sans quoi le 9 aura tendance à s'éclipser. Trouvant une oreille attentive, le 5 pourra exprimer ses aventures, confier ses secrets et ses déboires, bref, il finira par se rendre compte qu'il a le compagnon idéal. Le 9 est un rêveur, le 5 peut concrétiser ses rêves, sauf s'il s'envole lui-même dans ses utopies. Il n'y a pas d'agressivité dans cette relation car tous deux sont humanistes, et à leur manière, ils ont un pied dans un irrationnel qui les éloigne souvent des réalités du quotidien. Le 9, ce bon conseiller, saura faire remarquer au 5 où sont ses faiblesses et ce qu'il doit corriger pour réussir. Une forme de sensualité exacerbée peut naître entre ces deux personnages.

Chemin de Vie 5 avec un Chemin de Vie 11

Dans ce cas de figure, leurs chemins se rejoignent pour tout ce qui est en rapport avec l'universel, ainsi que l'envie de dépasser leurs frontières pour s'extraire d'un quotidien pesant. Là s'arrêtent les similitudes. Le 11 « pur » est doté d'une nature autoritaire et égocentrique que le 5 ne possède pas, source potentielle de conflits plus ou moins prévisibles. Tout en ayant nombre de visions communes, le 5 n'accepte en aucune façon d'être dompté ou dirigé. Si un sous-nombre 20 est également présent sur son chemin de vie, le 11 aura plus de facilités à accepter la conciliation, le partage et l'association.

Les deux caractères sont très forts, mais des buts ou des projets communs peuvent aplanir les divergences. Indéniablement, le 11 apporte au 5 la capacité de privilégier et de suivre une impulsion première, plutôt que de se disperser dans une soif d'aventures sans lendemain. La détermination du 11 peut également aider son partenaire à canaliser les différentes sources d'inspiration qui le traversent. Inversement, le 5 peut apprendre au 11 à relativiser les choses. Les deux peuvent se comprendre très aisément car dans leur nature profonde, ils possèdent une caractéristique commune, celle de vouloir s'affranchir du quotidien. Pour autant, sauront-ils tempérer leurs *ego* ? L'amitié est leur planche de salut, la rigolade et le jeu sont au rendez-vous.

Chemin de Vie 5 avec un Chemin de Vie 22

Un partenariat entre ces deux entités relève de la prouesse intellectuelle, car dans la pratique ils fonctionnent tellement différemment qu'ils risquent de passer l'un à côté de l'autre sans se voir. Comment un 5 épris d'aventure et de liberté peut-il s'accommoder avec un 22 qui ne cherche qu'à se structurer et à imposer un cadre de vie ? Et comment un 22 attaché à une vie constante, régulière et constructive peut-il faire corps avec un 5 volatile ? Les deux sont intelligents, en mesure de se comprendre, mais l'un est extraverti tandis que l'autre est introverti. L'un bavarde, l'autre est silencieux. L'un est attaché aux circonstances, l'autre s'en fiche littéralement. Le premier prône la justice, l'humanisme, en cherchant à révolutionner en permanence tout ce qui l'entoure, alors que le second est attaché à des valeurs ancestrales parfois sclérosantes. L'un et l'autre peuvent s'accuser réciproquement d'être à côté de la plaque. Pour autant, il est toujours possible qu'une association puisse aboutir, à condition que chacun déploie de gros efforts pour s'entendre.

Chemin de Vie 6

Une personne ayant un Chemin de Vie 6 cherche à assumer ses responsabilités, à se formater une vie parfaite empreinte de perfectionnisme, de régularité, bref une existence idéale. Elle se veut irréprochable, n'acceptant aucune critique dans ce qu'elle pense ou entreprend, mais elle ne se gêne pas pour manifester ses désapprobations quand les choses ou les gens ne lui conviennent pas. On peut compter sur elle, car elle est de confiance, elle ne se dérobe pas devant ses responsabilités, et d'une manière ou d'une autre, elle fait tout pour organiser un cadre de vie idéal.

Elle devrait néanmoins apprendre à ne pas toujours imposer ses points de vue, ni à s'angoisser et se stresser lorsque les événements ne sont pas conformes à ses desiderata. Son esprit critique peut lui causer grand tort, ou pour le moins, être très mal compris par son entourage qui peut se sentir jugé. Pourtant, elle peut être d'excellent conseil quand elle sait s'adoucir et être moins figée. Elle devra aussi admettre qu'elle peut faire des erreurs, sans pour autant les considérer comme des fautes, et que ce n'est pas une catastrophe. Elle ne cherche pas à faire cavalier seul, elle est animée par une profonde envie de collaboration et de relation, et c'est pour le bien commun qu'elle recherche cette fameuse perfection. L'amour, l'amitié, l'entraide, le dévouement font partie de sa nature profonde. Elle sait se rendre utile. Attention, des blocages et des scléroses sont à prévoir si elle se polarise sur ce qui lui déplaît.

Chemin de Vie 6 partagé

L'association est positive car de par leur nature profonde, tous deux cherchent à bien faire les choses en s'appuyant sur leur côté perfectionniste pour se construire un cadre de vie idéal. Ils peuvent s'apporter énormément car ils comprennent très vite l'un et l'autre que leur motivation première est identique. Tout va pour le mieux dans le meilleur des mondes à condition qu'ils partagent les mêmes goûts, sans quoi nombre de critiques et de confrontations peuvent surgir, les conduisant à émettre des jugements ayant pour effet d'irriter profondément l'un et l'autre. Cet état de fait peut grandement accentuer leurs inhibitions latentes. Malgré tout, la profonde nature conciliante du 6, ainsi qu'une intelligence pragmatique, les poussent à rechercher l'harmonie. Avec le temps, ils finiront par mettre un peu d'eau dans leur vin afin d'arrondir les angles. Ils peuvent devenir de bons épicuriens, gourmets, adeptes de toutes sortes de raffinement leur permettant de savourer une vie idéale conforme à leurs souhaits. Une petite vie bien rangée en somme ! Ils devront tout de même se garder de ne vivre que pour ce qu'ils considèrent le nec le plus ultra.

Chemin de Vie 6 avec un Chemin de Vie 7

Ce partenariat souffre d'une incompatibilité flagrante entre leurs modes de fonctionnement respectifs, à cause des visions divergentes qu'ils ont de la vie. Tous deux sont en apparence animés par une envie commune de faire les choses de manière précise et efficace, mais le processus pour y parvenir est vraiment différent. C'est là le cœur du problème.

Le 6 est un pragmatique qui cherche à harmoniser, à perfectionner, à embellir sa vie d'une manière concrète, précise et efficace, ne trouvant satisfaction immédiate que dans l'application de ce qui lui semble le meilleur. Le 7 cherche lui aussi cette perfection, mais il a tendance à l'idéaliser, à l'extrapoler, plaçant plus volontiers sa confiance dans sa foi ainsi que dans ses projets. Le 7, cet idéaliste, ne conçoit la vie que si elle revêt un caractère sacré. Son adage serait « la foi déplace les montagnes ». Point n'est besoin pour lui d'être sûr de l'application immédiate de ce qui lui semble vrai, car il est convaincu qu'il parviendra, tôt ou tard, d'une manière ou d'une autre, à ses fins. Le 6, lui, va s'organiser, utiliser tout ce qui lui passe à portée de main pour créer immédiatement. Le « ici et maintenant » primant sur le reste, il n'a pas besoin d'hypothétiques visions. Sur ce plan, le 6 pourrait voir le 7 comme un doux rêveur, un utopiste, voire un mythomane... or en aucune manière il ne veut participer à tout ce qui lui paraît être chimère. En retour, le 7 risque de s'impatienter énormément des atermoiements d'un 6 trop terre à terre, ne comprenant pas pourquoi il se limite tant. Au fond, ils ont tous les deux envie d'atteindre la perfection, mais leur chemin pour y parvenir est diamétralement opposé. Là où l'un applique (le 6), l'autre rêve (le 7). Tout ceci ne veut pas dire que le 7 n'est pas productif, intelligent, appliqué, efficace et j'en passe, bien au contraire, mais c'est la perception qu'en a le 6. Par ailleurs, le côté aventurier du 7 qui est bien plus enthousiaste, le laisse froid. Ils se retrouvent néanmoins pour tout ce qui touche à l'hygiène, l'ordre et le rangement.

Chemin de Vie 6 avec un Chemin de Vie 8

Il s'agit là d'une collaboration qui n'est pas de tout repos. Le 6 intègre et sans reproche va avoir du mal, dans un premier temps, à comprendre les mécanismes d'un 8 sans limite. Le 6 est un pragmatique qui aime l'efficacité, l'ordre, le détail, bref les choses parfaites, ce n'est pas, soyons franc, la préoccupation première d'un 8, loin s'en faut. Ce dernier cherche par tous les moyens à assouvir ses plaisirs, ses désirs, à s'imposer quels que soient les moyens employés, et surtout, en prenant bien soin de ne laisser personne explorer sa face cachée. L'association n'est pas impossible pour autant... s'ils parviennent à se comprendre. Car le 6 ne rate aucune occasion de souligner les imperfections d'un 8, même si sa nature conciliante arrive à comprendre. Quant au 8, il cherche par tous les moyens à échapper au regard inquisiteur d'un 6, habitué à voir les moindres détails. En revanche, ils peuvent s'apporter beaucoup, l'opportuniste 8 par sa facilité à trouver toutes sortes de moyens pour réussir, le 6 pour les mettre en application. Cependant, la position est beaucoup plus inconfortable pour le 8, car grâce au regard pointu du 6, il se sent épié, voire scruté au delà de ce qu'il est capable d'accepter et de supporter. Ne doutons pas que ce 6 moralise un peu son compagnon, lui amenant une certaine probité et possible honnêteté. En retour, il ne sera pas insensible à l'énergie et la volonté déployées par un 8 pour leur entreprise commune. Le 6 devra apprendre à supporter le mauvais caractère du 8, qui, de son côté, devra accepter ce 6 pointilleux.

Chemin de Vie 6 avec un Chemin de Vie 9

Cette association n'est pas facile, car ils sont de nature opposée. Le 6 cherche à régler, à organiser sa vie, selon des critères bien définis, alors que notre 9 vit de ses aspirations, de ses intuitions, voire de ses visions. Ce dernier ne se formalise pas outre mesure de tout ce qui touche à l'organisation sociale, il ne se sent pas plus obligé que cela d'obéir à des règles strictes et définies. Il a tendance à préférer son univers que d'aucun qualifierait de chimérique. Ce mode de fonctionnement en apparence désorganisé et ne reposant sur aucune base solide peut exaspérer un 6.

Tous les deux ont néanmoins une chose en commun : leur attachement à la notion de service. Pour autant, s'ils sont dévoués tous les deux, ils ne le sont pas de la même manière. Le 6 discipliné impose une façon de faire et un ordre parfois strict à ceux qu'il cherche à aider, alors que notre 9, de par sa sensibilité excessive et son empathie légendaire, a tendance à se mettre au service des autres sans condition, quitte parfois à se faire littéralement exploiter. Le 6 cherche à rendre service, mais il fait tout pour faire valoir ses points de vue afin que d'éventuels problèmes ne se manifestent pas de nouveau, alors que le 9 agit plus sur le moment présent, sans chercher à organiser sa vie, ni celle des autres. Heureusement, ce qui sauve cette association, c'est leur humanisme. Loin d'être insensibles à la détresse des autres, ils peuvent aisément faire cause commune pour venir en aide.

Si d'aventure, ils parviennent à cette compréhension mutuelle, ils peuvent faire énormément l'un pour l'autre. Le 9 adoucira la nature profondément structurée du 6 qui saura, en retour, prévenir et organiser sa vie parfois chaotique et incompréhensible. Il lui apportera aussi une forme de logique de manière à lui permettre de surmonter bon nombre de ses peurs. Le 9 est un idéaliste vivant en dehors du temps et de l'espace, il aura bien besoin d'un 6 pour le ramener sur le plancher des vaches. Le 6 apprendra aussi au 9 à ne pas systématiquement fuir quand l'adversité devient trop forte.

Chemin de Vie 6 avec un Chemin de Vie 11

Association qui n'est pas de tout repos, notamment au niveau d'un couple, car le 6 pragmatique et organisateur, amoureux de l'ordre et du détail ne comprend pas toujours les débordements excessifs d'un 11 entreprenant et parfois turbulent. Ce 11, animé par un goût de la découverte et de l'innovation qu'il aime faire partager aux autres, n'est pas toujours en mesure de planifier et d'organiser. Mû par une folle envie d'accélérer le pas, de se précipiter dans ses découvertes, d'être entouré, il ne sait pas toujours se poser afin de réfléchir profondément aux tenants et aboutissants de tout ce qu'il veut entreprendre. L'instinct égotique étant très présent, le 11 a tendance à penser « Qui m'aime me suive ». A contrario, s'il ne se sent pas suivi et/ou se retrouve seul, il risque d'être très perturbé, de perdre pied et de ne plus être aussi emballé par ses idées novatrices. Il se veut indépendant mais ne l'est pas tant que cela. L'opposition est donc très forte entre ce 11 qui peut percevoir le 6 comme étant un peu trop pinailleur et le 6 qui, s'il peut admettre que son partenaire a de bonnes idées, trouve qu'il ne sait pas toujours les structurer. Par ailleurs, le 11 bénéficie d'une ouverture sur le monde beaucoup plus importante que celle du 6, parce qu'il cherche moins à se protéger des coups et des bosses, alors que son compagnon fait tout pour s'en prémunir.

Cela dit, la collaboration peut être bénéfique dès lors que le 11 se calme un peu, qu'il accepte la méthodologie et ce qu'il considère comme lenteur chez son partenaire. En retour, ce dernier devra lâcher ses sacro-saints principes qui sont directement liés à son perfectionnisme. Le 6 est suffisamment intelligent et ouvert pour accepter les idées lumineuses de son compagnon, mais il lui demandera de tempérer ses élans. Le 11, entraîné par ses débordements, aura plus de mal à comprendre ce 6 qui somme toute, ne cherche pas à lui nuire, mais seulement à le protéger de lui-même. L'un défriche, l'autre sélectionne et structure.

Chemin de Vie 6 avec un Chemin de Vie 22

Association positive et stable car les deux aspirent à vivre dans un univers structuré, rangé et durable selon leurs critères. Il n'y a pas d'antagonisme et/ou d'opposition violente, car ni l'un ni l'autre ne cherche à se nuire. Le 22, sérieux, voire sévère, verra d'un bon œil l'efficacité structurelle du 6 qui peut l'épauler dans sa réalisation. Le 6, quant à lui, trouvera que le 22 est une personne de valeur sur laquelle on peut compter, mais il peut trouver exaspérant ce partenaire un peu fermé, distant, pour ne pas dire lourd. Certes le 22 est serviable, mais il prend parfois trop de temps avant de s'exécuter. L'inertie dont il fait preuve donne l'impression diffuse qu'il n'est pas toujours présent au moment où on en a le plus besoin. Cela horripile un 6 qui, dans sa recherche d'efficacité, conçoit difficilement qu'on puisse reporter aux calendes grecques ce qui peut être fait de suite. Curieusement, le 22 ne se formalise pas plus que cela du côté pinailleur du 6 lui laissant toute latitude d'organiser ce qu'il veut, et ce, dans les moindres détails. Une certaine complicité peut naître car ils sont tous deux très pragmatiques, travailleurs et solides, de plus, ils ne sont pas insensibles aux plaisirs terrestres.

Chemin de Vie 7

Une personne ayant un Chemin de Vie 7 privilégie ses idéaux, la manifestation de sa foi en la vie et en ce qu'elle entreprend. Pour elle, l'objectif prime sur le chemin à parcourir. Animé d'un feu sacré, d'une intelligence vive et d'une curiosité insatiable, elle n'a de cesse de renifler les chemins qui peuvent conduire à sa réussite. Monolithique, fixe dans ses idées, elle a parfois énormément de mal à percevoir la dualité, les tenants et les aboutissants des situations conflictuelles, ce qui peut la rendre querelleuse, voire agressive. Elle possède l'âme du gourou qui cherche à imposer aux autres son savoir, grâce à son aura. Idéaliste à l'extrême, elle a souvent besoin de références, de têtes d'affiche, d'icônes qui lui permettent de s'identifier, mais aussi de se focaliser sur un but bien défini. La réussite est au bout du chemin pour un 7, et ce, avec une aisance particulière, dès lors qu'il réussit à gagner la confiance des autres et à avoir confiance dans ses propres capacités, ce qui n'est pas une mince affaire. Car curieusement, cet être indépendant qui ne veut pas être dompté, ne sait pas vivre seul. Il a besoin de famille, de présences, voire même de fans quand il n'est pas fan lui-même. Il peut réussir dans moult métiers, car ses adages favoris sont la perfection, la constance, la précision et disons-le une forme d'ambition. C'est un spécialiste dans les domaines qu'il affectionne, ou en tous les cas, c'est ce qu'il cherche à être.

Le 7 a souvent besoin d'une feuille de route, d'un document écrit et signé par « Dieu » lui indiquant la marche à suivre. Il a aussi souvent tendance à se réunir avec ses semblables, recherchant des groupes, des corporations élitistes, ce qui a parfois pour effet de couper ses relations avec le commun des mortels. Le 7 a des difficultés à accepter le désordre et la saleté, c'est souvent une de ses obsessions premières, très grand paradoxe, car il est capable de vivre dans un beau bordel ! Rassurez-vous, lui s'y retrouve. Il se range facilement derrière les lois, quelles qu'elles soient, dès lors qu'il les a faites siennes. Sa générosité est loin d'être légendaire... sauf quand il aime. L'acte est rarement gratuit. Fin calculateur, il sait tout particulièrement où sont ses intérêts et comment les défendre. C'est souvent un collectionneur avisé.

Chemin de Vie 7 partagé

L'association est des plus fructueuses tant qu'ils partagent des idéaux communs, sans quoi c'est l'affrontement. Affables et prévenants, ils font tout pour s'aider mutuellement, cherchant à mettre l'autre à l'aise, ce qui peut parfois entraîner une dévotion extrême et lénifiante. Ils devront apprendre à garder les pieds sur terre, à traiter le quotidien, à ne pas s'échapper dans leurs aventures imaginaires ou réelles. Tout ce qui touche à la finance peut être favorisé, mais il faut s'attendre à quelques querelles de temps à autre. La passion est au rendez-vous, au moins au début de leur collaboration, pourtant, il est impératif qu'elle s'inscrive dans le temps pour leur permettre de partager les bénéfices qu'ils peuvent en tirer. Leur vie peut être axée sur la recherche, les voyages, le sport, l'envie d'explorer des horizons nouveaux. Il est nécessaire que leurs conditions de vie commune soient exaltantes pour exprimer pleinement leurs aspirations. Ils sauront se faire un univers douillet, tranquille, discret, loin des regards malveillants. Curieusement, ils peuvent se vouer une grande admiration, tout en se cherchant des noises. L'un ne manquant pas de faire remarquer à l'autre les détails qui clochent.

Chemin de Vie 7 avec un Chemin de Vie 8

Tous deux attachés à une forme de réserve et une envie de dissimulation, ils s'entendent sans peine sur ce plan, quand il s'agit de préserver leurs intérêts mutuels. Mais se comprennent-ils ? C'est une autre histoire. L'art de la dissimulation du 8 est directement lié à ses ambitions et ses appétits terrestres, parfois féroces, alors que la réserve du 7 est davantage reliée à ses intentions et à ses objectifs secrets. L'association n'est pas incompatible pour autant, car tous deux aiment et apprécient la puissance que procure l'argent ou les biens terrestres en général. Les appétits sont forts. S'ils trouvent un terrain d'entente, ils s'enrichiront. Certes, le 8 souffrira parfois du côté inquisiteur du 7, cet explorateur qui veut tout voir et tout entendre. Difficile alors pour lui de dissimuler sa chasse gardée et son univers secret, avec un tel fouineur ! Ce 8 aura aussi du mal à comprendre, l'intégrisme, les idéaux et les ambitions du 7. Cela dit, bon an, mal an, il apportera énormément au 7 de par sa capacité à explorer les mondes souterrains. Le 7 n'aura d'ailleurs aucun mal à en tirer parti. Des conflits financiers sont cependant à craindre. Peu ou prou, le 7 saura faire en sorte que le 8 emprunte des chemins plus rectilignes, en retour, son compagnon lui apprendra à être moins formel.

Chemin de Vie 7 avec un Chemin de Vie 9

Cette collaboration peut déboucher sur l'art et la manière de se créer un confort et une tranquillité de vie. Ils cherchent par tous les moyens, sinon à se dissimuler, au moins à passer inaperçus, et dans tous les cas, à ne pas faire trop de vagues. Ils sont tous deux animés par une forme de spiritualité, voire de mysticisme. Ils peuvent être très sensibles à tout ce qui touche à l'humain dans sa nature la plus intime. L'empathie qui les anime leur permet de découvrir et de ressentir un monde subtile que la plupart de leurs contemporains ne perçoit pas d'emblée. L'idéal amoureux du 7 s'accorde très bien avec un 9 romantique et sentimental. Ce n'est ni la qualité de vie, ni les bénéfices qu'ils peuvent tirer qui priment, mais bien plus les échanges affectifs.

Bien entendu tout ceci est vrai si le 9 accorde une très grande confiance aux aspirations du 7, en acceptant de se laisser diriger ; il faut aussi que ce dernier accepte l'inertie apparente de son partenaire. Ce dernier n'aura aucune peine à adoucir les élans vindicatifs de notre 7, calmant son ardeur, lui faisant prendre confiance en la vie. Et il serait de bon ton que le 7 écoute les conseils avisés d'un 9 qui, grâce à son intuition, perçoit les mondes subtils. Des problèmes peuvent survenir lorsque le 7 trouve le 9 un peu trop lymphatique. Cela dit, un vaste monde est à leur portée, surtout s'il est axé sur le commerce, la relation humaine, l'harmonisation des échanges. Une chose est sure, pour rentrer chez eux, il faut montrer patte blanche.

Chemin de Vie 7 avec un Chemin de Vie 11

S'ils ont des buts communs, ils peuvent s'apporter énormément, sinon leur mode de fonctionnement diamétralement opposé peut conduire à une confrontation directe. Le 7 n'accepte en aucune manière de lâcher la proie pour l'ombre. Tout ce qu'il entreprend est calculé, pesé, quantifié. Il agit de manière unidirectionnelle. A l'inverse, le 11 est davantage spontané et direct, il ne s'embarrasse pas de contraintes. Il réagit davantage à une sorte d'instinct premier le poussant à agir de telle ou telle façon ; il a une facilité à explorer l'éventail des possibles. Peut-on associer un 11 altruiste, ouvert, avec un 7 calculateur qui ne donne rien pour rien ? Il faut souligner que le 11 possède lui-même un grand ego et que son désir de reconnaissance est à la hauteur de l'énergie qu'il met pour réaliser ce en quoi il croit. Ceci est la porte ouverte à l'esprit caustique et sarcastique du 7, qui devine à l'avance les raisons sous-jacentes animant son partenaire. Toutefois, l'énergie et la force que déploie le 11 ne laissent pas insensible un 7, et si ce dernier y trouve un intérêt, il deviendra un parfait associé, voire un fidèle adepte. Le 7 épousera alors volontiers ses idées, les défendra si nécessaire, tout en ne perdant pas de vue ses propres objectifs. Notons que le 11, tout en étant admiratif de l'intelligence et des capacités que le 7 possède, devra faire tout de même un sacré effort de projection pour comprendre la route que son partenaire emprunte. Le 11 a des objectifs immédiats. Le 7 mise sur le long terme.

Chemin de Vie 7 avec un Chemin de Vie 22

Association très positive car notre calculateur et précautionneux 7 n'hésitera pas une seule seconde à se servir de la force du 22, ne serait-ce que pour se mettre sous sa protection. Pour les deux, le temps est un allié. La persévérance, la stabilité du 22 conviennent parfaitement au 7 qui a besoin de bases solides pour atteindre ses buts. Celui-ci sera pour le 22 son porte-parole, celui qui défend ses intérêts, qui explique les tenants et les aboutissants de ce qu'il entreprend, bref son pygmalion. Ils chercheront une vie calme, paisible, si possible proche de la nature et/ou s'engageront dans une structure (politique ou autre). L'enthousiasme du 7 plaît énormément au 22 qui a bien besoin de temps en temps de se dérider. Ce partenariat permet de construire durablement, même si parfois, vu de l'extérieur, tout ceci semble sombrer dans la monotonie. Pourtant, ce sont deux épicuriens qui peuvent tirer profit des plaisirs de la vie dans tous les sens du terme. De parfaits hôtes. Il est clair qu'ensemble, ces deux forts caractères sauront défendre leurs acquisitions avec une grande détermination. S'ils sont associés, ils peuvent tout. S'ils s'opposent, ils se détruisent mutuellement, ne lâchant rien.

Chemin de Vie 8

Une personne ayant un chemin de vie 8 est habitée par des énergies fortes et mystérieuses qu'elle a parfois du mal à canaliser. Tout ce qui se rattache au moteur de la vie, à la source de la création, aux énergies primordiales, ainsi qu'à l'occulte en général, est fortement ancré chez un 8, qu'il en ait conscience ou pas. Ce dernier se verra donc affubler d'une aura mystérieuse, difficilement pénétrable, qui ne laisse personne indifférent, et qui peut parfois laisser une sensation désagréable. Les forces obscures qui animent un 8 le poussent à posséder, à s'imposer, et d'une manière plus ou moins visible à manipuler. L'envie primaire de notre 8 est la jouissance de tout ce qui est matériel, et ce, dans tous les domaines afin d'obtenir tout ce qu'il désire. Par conséquent, nous retrouvons notre 8 dans diverses activités qui se veulent lucratives et qui lui permettent de diriger mais pas de manière ouverte comme un 1 le ferait. Le 8 a plutôt l'habitude d'avancer masqué, et c'est grâce à son côté ingénu qu'il parvient à obtenir la confiance des autres. N'oublions pas qu'il peut être très naïf et prendre facilement des vessies pour des lanternes.

Le personnage sur un chemin de vie 8 possède un caractère trempé, voire un sale caractère. Il ne se laisse guère impressionné par les expériences hors normes, déconcertantes, voire dangereuses, que son destin lui amène fréquemment. Son parcours est tortueux, jalonné d'épreuves qui pourraient en effrayer plus d'un. L'être est courageux, il n'a pas toujours conscience du danger, il sait qu'une force mystérieuse l'anime. Il devra apprendre à la canaliser et la maîtriser, mais aussi savoir lâcher prise et modérer ses appétits… Tout n'est pas consommable ! S'il oriente sa légendaire volonté au service des autres, il peut apporter beaucoup. Il est doté d'une certaine chance qui malgré les vicissitudes la vie, peut lui permettre de rebondir dans toutes sortes de domaines, tous aussi différents les uns que les autres. Il peut être alors très bénéfique pour son entourage, ainsi que pour lui-même.

Chemin de Vie 8 partagé

Ces deux forces de la nature, si elles s'entendent sur un but commun, parviendront à se créer une vie confortable, riche en rebondissements, sans quoi elles s'annihileront. Nos 8 ont tout de même besoin d'être canalisés et conseillés car ils n'hésitent en aucune manière à explorer toutes les facettes de la vie, même les plus obscures. Donc est-ce qu'un 8 peut être de bon conseil pour un autre 8 ? C'est un mystère.

Deux 8 sont souvent poussés à expérimenter toutes sortes de domaines, et ce, sans limite. Il est clair que tout ce qui touche aux biens matériels, à la jouissance et aux plaisirs de l'existence fait partie de leurs objectifs premiers. Ils chercheront à engranger et à s'extraire des vicissitudes de la vie. De grands coups de gueule sont à prévoir, voire même de violentes confrontations. Tout ce qui touche aux enfants et à leur éducation n'est pas particulièrement privilégié dans cette configuration.

Chemin de Vie 8 avec un Chemin de Vie 9

Association pouvant être très positive car le 8 apporte énormément d'énergie et de volonté à son partenaire, qui parfois en manque cruellement. Quant à notre 9, il dispense une certaine douceur et sagesse à notre 8 qui, reconnaissons-le, en manque souvent. Le 8 est parfois rugueux, il ne sait pas toujours maîtriser ses sens. Ici, ce partenariat est d'autant plus positif qu'ils se complètent assez bien, le 8 ne voyant en aucun cas le 9 comme un concurrent. Mieux, il s'emploie par tous les moyens dont il dispose à protéger ce 9 qui cherche tant à s'extraire des vicissitudes de la vie. Il lui prête volontiers une épaule compatissante et sait le réconforter, car le 8 adore être le pompier de service. De son côté, le 9, empathique à souhait et subtile philosophe ne cherchant pas l'affrontement direct, sait mettre les formes pour ménager la susceptibilité du 8, et pourquoi pas, lui inculquer en douceur quelques valeurs. Cela dit, le 9 ne sera en aucune manière dupe des manigances et des appétits de son partenaire, mais il les comprendra, lui donnant même bien souvent l'absolution.

Chemin de Vie 8 avec un Chemin de Vie 11

Cette association, on ne peut plus hétéroclite, ce mariage de l'idéaliste avec un pragmatique, est plutôt antinomique. Est-il possible d'associer un 11 un tantinet révolutionnaire, cherchant le subliminal et la transcendance, avec un 8 qui n'a d'yeux que pour les possessions et les plaisirs terrestres ? Il y a une forte dichotomie et ils risquent de passer tous deux l'un à côté de l'autre sans se comprendre. Chacun aime avoir une ascendance sur les autres, mais les raisons et les moyens pour y parvenir sont diamétralement opposés. Ce n'est donc pas une association de tout repos. Quelques sautes d'humeur, voire explosions sont à redouter.

Cela dit, le 8 peut être un excellent partenaire en palliant assez facilement au manque de constance du 11, et en lui amenant quelques menues monnaies sonnantes et trébuchantes. Un aspect non négligeable pour le 11 qui, avec son esprit explorateur, n'est pas suffisamment axé sur les retombées financières. En retour, notre 11 pourrait policer, voire rendre plus vertueuse la vie de son partenaire. Pour autant, il s'avère nécessaire qu'ils fassent un très grand effort d'échange pour parvenir à se comprendre. Néanmoins, ils peuvent éprouver une admiration mutuelle, chacun reconnaissant la force de l'autre dès lors qu'il n'y a pas trop d'intérêts vitaux en jeu.

Chemin de Vie 8 avec un Chemin de Vie 22

Association à la fois pragmatique et lucrative. Aucun des deux ne cherche à faire de l'ombre à l'autre, bien au contraire. Ils ont à cœur de s'entraider et de combler leurs éventuelles lacunes. En aucune manière le 8 voit chez le 22 un ennemi. Il accepte et respecte sa force, ainsi que sa capacité à créer sur le long terme. C'est une structure idéale pour un 8 qui n'a de cesse d'accumuler et de goûter aux plaisirs et pouvoirs. Quant au 22, il a ici un associé de poids qui sait lui faire découvrir la face cachée, les tenants et les aboutissants de tout ce qu'il entreprend. Le 8 peut même soutenir financièrement les projets du 22. Ce dernier, qui est prude, réservé et peu disposé à emprunter des chemins tortueux, risque d'être tout de même surpris par ce 8 peu scrupuleux. Cela dit, ce 22 très sensible à la matière n'est pas sans appétit terrestre, loin s'en faut ! Indéniablement, tous deux peuvent s'entendre aussi sur ce plan. Le 8 fera découvrir les arcanes d'un monde sulfureux et secret, à charge pour le 22 de leur donner forme. Par ailleurs, la naïveté et la candeur du 8 amuseront beaucoup son partenaire.

Chemin de Vie 9

Une personne ayant un Chemin de Vie 9 a une propension toute naturelle à se créer un havre de paix, une vie douillette, ainsi qu'à fuir tout ce qui peut perturber la douceur et la quiétude qu'elle affectionne tant. Le monde dans lequel elle vit est difficilement perceptible par le commun des mortels, tant elle est éloignée de la réalité terrestre ; elle est bien plus proche du monde spirituel. L'empathie naturelle d'un 9, sa capacité à percevoir son environnement sur les plans subtils, la manière dont ce personnage devine les faits et gestes de ses semblables, lui donnent une aura évanescente, une personnalité indéfinissable, voire impénétrable. C'est un humaniste sensible à la souffrance et à la détresse de tout à chacun. Il oscille entre la volonté de s'extraire du monde et l'envie de se porter au secours des âmes souffrantes. Il est très attaché à tout ce qui touche au monde subjectif, aux voyages, aux rêves. Il devra apprendre à ne pas fuir tout ce qui le dérange, le perturbe, le stresse, afin de faire front et de s'imposer.

Ce personnage peut réussir dans de nombreux domaines pour peu qu'il soit en contact avec les autres et qu'il se sente utile. Il sait pourvoir aux desiderata de ses semblables, c'est pour cette raison qu'on le retrouve souvent dans le commerce, le social, l'enseignement, la diplomatie au sens général. C'est un amoureux du jeu qui devra justement faire attention de ne pas tout voir sous une forme ludique. Il apprécie particulièrement ce qui touche au domaine artistique (la musique etc.), l'art étant un moyen pour lui d'harmoniser son cadre de vie et son environnement. Il lui arrive parfois de sombrer dans une sensiblerie extrême, qu'exacerbe sa générosité naturelle, ce qui a pour effet de lui faire vivre des situations délicates. Il devrait donc apprendre à se prémunir, à ne pas donner sa chemise pour un rien, à ne pas céder à tout bout de champ à ses généreux élans souvent disproportionnés. Il gagnera à s'attacher en priorité à structurer sa vie, à faire attention à tout ce qu'il consomme, bref à se faire un peu plus violence. Il est quand même un tantinet lymphatique. L'élément eau lui est particulièrement favorable. Sa spiritualité le conduit parfois à être un peu gourou, dans ce cas, il doit garder les idées claires pour ne pas entraîner les autres dans des impasses et/ou ne pas céder complètement à ses rêves. Un peu de réalisme que diable ! Surmonter sa peur sera sans nul doute son plus grand challenge.

Chemin de Vie 9 partagé

Si tous deux ne sombrent pas dans une vie indolente et inconsistante, ils peuvent s'apporter énormément. En aucune façon ils ne cherchent à se nuire, mais justement, cet état de fait peut les entraîner dans une vie où aucun des deux n'ose prendre de décisions, ni imposer quoi que ce soit à l'autre. En voulant se protéger vis-à-vis de ce qu'ils considèrent comme parole ou expression agressive, ils risquent de finir leur vie dans des non-dits permanents. Leur communication étant beaucoup plus « télépathique » qu'orale, ils finissent par se comprendre à demi-mots.

Ils peuvent se trouver un intérêt commun dans tout ce qui renvoie au social, au commerce, à l'enseignement, domaines où ils s'accordent parfaitement. Tout en étant incarnés dans le jeu du théâtre de la vie, ils risquent néanmoins de passer souvent inaperçus aux yeux des autres, car ils ont tendance à privilégier leurs passions communes et leurs relations consensuelles.

Chemin de Vie 9 avec un Chemin de Vie 11

Pour un 9, partager la vie d'un 11 n'est pas de tout repos... Certes, il a une très grande facilité à comprendre les motivations poursuivies par son partenaire, certes, il est tout disposé à lui faciliter la vie, si possible, mais il a du mal à supporter ses débordements. Il tirera néanmoins beaucoup de profits de ce chemin commun, à condition de savoir dépasser ce qu'il effraie et d'accepter d'être bousculé. Le 11 quant à lui, ne jouira pas d'un appui indéfectible de la part du 9, mais s'il parvient à tempérer son impétuosité, il jouira en retour d'une certaine tranquillité, première marche vers la sérénité. Dans cette association, le plus grand risque est de voir notre 9 se lasser et fuir un monde qu'il ne parvient pas à appréhender. Le 11 cherchera alors aventure ailleurs. Malgré tout, grâce à leurs idéaux communs, ils peuvent faire un petit bout de chemin ensemble.

Note : en présence du sous-nombre 20 sur le Chemin de Vie 11, l'association est plus facile (dans ce cas voir aussi Chemins de Vie 2 et 9).

Chemin de Vie 9 avec un Chemin de Vie 22

Dans cette association, le 22 s'avère être un excellent protecteur de notre timoré 9. La force légendaire du 22 amène une structure de vie, un calme et une sérénité que notre 9 recherche et apprécie plus que tout. Il n'y a aucune violence à craindre, les deux se complétant parfaitement tout en s'épaulant mutuellement. La diplomatie naturelle du 9 parvient assez facilement à faire tomber les réserves et les résistances naturelles de ce partenaire qui a une sainte horreur d'être bousculé. Cette construction s'établit dans le temps. Les fondations sont solides. Ils sont tous deux à la recherche d'un cadre de vie idyllique proche de la nature si possible. Parfaits hôtes, ils savent recevoir, agrémenter leur vie, voire même se lancer dans des œuvres sociales et/ou caritatives. S'il s'agit d'un couple, leurs enfants seront comblés. Il leur est simplement conseillé de ne pas tomber dans une forme de lassitude, de repli sur eux-mêmes, ni de céder à une certaine tentation de cacher leur vie privée au point de disparaître aux yeux de la société.

Chemin de Vie 11

Une personne ayant un Chemin de Vie 11 n'a de cesse de vouloir dépasser ses limites, de sortir de son cadre familial, de s'extraire d'une vie trop pesante. Souvent animée par une foi, une conviction forte dans ses objectifs, tout comme dans son potentiel, elle a tendance à mettre en exergue ses idéaux en voulant les imposer aux autres. Sa nature est nerveuse, impulsive, ce qui peut en fatiguer plus d'un. Un sentiment de révolte, voire de révolution l'anime, il devra apprendre à le canaliser. Pas facile de suivre un 11 dans ses pérégrinations, car tout en voulant se montrer conciliant, affable et coopératif, il succombe bien vite à son impulsivité, à ses excès, cédant facilement à la susceptibilité. Tout ceci a pour effet d'éloigner de lui des personnes qui seraient en mesure de l'encourager, de l'aider et de le soutenir. En fait, il n'est pas dénué d'intelligence, ni d'opportunisme et de capacités à se réaliser, mais son manque de patience est son plus grand défaut.

L'âge aidant, ce personnage finira par s'assagir et comprendre que ce qui a de l'importance à ses yeux peut être perçu différemment par son entourage. D'ailleurs des remises en question seront fréquentes car nécessaires à son cheminement. Défrichant assez facilement les sentiers inaccessibles, ouvrant la voie à de nouveaux potentiels, il peut être attiré par toutes sortes de domaines aussi différents les uns que les autres. L'essentiel, c'est qu'il se sente utile quand ses idéaux prennent corps. D'ailleurs, ce qui le conforte le plus, c'est l'adhésion des autres quand ils empruntent le même sentier que lui en suivant ses projets.

Le domaine associatif sera plus ou moins incontournable, surtout si le 20 se retrouve aux côtés des autres sous-nombres de ce Chemin de Vie. C'est un faux indépendant car il aime la liberté tout en ayant besoin de la présence des autres.

Chemin de Vie 11 partagé

Selon que le 20 est présent ou non dans les calculs de tous les sous-nombres, l'esprit associatif qui les anime est différent. Les deux sont impulsifs, colériques et entiers, cela ne favorise pas la coopération, en revanche, la présence du 20/2 l'adoucit considérablement. Tous deux sont attachés à des buts et des idéaux communs, ensemble, ils ont la volonté de dépasser leur cadre de vie courant et de s'affranchir d'un monde trop limité et restrictif. Cette collaboration est fructueuse s'ils parviennent à se comprendre et s'ils partagent les mêmes objectifs, sans quoi c'est le clash assuré. S'ils veulent conquérir ou refaire le monde, transformer la société, apporter des vues différentes à leurs concitoyens, ils se sont trouvés ! En revanche, ils sont bien trop susceptibles et directifs pour partager en toute quiétude une existence commune.

Chemin de Vie 11 avec un Chemin de Vie 22

Ces deux êtres ont une nature profonde diamétralement opposée. Notre 22 paisible, structuré et constructeur, n'est pas particulièrement enclin à accepter les perturbations que son partenaire 11 peut provoquer dans sa vie, surtout lorsque ses petites habitudes sont bousculées. Il voit alors d'un très mauvais œil cette agitation qu'il juge, parfois à l'excès, peu favorable à la bonne marche de ses entreprises. Quant à notre 11 pur jus, il ne comprendra jamais pourquoi il n'obtient aucune écoute favorable de la part de son partenaire. Notons que la présence du sous-nombre 20 au côté du 11 décrit des conditions plus favorables à la compromission, un 11/2 et 22 trouvant plus aisément un terrain d'entente.

Le 22 est également un idéaliste capable de poursuivre des objectifs qui transforment son environnement, mais sa méthode diffère de celle du 11. En clair, c'est l'association d'un 11 impatient et d'un 22 doté d'une patience légendaire tant que l'on ne vient pas mettre sans dessus dessous son petit univers. Les deux possèdent un fort tempérament et un caractère bien trempé. L'affrontement est possible. Encore une fois, c'est le sous-nombre 20 dans le Chemin de Vie 11 qui est la clé d'une entente finalement plus harmonieuse avec le 22. Voir aussi l'éventuelle présence de sous-nombres du 4 dans le Chemin de Vie 22.

Chemin de Vie 22

Ce qui caractérise plus particulièrement la nature profonde d'une personne ayant un Chemin de Vie 22, c'est l'héritage ancestral qu'elle porte intrinsèquement. Nous sommes en présence d'une vieille âme qui a accumulé un bagage important durant de nombreuses vies.

Elle le détient consciemment ou non au plus profond d'elle-même. Empreinte d'une certaine sagesse (celle des anciens), d'une forme de savoir inné sur les mécanismes de la vie de tous les jours, elle est convaincue qu'elle réalisera ses ambitions grâce à son incontournable allié le temps. Elle connaît mieux que quiconque les pièges qui peuvent se présenter tout au long du chemin, cherchant par dessus tout à les éviter.

Doté d'un fort tempérament, d'une grande capacité à faire front à l'adversité, ce personnage devra pourtant se départir de ce poids ancestral (celui de la connaissance) qui parfois le paralyse, et qui plus est lui confère l'image d'une personne éloignée des préoccupations du quotidien. Il devra aussi dépasser un certain pessimisme qui lui obscurcit parfois la vue, le rendant un peu froid, austère et grave. Tout ce qui renvoie au transgénérationnel revêt une importance considérable. Peu ou prou, cet être est habité par les empreintes de la vie de ses ascendants. Celles-ci peuvent l'envahir au point qu'il les projette à son tour dans la vie de ses descendants. Assurément, il gagnera à se montrer plus léger, riant, et pourquoi pas insouciant, bref moins pontife. Tout ce qui touche à la nature, à la maison, au cadre de vie revêt à ses yeux une importance primordiale. Il a besoin de savoir que sa vie sera constructive, qu'il aura laissé son empreinte et /ou marqué son temps directement ou indirectement par sa lignée.

Chemin de Vie 22 partagé

Ce cas est plutôt rare car il faudrait que les deux partenaires n'aient que 22 comme résultat final de tous les modes de calcul du Chemin de Vie. Rare mais pas impossible cependant... Dans ce cas, si les deux partenaires sont adeptes de la vie monacale, ils s'entendront à merveille. A part ressasser tout ce qui aurait dû être fait, n'a pas été fait, aurait pu l'être mais ne l'a pas été, difficile de trouver un autre sujet de conversation. Soyons plus constructifs, tous deux peuvent être de très grands bâtisseurs ou des politiciens hors pairs. Si le 4 est très présent, ce qui est souvent le cas, tout ce qui touche à la vie familiale sera particulièrement favorisé, protégé et harmonieux. Ils sont également très sensibles aux domaines de l'enfance, de la vie animale, créant aisément des refuges, favorisant l'élaboration de toutes sortes de havres de paix. Le commerce peut être aussi très favorisé.

Chapitre V

Aspects entre les Nombres d'Expression

« Ayant médité la douceur et la compassion, j'ai oublié la différence entre moi et les autres. »

Milarepa (yogi tibétain)

Définition : avec le Chemin de Vie, le Nombre d'Expression est l'un des indicateurs les plus importants du thème. Ce nombre décrit les modes d'expression du natif, la façon dont il se présente vis à vis des autres, la manière dont il affiche sa conception de la vie et ses convictions profondes. C'est aussi l'aspect extérieur de la personne, celle que l'on voit ou ressent d'emblée. D'ailleurs de nombreuses personnes ne se fiant qu'à l'aspect premier, risquent de faire une grande confusion entre la nature profonde d'un être, celle qui est révélée par son Chemin de Vie et celle qu'elle affiche (son nombre d'Expression).

Ce Nombre d'Expression est en quelque sorte la signature extérieure d'un être, celle qu'il a tendance à mettre en avant lorsqu'il s'adresse à quelqu'un. Il est évident qu'il ne faut pas toujours se fier aux apparences, l'expression pouvant être très différente de la nature profonde d'une personne.

Mode de calcul : réduction de la somme de la valeur de chaque lettre de tous les prénoms déclarés du natif et du nom de naissance de sa mère.

Exemple : pour un natif s'appelant Pierre Henri Durand mais dont la mère reçut le nom de Dupont à la naissance (son nom de jeune fille).

```
Pierre Henri Dupont
795995 85599 437652
7+9+5+9+9+5+8+5+5+9+9+4+3+7+6+5+2 = 107
107 → 1+7 = 8
```

Pierre a un Nombre d'Expression 8

Expression 1

Ce marqueur fait ressortir l'expression phallocratique du sujet. L'image du père (ou toute personne ayant symboliquement tenu ce rôle) est souvent une référence. Tout ce qui permet la mise en valeur des capacités est favorisé. L'intensité du vécu, l'autorité naturelle, la volonté et le courage sont particulièrement mis en avant ici. L'envie d'avoir de l'ascendant sur son entourage, ainsi qu'une très grande volonté d'indépendance est la signature de cette personne. La passion est au rendez-vous.

C'est un guide qui sait organiser, imposer et donner des directions à suivre. C'est un initiateur capable de défricher de nouveaux et nombreux chemins, mais il ne sait pas toujours terminer, comptant parfois un peu trop sur ses subordonnés pour finir ce qu'il a commencé. Dans ses extrêmes, cette spontanéité d'expression peut faire ressortir certains défauts comme l'égoïsme, la susceptibilité, le dictat.

Expression 1 avec une Expression 1

L'expression entière, directe et virile de ces deux personnes ne peut aboutir à une relation harmonieuse que s'ils poursuivent les mêmes buts et/ou si tous deux sont parvenus à transcender leur karma (voir les indicateurs du thème). S'ils ne sont plus prisonniers de leur *ego*, parfois démesuré, nul doute qu'ils seront capables de s'associer durablement - ils sont suffisamment intelligents pour ça. Leur franchise naturelle et spontanée leur permet de s'expliquer directement. Ils savent ainsi exprimer sans détours ce qu'ils pensent l'un de l'autre. Il leur faut donc avoir su prendre beaucoup de hauteur pour se laisser entendre dire ses quatre vérités, sans sourciller. Par ailleurs, il est impératif que ni l'un ni l'autre ne cherche à avoir un ascendant trop marqué sur le partenaire. Parfois, une passion intense, fulgurante et expéditive peut les rapprocher pour un temps, mais un manque d'objectifs communs peut les séparer tout aussi vite. Heureusement, la fierté et l'admiration qu'ils peuvent se porter l'un à l'autre peut constituer un excellent ciment pour sceller leur union. Tout ce qui touche au progrès, à l'innovation, au désir de conquête et d'aventure est particulièrement favorisé.

Expression 1 avec une Expression 2

L'expression 2 fait plutôt ressortir une nature émotive, timide et introvertie, diamétralement opposée à celle du 1. C'est grâce à son côté intimiste et à sa compréhension que le 2 peut communiquer d'une manière profonde. En retour, la vivacité d'esprit et la spontanéité du 1 lui permettent de comprendre l'extrême sensibilité du 2, mais sans qu'il s'y attarde pour autant. Le 1 est direct, il ne s'embarrasse pas toujours de fioritures, ce qui ne convient pas vraiment à un 2 qui aimerait un peu plus d'indulgence à son égard, et surtout, moins de dureté. Tout n'est pas perdu, nombreux sont les domaines où ils peuvent exprimer leurs différences. Notre 2, souvent timoré, peut reconnaître aisément la force de caractère du 1, apprécier son rôle encourageant, et tout cela peut même lui procurer un fort sentiment de sécurité. En contrepartie, le 1 sait admirer la capacité du 2 à temporiser, à arrondir les angles. Si notre 1 ne cède pas à son penchant naturel pour une certaine brutalité, s'il n'est pas agacé par tous les excès de sensiblerie provenant de son compagnon 2, tout est possible, sinon...

Dans leur apparente opposition, ils peuvent tout de même se vouer une admiration mutuelle pouvant conduire à une belle complémentarité. Le 1 stimule énormément le 2 en l'aidant à ne pas trop s'attarder sur cette forme d'émotivité qui le rattache trop à son passé, notamment son enfance. En retour, la douceur naturelle et innée du 2, sa façon unique d'exprimer ses sentiments, peuvent aider à transformer notre 1 en *loukoum*. Faut tout de même pas trop le faire fondre, il deviendrait mielleux !

Expression 1 avec une Expression 3

Cette association peut être fructueuse et épanouissante car les deux natifs sont optimistes, conquérants et directs. Tout ce qui touche à l'expression, à la communication et au dialogue est favorisé. Le 1, éternel conquérant, décuple les désirs de challenge du 3. Il lui amène toutes sortes d'opportunités, stimule son désir de se dépasser, ce qui ne déplaît pas au 3, loin s'en faut. Le 3 trouve dans ce 1 inspirant une qualité essentielle, celle de ne pas s'embarrasser avec les détails ou les analyses trop profondes. Le 3 est parfois exaspérant dans sa façon de trop vouloir organiser, planifier et structurer les choses, ainsi que dans son habitude à donner un avis sur tout. Il est souvent très sceptique de nature, ayant besoin de preuves, de choses concrètes - le 1 serait très avisé d'écouter ses sages conseils. Tous les deux affichent l'envie de s'imposer et de diriger. Il est donc nécessaire que des compromis soient trouvés sans quoi c'est l'affrontement. Cette association ne peut réussir que s'ils parviennent à concrétiser leurs objectifs, sinon tout ceci ne restera qu'une vue d'esprit, une probabilité de réalisation - ces deux tempéraments entiers finissant par se reprocher mutuellement leur échec. La critique acerbe du 3 peut facilement blesser notre égotique 1, mais ce dernier n'est pas non plus en reste quand il lui faut exprimer vivement ce qu'il pense. Alors gare aux éclats de voix!

Expression 1 avec une Expression 4

Le 1 est extraverti, le 4 est tout son contraire. Est-ce incompatible pour autant ? L'expression du 1 risque de s'avérer un peu trop turbulente et envahissante au goût de notre 4 qui a tendance à privilégier sa paix et sa tranquillité. Beaucoup d'incompréhension en découle car notre 1 se sentant freiné dans ses élans, il peut reprocher à son partenaire de ne pas en faire assez. Quant à ce dernier, il aura tendance à considérer les élans spontanés du 1 comme des gesticulations inutiles. Associer un téméraire 1 avec un 4 prudent qui cherche toujours à savoir où il va poser ses pattes, ce n'est pas facile ! Cela dit, le pragmatique 4 peut aider son compagnon à être plus réfléchi, tandis que celui-ci lui donnera peut-être l'envie de manifester un peu plus de fougue, le poussant pourquoi pas à se surpasser ? Ce mode de fonctionnement diamétralement opposé peut toutefois amener des problèmes de communication. Il leur est profitable de tendre vers un projet commun. Mais le 1 devra s'armer de patience pour écouter et entendre ce compagnon, très souvent obscur dans sa façon de communiquer. Ce dernier, quand il se sent incompris, a tendance à privilégier le mutisme.

Expression 1 avec une Expression 5

Ces deux passionnés peuvent s'entendre à merveille car ils sont de nature spontanée et sans détours. Cette association provoque souvent des rencontres passionnées mais éphémères. Notre 5 épris de liberté et d'indépendance s'entend parfaitement avec un 1, mais ce n'est pas de tout repos. Communicatif à souhait, le 5 peut paraître désinvolte et surfait, mais cela n'offusque nullement un 1 qui a lui-même une façon abrupte d'expliquer les choses, n'attendant pas qu'on s'oppose à ses injonctions. Les deux aiment l'aventure, ils ne sont ni l'un ni l'autre casaniers. Cette envie d'explorer des horizons nouveaux ne les conduit pas vraiment à la fidélité. S'agissant de leur mode d'expression, ils en disent souvent plus qu'ils n'en font. Comme ils s'affichent libres et indépendants, ils devront respecter mutuellement leur espace vital, et surtout ne pas entraver l'autonomie de l'autre, sans quoi il leur sera impossible de trouver un consensus. Sachant que leur expression est souvent colorée d'humour, parfois caustique, ils doivent faire attention à ne pas céder à la superficialité. S'ils veulent s'entendre, il leur sera nécessaire de s'asseoir en se regardant face à face, yeux dans les yeux, sinon, ils risquent de passer l'un à coté de l'autre sans se voir. Il leur sera parfois nécessaire de faire le point, de livrer leurs états d'âmes, d'explorer au fond d'eux-mêmes, ce qui ne tourne pas rond. Ensemble, il leur faut apprendre à se responsabiliser, à avoir un esprit davantage communautaire. Leur relation les prédispose à vivre loin des mondanités, sans les couper pour autant de rencontres et contacts extérieurs enrichissants. Tout ce qui touche à la vie intime et au foyer n'est vraiment pas leur tasse de thé !

Expression 1 avec une Expression 6

Cette relation basée sur un mode d'expression qui se veut empreint d'intelligence et de rapports courtois, peut fonctionner à merveille. Notre 1 qui ne s'étale pas toujours en détails sur son mode opératoire, se contentant sans plus d'indiquer le but qu'il s'est fixé, apprendra beaucoup en compagnie d'un 6 qui passe son temps à définir ce qui lui convient le mieux, ce qui est le plus adéquat. Le 1 a du respect pour son partenaire perfectionniste qui n'hésite pas à reconfigurer ce qui ne lui plaît pas. Ce 6 qui aime aussi les impulsions soudaines et les démarrages intempestifs, est suffisamment pragmatique pour jauger la situation. Notons que le 1 est tout de même susceptible… or le 6 n'a pas vraiment la langue dans sa poche quand il lui faut pointer du doigt ce qui l'agace. Ils devront donc très vite apprendre à arrondir les angles, sans quoi… Cela dit, le 1 malgré un mode d'expression très différent, cherche souvent des collaborations efficaces pour concrétiser ce qu'il désire faire, il trouve là le partenaire idéal. Le sérieux et la compétence affichés en permanence par le 6, s'harmonisent assez facilement avec les élans de son compagnon.

Par ailleurs, le 1 se retrouvera souvent obligé d'approfondir la teneur de ses propos, car notre 6 ne se contente pas de quelques vagues idées. Gageons qu'en retour le 1 saura encourager le 6 à être un peu moins conformiste. Attention cependant ! L'entente découlant de cette relation peut les conduire à l'autocongratulation, au satisfecit permanent, ils doivent vraiment se garder de sombrer dans une sorte de snobisme. Les échanges peuvent s'avérer riches en explications de toutes sortes, genre « on refait le monde ». Une réelle émulation peut leur permettre de se dépasser mutuellement, afin de repousser leurs propres limites. Sur un plan intérieur, ils devront se méfier de ne pas trop se replier sur eux-mêmes, convaincus qu'ils détiennent la vérité absolue.

Expression 1 avec une Expression 7

Le moins que l'on puisse dire, c'est qu'une une bonne entente entre ces deux expressions est possible, que les rapports peuvent être courtois, même s'ils revêtent parfois un caractère incisif. L'humour est au rendez-vous, ce qui rend l'atmosphère beaucoup plus légère en adoucissant les antagonismes et les différences. Sous cet aspect, il y a beaucoup de respect mutuel. Il n'en demeure pas moins que leurs façons de s'exprimer divergent beaucoup, ce qui a pour conséquence de provoquer parfois quelques incompréhensions pouvant aller jusqu'à une incompréhension des réactions de l'autre. Dans leurs modes d'expression respectifs, ils recherchent une forme d'équilibre et ils aspirent à établir un climat de paix et de bonne entente. L'harmonie que cette association parvient à créer peut leur permettre de faire face à toutes sortes de difficultés venant de l'extérieur, et ceci pour le bien commun. Les discussions sont riches et profondes, même si elles ne sont pas toujours comprises par leurs proches, car elles revêtent un caractère quasi-mystique difficilement pénétrable.

Leur expression somme toute intellectuelle, se conjugue très aisément avec l'expression physique, ce qui signifie que tous deux n'hésitent pas à mettre en exergue la gestuelle qui correspond à ce qu'ils veulent faire entendre. Ils doivent cependant prendre garde de ne pas se croire au dessus de la mêlée, sans quoi ils pourraient se replier sur eux-mêmes, dédaignant par là même tout ce qu'ils considèrent comme vulgaire et/ou inintéressant.

Expression 1 avec une Expression 8

En dépit d'une opposition de caractères très marquée, ces deux expressions font malgré tout cause commune pour réussir dans toutes sortes de projets d'affaires et s'enrichir au passage. Il leur semble qu'ils sont habités d'une motivation spéciale pour conduire à bien un projet commun, celui-ci étant bien souvent teinté d'une aura particulière et/ou d'une envergure certaine. Cela dit, les antagonismes sont suffisamment forts pour créer des situations conflictuelles. Ils devront vraiment s'efforcer de faire cause commune pour ne pas se retrouver face à face à se combattre. La force, la violence, la rage et la colère qui les animent parfois, peuvent rendre leur expression difficile à supporter par leur entourage. Bien souvent, toutes sortes de contacts, de personnes influentes (parfois haut placées) et d'opportunités les accompagnent dans leur réussite. Tous deux sont entreprenants, y compris sexuellement le cas échéant. Ils aiment aller directement au but, ne s'embarrassant pas de fioritures ni de romantisme, ce qui peut parfois surprendre, si ce n'est choquer les personnes extérieures à ce couple. Leur expression est parfois grivoise, un peu déplacée, voire lourde... Ils aiment et recherchent le piquant d'une libido exacerbée. En s'apprivoisant, ils peuvent décupler tout leur potentiel. La relation prédispose à entreprendre, à réussir, à développer leurs possibilités communes.

Expression 1 avec une Expression 9

L'expression est très différente, ce qui les conduit à s'exprimer d'une manière diamétralement opposée. Il est indispensable qu'ils acceptent leurs différences, sans quoi leur relation peut devenir compliquée. L'un est direct et sans détour, il ne cherche guère à moduler son expression alors que l'autre fait tout, en permanence, pour ne pas agresser ou paraître désobligeant. Sans acceptation et compréhension mutuelles, les risques de rupture sont importants. Nul doute que c'est le 1 qui aura le plus grand travail à faire pour tempérer son expression, de manière à ne pas effaroucher en permanence notre 9, ce dernier ne cherchant pas instinctivement ou intuitivement le combat. S'ils parviennent à trouver un terrain d'entente, et ce n'est pas gagné, leur sexualité peut être harmonieuse, sans quoi elle peut sombrer dans une forme de sadomasochisme, l'un étant très actif, l'autre passif. Côté matériel et financier, des hauts et des bas sont à craindre, ce qui peut intensifier considérablement le sentiment d'insécurité du 9. Le 1 s'efforce à obtenir une forme de réussite personnelle percutante, là où son partenaire cherche un environnement agréable et des relations altruistes. Ces importantes différences peuvent agir comme un formidable levier, de manière à leur permettre de prendre conscience qu'il est nécessaire de trouver un juste milieu en toute chose. Cette relation prédispose au dépassement, à la transformation intérieure.

Expression 1 avec une Expression 11

L'impulsivité, la réactivité et l'envie de se dépasser caractérisent principalement l'expression de cette relation. Tous deux cherchent à imprimer leur force de caractère à leur entourage. Tant qu'il y a un minimum de consensus dans leurs échanges, tout va pour le mieux, sinon il faut craindre quelques éclats de voix, pour ne pas dire quelques explosions. En fait, cette relation peut s'avérer très positive, mais elle n'est pas de tout repos. Chacun doit consentir un réel effort afin de ne pas empiéter sur l'autre, en évitant par exemple de lui donner des ordres. Le 1 est toutefois beaucoup plus directif et intransigeant dans ce qu'il veut imposer. A contrario, le 11, plus altruiste et humain, cherche à œuvrer pour le bien commun. Dans le domaine des affaires, des finances et du matériel, nombre de hauts et de bas sont à redouter car tous deux sont des précurseurs, des initiateurs, qui ne terminent pas toujours ce qu'ils ont impulsé. Ils devront s'efforcer à se montrer plus constants. Maintenant si c'est l'aventure qu'ils recherchent, ils se sont trouvés.

Sur le plan sexuel, c'est ou tout ou rien. Quand ils sont disposés, c'est un véritable feu d'artifices, sinon ils peuvent passer l'un à côté de l'autre sans se voir, car trop affairés par ailleurs....

Expression 1 avec une Expression 22

L'expression de ces deux protagonistes est diamétralement opposée. Le 1 dit facilement ce qu'il a à dire, et ce, sans détour, alors que notre 22, beaucoup plus réservé et réfléchi, affiche une très grande retenue lorsqu'il lui faut faire valoir ses opinions ou ses droits. C'est difficile de les associer car tous deux sont autoritaires et orgueilleux à leur manière. Dans le domaine des affaires, ils peuvent faire beaucoup l'un pour l'autre, le 22 assurant la stabilité et la bonne marche de leur projet, pendant que son partenaire défriche toutes sortes de potentialités nouvelles. Dans des registres plus intimes, l'association est beaucoup plus délicate. Le 22 n'apprécie pas particulièrement d'être bousculé, il n'apprécie pas davantage l'agitation. Quant au 1, s'il ne sent pas suffisamment de réactivité en face de lui, il a tendance à passer son chemin. Au niveau matériel, le 1 peut toujours compter sur son partenaire pour conserver ce qu'ils ont durement acquis.

Sur le plan sexuel, il va falloir qu'ils s'écrivent pour se donner des rendez-vous en fonction du planning. Le 22 n'est pas en reste en ce qui concerne ses envies charnelles, mais il est nécessaire d'y mettre les formes, or ce n'est pas la motivation première du 1, qui a plutôt tendance à être un excessif dans ce domaine.

Expression 2

La nature de cette expression est avant tout très émotive, ce qui provoque parfois des difficultés d'élocution. Ce sujet recherche l'harmonie, la conciliation. Il fait tout pour éviter les conflits, s'esquivant facilement quand il rencontre une trop forte adversité. Le caractère est souvent timoré, ce qui lui donne l'expression d'être arrangeant et prévenant, voire disponible. Ceci n'est pas toujours vrai car le côté capricieux et exclusif du 2 le rend égoïste, excentrique et sélectif. En quête du partenaire idéal, il a des difficultés à s'affirmer, ayant du mal à dire non, supportant difficilement la pression extérieure. Il s'avère parfois un peu trop casanier. C'est l'expression du subalterne idéal.

Plutôt rare, l'expression 2 est obtenue par le sous-nombre 20, addition de la valeur de toutes les lettres des prénoms du sujet et du nom de naissance de sa mère. Il peut aussi venir de l'addition directe d'une Aspiration 11 (toutes les voyelles) et d'une Réalisation 9 (toutes les consonnes) ce qui donne dans ce cas de figure 9 + 11 = 20 -> 2).

Expression 2 avec une Expression 2

Ces deux modes d'expression identiques ne sont pas animés par une énergie soutenue. Elles manquent d'un certain punch à cause d'une aura émotive très forte. Celle-ci a pour effet de souvent bloquer les initiatives de part et d'autre. La relation se veut harmonieuse, peu conflictuelle. Ils recherchent une quiétude de vie qui leur permet de vivre leur petit bonhomme de chemin tranquille, loin de toute agitation agressive et des éclats de voix intempestifs. Sur le plan affectif, ils cherchent avant tout à agir avec douceur, faisant preuve de beaucoup de retenues dans leurs ébats. Pour eux, il ne faut surtout pas froisser l'autre. La passion passe au second plan, derrière une forme de tendresse et un respect mutuel. Ils devront faire très attention à ne pas s'enfermer dans leur petit cocon, loin du tumulte de la vie de tous les jours. Possédant tous les deux un esprit caritatif, grâce à l'envie de recueillir et de protéger, ils chercheront sûrement à aider autrui, utilisant leur aisance matérielle et financière, sans toutefois se démunir eux-mêmes. Cette relation prédispose à la reconnaissance sociale et à la construction d'un édifice familial solide.

Expression 2 avec une Expression 3

Indéniablement, il y a une réelle possibilité que cette relation puisse déboucher sur la rencontre de l'Amour avec un grand A, car leur caractère les prédispose à cela. Tous deux recherchent le contact, le dialogue, en appréciant tout particulièrement d'être entourés par leurs proches. La gaieté communicative est au rendez-vous grâce à l'expression enjouée du 3, qui ne perçoit pas le 2 comme un rival. Ce dernier réservé et parfois timide, gagne énormément à côtoyer un partenaire particulièrement expressif. Nul doute que le 3 aidera notre 2 à sortir de sa bulle, à prendre confiance en lui, en s'effrayant moins vis à vis de ce qu'il ne connaît pas. Il devra tout de même faire attention à son expression parfois vive et blessante qui peut marquer l'émotivité du 2. Le 3 favorise les relations avec l'extérieur, stimulant par là-même les relations intimes. L'aspect juvénile est mis en avant. Il leur permet d'accéder à la nouveauté, voire au sensationnel, et à ne pas toujours s'embarrasser avec les tâches quotidiennes. Tout doit être agréable si possible, au point qu'ils en oublient parfois de saisir le taureau par les cornes lorsque cela s'avère nécessaire. La coopération ne doit pas être recherchée à tout prix, car dans leur expression, ils fonctionnent différemment. Un côté mondain trop prononcé peut avoir un impact défavorable sur les finances, entraînés qu'ils sont dans un tourbillon d'activités. Il est vrai que leur relation prédispose à la joie de vivre et à partager avec ivresse les plaisirs du couple et de la vie.

Expression 2 avec une Expression 4

Comme le bon vin, leur entente se bonifie avec le temps. Tous deux sont suffisamment matérialistes et protectionnistes pour mettre en exergue tout ce qui peut leur permettre d'accéder à une petite vie bourgeoise. Pour cela, ils peuvent dépenser leur énergie sans compter. Ils ont l'art et la manière d'afficher une certaine convenance qui frise parfois un manque évident de fantaisie et de décontraction. Leur cadre de vie est conditionné par leurs activités professionnelles souvent très prenantes. Ils apprécient particulièrement les personnes qui répondent aux critères qu'ils se sont fixés. En fait, ils aiment tous deux l'ordre, la discipline, le bon sens et l'efficacité pour leur plus grand bénéfice. En amour, plus sensuels que sexuels, ils préfèrent sans doute les gestes tendres aux ébats fougueux. Ils évitent les scènes de ménage. Sur le plan matériel et financier, la progression est le plus souvent certaine, tant ils savent faire preuve de prudence dans leurs investissements et leurs dépenses. En aucune manière ils ne cherchent à vivre en autarcie, ils préfèrent garder un œil sur le monde et ses activités. Ils peuvent être attirés par une juste cause à défendre. Cette relation favorise une vie familiale responsable et harmonieuse.

Expression 2 avec une Expression 5

Une attraction particulière s'exerce entre ces personnes, le 5 étant très attiré par le charme et la sensualité du 2, tandis que ce dernier est sensible à l'expression impétueuse de ce partenaire jamais avare de compliments. Sous l'influence du 5, ils cherchent à vivre de nouvelles expériences afin de découvrir tous les trésors cachés de l'existence. Ils aiment donner le change, ce qui donne l'impression à leur entourage qu'ils jouent un double jeu. Ici, la capacité à dialoguer et à expliquer du 5 peut aider notre 2 réservé à sortir de sa petite bulle, en l'entraînant parfois à vivre une vie non-conformiste et rebelle. Quand ils s'entendent bien, ils peuvent se montrer très excentriques, avoir des goûts hétéroclites et s'afficher d'une manière originale. A leur manière, ils aiment tous deux s'adapter aux situations et aux personnes. Nul doute que notre 5 entraînera son compagnon dans des voyages et la découverte de toutes sortes de cultures, suscitant en lui l'envie de se divertir. Ils partagent un goût pour le spectacle. Pour autant, notre 2 devra faire beaucoup de concessions pour supporter l'excitabilité et la nervosité de ce 5 qui remet sans cesse en cause sa quiétude.

Sur le plan sexuel une véritable entente est possible, à condition que le 5 supporte une relation somme toute un peu conformiste, et que son compagnon 2 accepte les incessants aller et retours du 5, ainsi que ses relations amicales parfois trop envahissantes. Une recherche commune d'éléments pouvant pimenter leur vie sexuelle n'est pas à exclure. Le 5 consacre énormément de temps à ses occupations, quelles qu'elles soient, bien souvent extérieures à sa vie conjugale, alors que le 2 est davantage centré sur sa vie familiale. Le 2, lui, est en mesure d'amener une certaine stabilité financière au 5. Sous une fausse apparence décontractée, tous deux sont sensibles à l'exploration de ce qui est caché et profond dans l'existence.

Expression 2 avec une Expression 6

Cette association est équilibrée, en dépit d'une réactivité émotive parfois excessive du 2, souvent provoquée par l'esprit critique du 6. Ce dernier est très attaché à s'exprimer de façon harmonieuse et parfaite. Les mots ont un sens et il ne se gêne pas pour le faire savoir. Malgré tout, ils recherchent l'harmonie au point d'éviter les conflits, ce qui peut amener une forme d'immobilisme, mais aussi les conduire à adopter un pacte de non agression. Leur expression favorise le goût pour les arts. Ils sont également très sensibles aux difficultés que leurs proches peuvent rencontrer. Le domaine associatif est privilégié, dès lors qu'il s'agit d'apporter aide et soutien. Peu enclins à se surpasser dans la compétition, il n'en demeure pas moins qu'ils sont attachés à garder une bonne forme physique, en privilégiant une vie saine si possible. Ils cherchent également à préserver leur intimité, ne révélant leur nature profonde qu'à un très petit cercle d'amis.

Sur le plan sexuel, la recherche des plaisirs passe par le respect mutuel et l'envie de satisfaire les désirs de l'autre. Les émotions du 2 faussent parfois son esprit analytique, en déteignant même sur l'esprit sagace de son compagnon 6. Ne cherchant pas systématiquement le conflit, celui-ci accepte cet état de fait en privilégiant le cœur plutôt que la raison. Ils aiment afficher leur bon goût, sans ostentation. Ils apprécient une vie matériellement confortable même si ce n'est pas leur objectif premier. Ils sont capables de se construire une vie profitable à tous. Ils sont particulièrement sensibles à tout ce qui repose sur la justice, l'équité et l'honnêteté.

Expression 2 avec une Expression 7

Cette relation est principalement basée sur les non-dits, ils ne cherchent pas à s'invectiver en permanence, privilégiant leurs intérêts, leur quiétude, leur tranquillité et leurs acquis. Il n'en demeure pas moins qu'ils sont très attentifs l'un envers l'autre, ne manquant pas une seule occasion de se faire mutuellement plaisir. Notre 7 ne craint absolument rien de son émotif compagnon qui n'est en aucun cas perçu comme un adversaire, bien au contraire. Notre 2, quant à lui, pourra toujours compter sur son protectionniste 7. Ce qui peut néanmoins le chagriner, c'est l'esprit indépendant et aventurier de son compagnon 7, qui cherche aisément querelle en dehors de son cadre de vie. Disserter sur le monde, le refaire, échanger des points de vue sur l'actualité dans un cadre agréable, voilà un joli programme ! Tous deux sont très attachés à la vie de famille, avec souvent l'envie d'enseigner. Pourquoi pas leurs enfants ? Ils apprécient d'être entourés de personnes cultivées et enrichissantes de par la profondeur de leurs idées. Ils peuvent néanmoins se sentir incompris par leur entourage, car ils se montrent trop souvent sélectifs vis-à-vis de leurs relations.

Sur le plan sexuel, l'élaboration d'un scénario est important, car tous deux aiment s'inventer des histoires. La religion, la spiritualité et toutes sortes de nobles causes peuvent renforcer leurs liens En revanche, il leur est parfois difficile de comprendre leurs émotions respectives. Ils doivent faire attention de ne pas mettre toujours en avant leur préoccupations financières, sans quoi une incompréhension peut survenir à cause de frustrations souvent imaginaires. Cette relation prédispose à développer une plus grande empathie leur permettant de mieux comprendre les autres.

Expression 2 avec une Expression 8

Tous deux expriment une sensibilité intimiste très particulière. Celle du 2 est avant tout basée sur une émotivité parfois excessive, alors que celle du 8 repose principalement sur l'envie de se satisfaire. L'expression du 2 n'est pas considérée comme conflictuelle par le 8, ce dernier étant suffisamment solide pour faire face à l'adversité. Nul doute que notre 2 parvienne à attendrir son compagnon qui parfois, sous son aspect austère, semble inaccessible. Le monde secret que le 8 cherche en permanence à protéger sera très difficilement accessible par le 2, sauf s'il se sert de son intuition légendaire. Avec le temps, un consensus peut s'installer et leur permettre d'améliorer leurs rapports souvent basés sur des non-dits. Le goût du pouvoir et/ou de la finance, expression première du 8, peut amener protection et tranquillité à notre 2 si celui-ci ne cherche pas trop à savoir. Notre 8, qui peut être lui aussi très sensible à la détresse humaine, est prêt à rendre service pour de nobles causes ; avec le 2, ils font la paire. Tous deux sont chanceux au point de s'attirer très aisément les bonnes grâces de leur entourage, et même d'avoir des gains inattendus. L'argent les intéresse beaucoup, au point qu'il serait souhaitable que leur manière de le gérer concorde, sans quoi des conflits d'intérêt risquent d'entacher leur partenariat.

Sur le plan sexuel, l'entente est souvent au rendez-vous, le 2 acceptant facilement les fantasmes de son partenaire, mais des problèmes peuvent surgir lorsqu'ils ne sont pas en phase à cause de leurs préoccupations respectives. Il va sans dire que si notre 2 recherche trop l'affection et la tendresse, il risque d'être déçu, ses frustrations pouvant engendrer de grosses tensions. Ils doivent apprendre à mieux se connaître, à accepter les états d'âme de l'autre, ce qui permettra à leur relation de trouver l'unité.

Expression 2 avec une Expression 9

Tous deux sont épris de tranquillité, de douceur et de paix, ce qui les conduit souvent à s'illusionner et vivre des rêves éveillés. Indéniablement, ils poursuivent un rêve d'unicité qui les conduit souvent à ne pas vouloir s'agresser l'un l'autre, tant ils souhaitent préserver leur quiétude. L'expression est douce, consensuelle et diplomate. Ils ont parfois tendance à passer pour des marginaux, adeptes de la non-violence. Il n'en demeure pas moins que tous deux aiment se retrouver entourés d'un climat favorable à leur désir de vivre une existence protégée, et qu'ils s'emploieront à concrétiser ce souhait. Tout ce qui a attrait à l'art, au monde artistique en général, est particulièrement favorisé, leur expression est musicale. Ils devront tout de même prendre garde de ne pas refaire le monde en permanence, selon leurs critères humanistes, ni de le fuir quand il devient trop pesant.

Ils associent facilement inspiration et sexualité, recherchant de nouveaux moyens de communier à partir de ces deux énergies. D'ailleurs, ils savent les utiliser de manière subtile, en se tournant vers la réflexion et les courants spirituels novateurs. Ensemble, ils devront apprendre à gérer leur argent, à être plus rigoristes et déterminés, mais aussi à faire valoir leurs droits. Certes, l'enrichissement n'est pas le but ultime de leur vie.

Expression 2 avec une Expression 11

La première expression du 2 est sa gentillesse, son envie de protéger ses proches, de faire de son univers un havre de paix. Il n'aura donc aucun mal à supporter un 11 farfelu et excessif, même s'il risque de le trouver un peu fatiguant à l'usage. Ce dernier, malgré ses envies d'explorer le monde qui l'entoure avec une forme d'indépendance et de liberté, est tout de même très humain, donc capable de composer avec notre émotif 2. Tous deux peuvent très bien s'entendre, surtout si l'humour, la gentillesse et la tendresse sont au rendez-vous. C'est dans le domaine matériel et financier que le 2 qui recherche avant tout la sécurité, risque d'avoir quelques soucis à se faire, le 11 ne brillant pas par sa capacité à être constant dans ce domaine. Professionnellement par exemple, notre 2 pourrait s'occuper de la boutique pendant que notre 11, grâce à ses nombreuses relations et sa capacité à se nouer rapidement des contacts avec autrui, ramènerait les clients. Notre 2 ayant besoin de se créer un foyer, s'il parvient à accepter de l'élargir suffisamment pour y accueillir tous les amis du 11, tout ira bien, sinon son partenaire risque souvent d'arriver en retard le soir.

Au niveau sexuel, certes, ils ne vont pas forcément explorer toutes les facettes du kamasoutra, mais ils peuvent vivre leurs sentiments et leurs sensualités de façon pleine et entière. Là encore, si notre 11 accepte les désirs de progéniture de son partenaire, tout va bien.

Expression 2 avec une Expression 22

L'expression du 2 faite de douceur, parfois empreinte d'une émotion mal maîtrisée, est souvent immature. Le 2 ne cherche pas à rentrer en conflit, ni à imposer ses points de vue, il a souvent peur de se confronter à une réalité qu'il juge un peu dure. Tout ceci est diamétralement opposé à l'expression de son partenaire 22 qui est beaucoup plus âpre et endurant quand il veut imposer ce qu'il tient pour vrai. L'opposition du 2 et du 22 est forte, mais paradoxalement, elle est complémentaire. D'une manière ou d'une autre, le 22 sera de bon conseil pour son timoré partenaire, il lui insufflera une certaine force ou au moins une apparente protection. Quant à notre 2, grâce à sa gentillesse, il saura sûrement faire fondre son rustique 22. Tout ce qui touche aux aspects matériels, immobiliers et autres, est particulièrement favorisé dans ce type de relation.

Au niveau sexuel, ils peuvent très bien s'entendre, même s'il n'y a pas nécessairement de fioritures. Tous deux étant très attachés aux relations familiales, nul doute qu'ils peuvent vouloir et avoir une importante progéniture. Ensemble, ils peuvent aussi créer des refuges pour toutes sortes d'êtres en difficulté.

Expression 3

Charmante personnalité marquée par la générosité, la disponibilité et une véritable qualité d'écoute. Ce personnage aime mettre de l'ambiance, s'exprimer haut et fort, parfois trop d'ailleurs. Il apprécie les joutes verbales et possède un esprit de contradiction. Il peut même paraître très inconstant, on lui pardonne, il est tellement jovial ! Socialement, il a tendance à vouloir plaire, quitte à jouer un double jeu, au point de se perdre dans son propre labyrinthe. Des intérêts multiples le conduisent à explorer toutes sortes de domaines aussi différents les uns que les autres. Son expression est sagace et caustique, elle peut en déranger plus d'un. Il devra avant tout s'efforcer de ne pas émettre des critiques sur tout ce qui lui déplaît, ni donner son avis quand on ne le lui demande pas. Son esprit est parfois démagogue, il lui arrive d'ailleurs souvent de prêcher le faux pour avoir le vrai, ou d'obtenir une information par un tiers. Dynamique, surtout lorsqu'il est soutenu dans ses initiatives, il est efficace, pratique et sait aller à l'essentiel. Parce qu'il les aime, il relève assez facilement les challenges. Il exprime aisément sa créativité. Constructif socialement, il n'a pas son pareil pour nouer de nombreuses relations le conduisant à des contacts avec des personnes d'horizons différents. Il a néanmoins tendance à être parfois complaisant et/ou superficiel.

Expression 3 avec une Expression 3

Ces deux feux follets, parfois très agressifs dans leur expression, n'ont pas fini d'étonner. Ils affichent fréquemment une belle concordance sur leurs points de vues, mais ils peuvent tout aussi bien exprimer leurs désaccords avec force, et ce, sans états d'âmes. Ils ont, bien entendu, beaucoup de choses en commun qu'ils peuvent aisément partager, comme des adolescents insouciants. Ils affichent un goût prononcé pour la vie d'autant que leur esprit de compétition, si ce n'est de contradiction, les entraîne à exprimer sans détour leurs stratégies. Leur terrain de prédilection est essentiellement tourné vers le relationnel. Tout ce qui touche à l'envie d'explorer de nombreux domaines, tels le domaine artistique, la danse, la photographie est favorisé, ainsi que tout ce qui nécessite une gymnastique, même mentale, comme la technique et l'enseignement. L'expression du 3 est rarement mesurée, elle a donc besoin d'être canalisée, or aucun des deux n'est en mesure de le faire. Il leur faut donc se tourner vers l'extérieur, sans quoi, si les choses ne fonctionnent pas bien, leur esprit critique peut aisément prendre le dessus. Ils doivent s'efforcer d'être moins superficiels et plus constants dans ce qu'ils espèrent concrétiser. Les finances risquent de subir des hauts et des bas.

En ce qui concerne le domaine sexuel, ça peut être ou tout, ou rien. C'est soit la découverte permanente, soit un désintérêt du à un manque d'expression intime et de profondeur.

Expression 3 avec une Expression 4

La relation peut être positive, si notre 4 protecteur ne cherche pas trop à canaliser l'insouciant 3. Or ce dernier aime s'exprimer d'une manière rationnelle, et il supporte difficilement les restrictions. Quant à notre 4, il a du mal à s'accommoder de la nature parfois un peu trop juvénile de son partenaire, mais a contrario, il appréciera son côté rigoriste et organisateur. Le 4 ayant besoin de stimuli, il est tombé sur la bonne personne ; mais point trop n'en faut ! Ils doivent prendre le temps de se découvrir mutuellement, surtout pour le 3 qui est souvent trop pressé. Les deux recherchent la paix, mais notre 3, de par sa nature directe, s'attire souvent des contradicteurs. Comme il aime s'exprimer sur tout et sur rien, il a des difficultés à comprendre un partenaire qui préfère ruminer à de longues discussions qu'il peut juger stériles. Le 4 est un artisan, privilégiant plus dans son expression l'efficacité et le concret. Il est plutôt calme et doux, alors que le 3 est agité et vif. Le 4 est réservé, parfois un peu bourru, alors que le 3 est très tourné vers les contacts et l'extérieur. En ce qui concerne le domaine financier, le 3 n'est pas toujours très constant, mais il peut s'appuyer sur la redoutable efficacité du 4 pour gérer les affaires.

En ce qui concerne le domaine sexuel, ils ne se complètent pas vraiment parce que notre 4 est avant tout un être qui a besoin de vivre intensément ses sensations, en opposition avec son partenaire beaucoup plus cérébral.

Expression 3 avec une Expression 5

Cette relation n'est pas de tout repos car ils n'ont pas leur pareil pour exprimer ce qu'ils ressentent et leur passe par la tête. Ils sont enjoués, prompts à relever toutes sortes de défis, l'optimisme est leur marque de fabrique. Ni l'un ni l'autre n'est stable. Leur envie de marquer leur originalité et leur différence est bien réelle. Il leur faudra faire un réel effort pour calmer leurs ardeurs en se montrant davantage tempérés, s'ils ne veulent pas se contredire en permanence. Leur esprit gai et amusant peut aider à contourner les obstacles qui se dresseront indéniablement. Ils peuvent s'apporter beaucoup mutuellement, car ils aiment faire participer l'autre. Ils devront toutefois apprendre la sagesse, ce qui n'est pas gagné. Ils peuvent apparaître surfaits, éloignés de la réalité, un peu trop distraits. Au niveau finance il y aura indéniablement des hauts et des bas, car ni l'un ni l'autre n'accepte les conseils, chacun préférant expérimenter. Ils aiment avoir de nombreuses relations. Leur richesse vient d'abord du fruit de leurs expériences et de leurs contacts. Soulignons au passage que le 3 est plus critique, donc plus sage dans l'action.

Au niveau sexuel, ils peuvent très bien s'entendre, à condition d'arriver à l'heure au rendez-vous qu'ils se sont fixés, et de prendre le temps de se consacrer davantage l'un à l'autre. Ils vont sûrement essayer le kamasoutra sur le dos d'une baleine ! Pourquoi pas, après tout, si ça n'a jamais été tenté !

Expression 3 avec une Expression 6

La relation peut paraître idyllique à prime abord, car tous deux sont tournés vers l'envie d'exprimer une certaine perfection, et d'être irréprochables en toutes choses. Mais tout n'est pas si rose, surtout quand ils cèdent à leur esprit critique, en cherchant à s'imposer mutuellement ce qu'ils tiennent pour vrai. Ils ont un véritable respect l'un pour l'autre, mais ils peuvent finir par s'ennuyer à force de vouloir s'afficher comme trop sérieux. Un risque de sclérose peut surgir s'ils ne dépassent pas leur désir de perfection. Tout ce qui touche au domaine artistique, à la décoration, à l'envie d'enjoliver le quotidien est favorisé. Ils sont intelligents, se comprennent bien et cherchent avant tout à idéaliser leur union. Le domaine de l'éducation des enfants est un point sur lequel ils ne transigent pas. Ils sont aussi très sensibles aux activités sociales. Ils expriment une volonté de se créer un monde parfait, matériellement et financièrement, car ils aiment être comblés ; en tous les cas c'est ce qu'ils veulent faire percevoir aux autres. Ils sont attentifs aux conseils qui sont de nature à leur épargner les coups durs. Le plan financier et matériel est favorisé, dès qu'ils sont en mesure d'accepter les contraintes dues aux aléas de la vie et ses contretemps.

Sur le plan sexuel, ils doivent s'efforcer de ne pas trop « cérébraliser » la chose, sinon ils risquent de passer à coté des véritables plaisirs en ne ressentant pas la variable sensuelle. Il leur est conseillé de se détendre et d'accepter qu'un corps de chair a ses propres exigences, voire des imperfections.

Expression 3 avec une Expression 7

Leurs modes d'expression respectifs sont diamétralement opposés, ils ont tout à apprendre l'un de l'autre. Ce sont deux communicateurs, l'un est direct et sans détour, il s'ouvre rapidement, alors que l'autre affiche une certaine réserve en faisant le tri parmi ses interlocuteurs, tout en faisant très attention à ce qu'il a à dire. Les relations sont parfois difficiles, mais elles permettent une réelle complémentarité. Ils sont curieux de tout, mais l'un survole alors que l'autre cherche toujours à approfondir. S'ils ont un but commun, ils sauront faire abstraction de ce qui les dérange chez l'autre. Ce sont deux stratèges portés sur l'enseignement, la communication et l'envie de maîtriser tous les aspects de leur vie. Ils possèdent un esprit critique qui les rend très attentifs aux détails qui clochent, mais tandis que le premier est sceptique et se veut rationnel, le second est davantage porté par la foi et l'idéal. Ils opteront pour l'exploration de toutes sortes de méthodes et de moyens pour acquérir un confort de vie.

Sur le plan sexuel, ils doivent laisser libre cours à leur imagination fertile et débordante, ce qui leur évitera de rentrer dans une routine trop sclérosante.

Expression 3 avec une Expression 8

La relation est pour le moins originale, car autant le 3 manifeste une certaine franchise et ne cherche en aucune manière à dissimuler quoi que ce soit, autant le 8 est son opposé. Certes, ce dernier est lui aussi spontané à sa façon, donc finalement expressif, mais il sait d'instinct qu'il doit préserver son jardin secret. Il est avant tout d'une nature méfiante, car lui, plus que quiconque, connaît les troubles marécages intérieurs de tout à chacun. Les rapports peuvent être bons, d'autant que notre 8 se sent en sécurité, même si parfois, il doit supporter quelques remarques et/ou critiques de son partenaire. Leur mode d'expression est donc différent, mais cela ne les empêche pas de chercher tous deux à faire une forte impression sur leur entourage. Les discussions peuvent être très positives, le 8 apportant sa retenue et sa profondeur, le 3 son élan. Ils aiment relever les défis et les challenges, formant ainsi une fine équipe capable de faire face à l'adversité. Ils devront apprendre à bien choisir leurs amis et relations de manière à se préserver une certaine intimité. Ils ont beaucoup d'énergie à revendre, ce qui leur permet de trouver toutes sortes d'opportunités pour réussir, d'autant plus qu'ils sont très pragmatiques.

Le domaine sexuel n'est pas en reste non plus pour ce qui est de leur envie d'explorer et de faire de nouvelles expériences. Ils doivent veiller à ce que leur sexualité ne devienne pas un exploit sportif. Gageons que le 8 parviendra à faire tomber les barrières naturelles du 3, surtout lorsque celui-ci devient trop cérébral.

Expression 3 avec une Expression 9

La relation peut s'avérer très difficile, car pendant que l'un n'a de cesse de relever de nouveaux défis, l'autre cherche la quiétude, la douceur et le confort. Toutefois l'entente peut être positive car, dans tous les cas, notre 9 sait qu'il doit temporiser, de même qu'il sait aussi que sa nature empathique lui permet de comprendre les raisons qui agitent son partenaire. L'expression du 9 a de la hauteur, ce personnage fait preuve d'une grande mansuétude dans sa manière de s'exprimer, en évitant de blesser quiconque, ceci n'est absolument pas le cas du 3 qui, direct, ne se gène pas pour dire ce qu'il pense. Cela dit, la relation peut être bonne si tous deux font un effort pour se comprendre, ce qui à prime abord n'est pas gagné. Le 9 devra accepter de suivre ce 3 agité (souvent contre son gré), ce qui l'obligera à se faire un peu plus violence. Quant à son compagnon, il devra s'efforcer de calmer son impatience et son ardeur. Ils peuvent beaucoup ensemble, toutes sortes de domaines et d'activités leur sont possibles. Tout ce qui touche aux domaines de l'éducation et du social est favorisé. Ils feront tout pour se mettre à l'abri financièrement et matériellement, même si pour eux, l'argent sert avant tout à concrétiser leurs rêves. Les relations amicales peuvent être nombreuses et enrichissantes, s'établissant parfois au-delà des frontières.

En ce qui concerne le domaine sexuel, le raffinement et l'ambiance romantique dispensés par le 9 apportent beaucoup à un 3 parfois un peu trop étriqué dans son expression sentimentale. Notre 3 gagnera ainsi en douceur.

Expression 3 avec une Expression 11

Leur expression se veut avant tout aérienne et synthétique, au risque de paraître parfois surfaite. Ils peuvent très bien s'entendre dans toutes sortes de domaines où la dialectique est favorisée, et où il est nécessaire de convaincre ou de débattre. Tant qu'ils sont sur la même longueur d'ondes et qu'ils peuvent échanger sans trop d'agressivité, tout va pour le mieux, sinon les rapports peuvent devenir très vite conflictuels. Tous deux sont parfois un peu trop expéditifs, et/ou un peu trop directs. S'ils veulent avoir des relations durables, il va falloir qu'ils apprennent à y mettre des formes, et à ne pas chercher systématiquement la compétition.

Au niveau sexuel, il est clair que le cérébral joue un grand rôle, provoquant par là même des blocages en fonction de l'état de préoccupation de l'un ou de l'autre. Ils doivent apprendre à exprimer leur ressenti plutôt que de rester dans l'analyse pure et dure. Pour cela, leur nature impulsive et juvénile peut se compléter à merveille et amener une certaine complicité.

Expression 3 avec une Expression 22

L'expression souvent muette du 22 ne s'accorde pas vraiment avec celle du 3 qui est avant tout directe, franche et parfois un peu envahissante. Notre 22 n'exprime pas systématiquement tout ce qu'il a au fond de lui-même, pas plus qu'il ne dévoile ses stratégies. Il n'aime surtout pas qu'on vienne ostensiblement marcher sur ses plates bandes, ni qu'on envahisse son univers réservé. Or, c'est ce que notre 3 affectionne par dessus tout ! Cette relation s'apparente plus à celle qu'entretient un professeur avec un élève ou un aïeul avec son petit-fils...

Au niveau amoureux, ils auront souvent des difficultés à se retrouver, car notre cérébral 3 a besoin d'exprimer, d'échanger, alors que notre 22, beaucoup moins loquace, a tendance à aller directement au but, ne s'embarrassant pas tout le temps de fioritures, ni de décorum.

Expression 4

Dès qu'il se sent bousculé, ce personnage avant tout prudent, a tendance à opposer une certaine inertie, ainsi que sa réserve naturelle. Mesuré dans ses propos, il n'aime pas s'exprimer outre mesure, préférant l'efficacité et le labeur. Il est plus à l'aise dans les situations concrètes car il se veut maître de son destin d'une façon pragmatique.

C'est une personne de confiance qui a le sens du devoir et des responsabilités, et qui met un point d'honneur à terminer ce qu'elle a commencé. Elle prend rarement les initiatives, car elle a besoin de se sentir en sécurité avant de s'engager. Elle est sensible aux conseils, mais parfois son entêtement l'aveugle. Elle apprécie tout particulièrement d'être encouragée par ses proches pour aller de l'avant. Une fois décidée, elle est redoutable d'efficacité. Comme son expression se veut teintée d'efficacité, sa réussite est pratiquement assurée, même si elle s'inscrit dans le temps. Elle doit toutefois se garder d'une forme de rigidité, de lourdeur et d'absolutisme.

Expression 4 avec une Expression 4

La relation peut paraître très bonne puisqu'ils ont tous deux le même mode d'expression... Pourtant la réponse est mitigée, car s'ils recherchent la quiétude et le confort, ils le font en se préservant et en mesurant leurs propos, de sorte que tout ceci n'est pas très dynamisant. Cela dit, s'ils partagent les mêmes envies, s'ils ont une profession qui les réunit du genre artisanat ou commerce nécessitant un savoir-faire, tout va pour le mieux. Le plus souvent c'est l'efficacité, la concrétisation matérielle de leurs désirs et la jouissance de tout ce que peut leur apporter la vie qui priment. En revanche, cette difficulté qu'ils ont à échanger, à sortir de leur côté un peu renfrogné pour dire ce qu'ils pensent, peut réellement poser problème. Ce qu'ils font percevoir malgré tout, c'est leur attachement à une vie matérielle et financière comblée, ainsi qu'à une vie familiale paisible.

En ce qui concerne la vie sexuelle, elle est très tournée vers les plaisir des sens et se conjugue à tous les plaisirs terrestres au sens large. Ils devront tout de même se faire un peu violence pour dépasser une certaine pudeur et réserve naturelle.

Expression 4 avec une Expression 5

Ils sont diamétralement opposés dans leur expression. L'un est réservé et parfois taciturne, alors que l'autre cherche sans cesse à prendre de la hauteur, quitte à passer pour un être surfait et indifférent. Cela dit, l'amical 5 ne dédaigne pas la collaboration avec le 4 car il apprécie tout particulièrement sa sensualité, ainsi que cette aura calme et tranquille qui tranche avec sa nervosité légendaire. Cependant, le 4 devra savoir que le 5 est changeant et rapide, qu'il ne mâche pas ses mots et qu'il ne dissimule rien dans son attitude. Si le 4 parvient à supporter ce fatiguant et turbulent compagnon, tout va pour le mieux, sinon il y a vraiment incompatibilité de personnalités ! Le 5 n'est pas agressif de nature, mais il est explosif. Il peut donc en choquer plus d'un, surtout notre 4. Il devrait donc ralentir un peu, et se mettre à la portée de son compagnon pour patiemment l'écouter quand cela est nécessaire. Par ailleurs, les finances et les aspects matériels ne sont pas les préoccupations premières du 5, alors qu'elles sont essentielles aux yeux du 4. Là encore, de longues discussions en perspectives !

En ce qui concerne les relations sexuelles, elles peuvent être agréables, notre 5 pouvant facilement tomber sous le charme légendaire du 4. En retour, ce paisible 4 ne dédaigne pas le côté un peu extravagant de son partenaire.

Expression 4 avec une Expression 6

Très bonne relation en perspective, car tous deux aiment faire valoir leurs intérêts communs. Que cela soit dans une relation professionnelle ou à la maison, il n'y a aucun nuage à l'horizon. Notre intimiste 4 a trouvé un partenaire idéal qui va sans cesse s'efforcer de donner corps à ce qu'il exprime. Non seulement ils sont branchés sur la même longueur d'onde dans leur relation, mais ils aiment leur confort de vie, et pourraient même accéder tôt ou tard à une vie bourgeoise. Comme ils détestent se faire du souci pour les choses domestiques, ils anticipent dans ce domaine.

Leurs échanges sont empreints de respect, de bienveillance et d'écoute. Notre 6, en mettant les points sur les i et en donnant une articulation à sa pensée, met un point d'honneur à faire valoir ses points de vues sensés et logiques. Peut-être que cela aura le mérite de mettre un terme à cette manière de ruminer qui est la prédilection toute naturelle du 4. Entre ces deux êtres, il y a une réelle quête d'harmonie, de confort et de tranquillité.

En ce qui concerne le domaine sexuel, ils s'entendent très bien. Ils auront beaucoup de tendresse et d'affection l'un envers l'autre. Ils rechercheront sûrement des plaisirs sexuels en rapport avec les massages, etc.

Expression 4 avec une Expression 7

Le 7 est entreprenant, charmeur, il n'a pas son pareil pour subjuguer un 4 sensuel qui n'en demandait pas tant. Les deux sont plutôt intimistes, mais à leur manière. Tout deux rechignent à se laisser mettre à nu, surtout avec des personnes étrangères à leur cadre de vie. Ils sont attirés par ce qui est beau, et parfois très cher. Notre 7 qui adore faire des cadeaux à l'être aimé, ne pouvait pas mieux tomber car le 4 adore ça. Ils sont donc au diapason quand ils expriment leurs desiderata. Ensemble, ils cherchent à se créer un cadre de vie agréable à l'abri des regards indiscrets. La collaboration professionnelle peut être on ne peut plus bénéfique. Avisé et protecteur est le 7, prudent et matérialiste est le 4, ils se complètent donc très bien ! Relevons encore que l'élitisme du 7 associé au conservatisme du 4, les pousse à filtrer ce qui ne leur convient pas.

En ce qui concerne le domaine sexuel, les deux aimant la subtilité, ils feront tout pour jouir de plaisirs raffinés.

Expression 4 avec une Expression 8

Les aspects matériels et financiers sont au centre de leurs débats. Tout ce qui touche à la volonté d'afficher une sérénité, une certaine maîtrise des évènements de la vie, quels qu'ils soient, est mis en exergue. Le 4 cherche à préserver ses intérêts et ce qu'il possède, il a besoin de se sentir en sécurité, en aucune manière il n'affiche une confiance aveugle vis-à-vis de son partenaire. Si notre 4 suspicieux ne se formalise pas trop sur les éventuelles frasques de son compagnon, s'il ne cherche pas à intervenir (ce qu'il fait rarement) dans ses affaires, tout ira pour le mieux, sinon notre 8 risque de ressentir ses interventions comme une violation de son univers secret. Tous deux sont réservés à leur façon. Ils ne cherchent pas trop à s'afficher, le 4 à cause de prudence naturelle, le 8 par souci de ne pas dévoiler ses stratégies (parfois canailles).

En ce qui concerne le domaine sexuel, l'entente est possible, notre 8 pouvant arriver à bout des pudeurs de son partenaire. Notons toutefois que le 4 est avant tout sensuel alors que le 8 est plutôt sexuel, ce qui peut poser problème. Gageons que le 8 saura expliquer à son compagnon comment atteindre le nirvana grâce au kamasoutra.

Expression 4 avec une Expression 9

La relation est basée sur l'entente et la compréhension mutuelle grâce à l'empathie naturelle du 9, cette qualité qui lui permet de deviner son partenaire sans que celui-ci soit dans l'obligation de s'exprimer... Cela tombe bien puisque ce n'est pas son expression première, le 4 préfère ruminer. Tout dans leur démarche est fait pour préserver l'autre, mais ils devront tout de même se faire un peu violence pour exprimer ce qui ne va pas. L'émotivité du 9 et son extrême sensibilité ne laissent pas notre 4 insensible, celui-ci ne voyant pas d'inconvénient à le protéger. Ensemble, ils cherchent avant tout à préserver leur tranquillité, leurs intérêts et leur confort de vie. Le poids des responsabilités pouvant effrayer un 9 qui a tendance à les fuir, c'est bien grâce à la capacité de son compagnon à se protéger matériellement et financièrement qu'il trouvera son havre de paix. Nul doute que leur expression est du domaine du sensible, que tout ce qui touche au domaine artistique est présent. Le décorum, l'ambiance, les vibrations positives, voilà toutes sortes de domaines qu'ils aiment explorer.

En ce qui concerne la sexualité, malgré une réserve et une pudeur naturelles dans leur expression respective, ils font tout pour explorer toutes sortes de délices sensuels.

Expression 4 avec une Expression 11

L'expression du 4 est taciturne, paisible, voire introvertie. Elle est très opposée à celle directe, franche et souvent explosive du 11. Ce dernier ne sait pas toujours tempérer sa nervosité, il est irritable, et ce n'est pas notre silencieux 4 qui va l'apaiser. Au contraire, celui-ci aura tendance à trouver que son partenaire est fatigant, et qu'il lui

« bouffe » un peu trop son espace vital. Ce partenariat peut toutefois être positif si le 11 modère ses expressions, et si notre 4 consent tout de même à faire un effort pour au moins l'écouter. Il s'avère plus que nécessaire que le 11 comprenne que son partenaire a besoin de longs moments de tranquillité. En retour, sur le plan matériel et financier, le 11 bénéficiera de la sagesse et du conservatisme légendaire de son compagnon.

Aux niveaux sexuel et amoureux, ils peuvent très bien s'entendre, mais leur relation risque d'être cyclique. En fonction de leurs capacités à se comprendre et à communiquer, ils peuvent être tantôt très proches, tantôt très éloignés.

Expression 4 avec une Expression 22

Ils ont tendance à fonctionner de la même manière, n'étant pas plus animés que cela par l'envie d'exprimer en permanence qui ils sont et/ou ce qu'ils désirent faire. N'aimant pas parler pour ne rien dire, ils apprécient avant tout d'être pris au sérieux. Sans être des sauvages, ils ne sont pas animés d'une convivialité spontanée. Au-delà d'un indéniable goût pour tous les aspects matériels de la vie, particulièrement favorisés sous cet aspect, ils risquent de tomber dans un certain ennui, une forme de routine qui peut être préjudiciable à leur relation. Tous deux sont stables, avec une nette tendance à écarter tout ce qui repose sur du sable.

Dans leur relation amoureuse, l'entente peut être au rendez-vous car ils aiment jouir des plaisirs de la vie. Ils sauront s'entourer de ce qui est indispensable à leurs yeux.

Expression 5

Ce personnage est rebelle aux normes, à la routine et à l'enfermement. Il est mobile, disponible, prêt à relever toutes sortes de défis et à explorer tous les horizons possibles. Il a besoin de mouvements, d'activités et de contextes variés, il est très réactif, voire révolutionnaire, parfois trop explosif. Ses propos sont directs et sans détour, ils peuvent en heurter plus d'un, même s'ils ne sont pas obligatoirement dictés par une intention de nuire. Pour autant, ils peuvent être ressentis comme agressifs tant est directe sa façon d'exprimer les choses.

Le 5 possède une capacité hors norme pour rebondir et s'adapter aux circonstances de la vie. Il peut encaisser assez aisément les conséquences des événements. Il est vrai qu'il comprend très vite les situations en sachant composer avec. Il revendique son espace de liberté et se veut original. Il est apte à se remettre en cause, à modifier si nécessaire ses propos en fonction de son auditoire. Il est sensible aux conseils, dès lors qu'ils lui semblent fondés et intelligents. Ingénieux, habile, rapide, il peut devenir anxieux, influençable et/ou excessif dans sa quête de plaisirs.

S'il veut réussir, il devra tout de même s'efforcer de comprendre qu'il ne doit pas toujours compter sur son entourage, pas plus que sur ses amis.

Expression 5 avec une Expression 5

Tous deux aiment les voyages, les découvertes, ils adorent s'exprimer, donner leur avis et s'ouvrir au monde. Cette relation n'est pourtant pas de tout repos car ils sont excessifs en tout. Il est clair qu'ils ont beaucoup de points communs, ce qui peut paradoxalement poser problème car l'expression du 5 se voulant originale par essence, elle supporte difficilement la concurrence. De plus, ils sont dotés d'un esprit de liberté et d'indépendance qui ne joue pas en faveur d'une relation durable. Ce n'est que l'esprit fraternel et amical qui les réunit. Tout ce qui touche aux aspects financiers est peu favorisé dans cette relation, car il ne s'agit pas de leur préoccupation première. Pierre qui roule n'amasse pas mousse. Ils ont envie d'avoir des amis avec lesquels ils peuvent avoir de longues conversations pour refaire le monde, voire en inventer un autre. Leur expression est souvent explosive et colérique, donc attention aux éclats de voix !

En ce qui concerne la sexualité, toutes les expériences étant pour eux bonnes à vivre, gageons qu'ils sauront innover dans ce domaine. En revanche, ils ont une réelle difficulté à faire la différence entre amour et amitié profonde.

Expression 5 avec une Expression 6

Les relations peuvent s'avérer difficiles car leur mode d'expression est diamétralement opposé. L'un est expansif, sans limite, alors que l'autre est méthodique, précis et efficace. Si chacun accepte la particularité de l'autre, tout ira pour le mieux, sinon ils seront constamment en train de se contredire. Notre 5 va trouver que le 6 est bien trop pinailleur, pas suffisamment libéré, ce qui à ses yeux a tendance à bloquer ses élans. Il va sans dire que pour notre 6, ce feu follet de compagnon doit être un petit peu canalisé et responsabilisé. S'ils parviennent à se comprendre, ils peuvent faire beaucoup de choses ensemble, car le 6 a la capacité d'appliquer avec méthode ce que le 5 veut entreprendre. Ce dernier pourra donc au moins bénéficier d'un appui sincère et efficace, il pourra même compter sur lui pour gérer un peu mieux ses finances. Le 6 aime les relations et les mondanités, mais il devra tout de même faire une sérieuse sélection parmi les amis du 5, qui lui, ne sait pas toujours trier le bon grain de l'ivraie.

En ce qui concerne les relations sexuelles, gageons que le 5 saura faire tomber les barrières d'un partenaire parfois trop critique. Celui-ci devra accepter la présence parfois envahissante des relations amicales que le 5 se fait facilement.

Expression 5 avec une Expression 7

Cette relation peut être positive, à condition qu'ils gardent bien à l'esprit que si leur champ d'expression est étendu, ils n'apprécient ni l'un ni l'autre de se sentir contraints et forcés d'agir contre leur volonté. Tous deux sont indépendants, ils aiment explorer au-delà de leur cadre de vie, mais ils ne le conçoivent pas de la même manière. Le 5 est extraverti, il a besoin de s'exprimer sans retenue et/ou sans artifice, acceptant difficilement d'être remis en question. Le 7 n'apprécie pas non plus cet état de faits, il a lui aussi besoin d'affirmer ce qu'il tient pour vrai, mais d'une manière plus réservée, en se livrant beaucoup moins que son compagnon. Ils devront tous deux s'efforcer de garder une certaine liberté d'action, de ne pas trop empiéter l'un sur l'autre afin de laisser libre cours à leur envie d'exploration et de compréhension du monde qui les entoure. S'ils désirent voyager, ils formeront une fine équipe. Des distorsions peuvent toutefois se manifester en ce qui concerne leurs relations, le 7 aimant filtrer et sélectionner en fonction de ses critères élitistes, alors que le 5 n'en a cure. Pour ce qui est des finances et du matériel, il vaut mieux que le 5 laisse à son partenaire le soin de gérer leurs affaires.

Au niveau sexuel, ils peuvent très bien s'entendre, mais il ne faut jamais oublier que le 5 est libre, sans attache, et encore moins formel. Quant au 7, il aime explorer tous les délices de la sexualité d'une manière souvent romantique et sentimentale, n'appréciant surtout pas d'être contraint de s'éloigner de ses habitudes et/ou de son petit confort.

Expression 5 avec une Expression 8

Dans cette relation c'est ou tout, ou rien. Ils ne fonctionnent vraiment pas de la même manière, le 5 est extraverti, il ne cache rien, il met même un point d'honneur à s'afficher comme quelqu'un d'honnête, droit et franc, à l'opposé de son partenaire. Maintenant, s'il s'agit de faire les larrons en foire, d'exécuter des coups tordus ou de se lancer dans des aventures périlleuses, ils se sont vraiment trouvés, car ni l'un ni l'autre n'a de retenue. Ils aiment tellement se dépasser pour essayer de voir où sont leurs limites ! Le 5 peut tirer un très grand bénéfice de cette relation, ne serait-ce que pour les aspects financiers et matériels que notre 8 met toujours en exergue. Tout ce qui touche aux domaines du spectacle et du cinéma est favorisé.

Ce couple risque de paraître hors norme, original et décalé aux yeux des autres. Cela dit, notre 8 a aussi besoin de s'extraire du tumulte, il lui faut des moments de tranquillité, or le 5 peut à cet égard lui paraître parfois trop agité et nerveux dans la manière d'exprimer ce qui le motive.

Sur le plan sexuel, ils peuvent très bien s'entendre car tous deux aiment explorer des univers nouveaux et jouissifs. Parviendront-ils pour autant à maintenir une certaine fidélité ?

Expression 5 avec une Expression 9

Cette relation peut être difficile en apparence, car d'un côté notre 5 s'exprime sans retenue (il ne veut pas ressentir de limite), alors que le 9 cherche à ne blesser personne, ni à troubler outre mesure son environnement. Heureusement, tous les deux sont humanistes, leur principal souci étant de préserver leur entourage afin d'œuvrer pour le bien commun. Cette relation peut être positive car ils se comprennent souvent à demi-mots. Le 5 est intelligent et progressiste, il ne cherche pas à cacher son jeu, mais il paraît parfois surfait. C'est là que notre 9 intuitif, sensible et empathique devine aisément son jeu, ce qui lui permet de s'adapter et de le comprendre au-delà même de son expression première. Il y a quelque chose du jeu du chat et de la souris entre eux. Grâce à son inertie légendaire, notre 9 parvient à apaiser la diatribe du 5. Ils devront toutefois se garder de ne pas trop idéaliser leur union en se croyant au-delà de la réalité. Très inspirés, ils sont en quête de l'absolu, mais ils devront faire un réel effort pour assurer tout ce qui touche aux finances et aux aspects matériels de leur vie.

Sauf à être partis en Inde étudier toutes les subtilités du kamasoutra, ils peuvent tout aussi bien se contenter d'exprimer leur sexualité en greffant tous les bienfaits apportés aux corps par différentes techniques (massage, méditation...). Ils savent aussi ronronner l'un à côté de l'autre.

Expression 5 avec une Expression 11

L'expression de ces deux protagonistes est expéditive, sans détour, parfois explosive. Ni l'un, ni l'autre ne cherche systématiquement le conflit, mais la façon qu'ils ont de dire tout ce qu'ils ressentent et qui leur passe par la tête peut facilement dégénérer en une foire d'empoignes. Les coups de gueule sont brefs, soudains et virulents. Les jugements à l'emporte pièce le sont tout autant. La tempérance est un mot qui ne figure pas dans leur dictionnaire. Ils devront sérieusement apprendre à arrondir les angles de manière à ménager leur susceptibilité respective. Ils sont portés par des élans qui ne s'inscrivent pas toujours dans le temps, car leur impatience est légendaire, et ceci ne favorise pas vraiment une vie matérielle paisible. Cela dit, comme ils sont tolérants, ils se pardonnent facilement pour leurs éclats de voix

Au niveau amoureux c'est ou tout ou rien. Une fois dépassée la fougue des premiers instants, ils risquent d'être bien souvent trop occupés par leurs relations respectives pour pouvoir se consacrer quelques moments intimes. Cette relation amoureuse est plus proche du copinage que du grand amour romantique.

Expression 5 avec une Expression 22

Dans ce cas de figure, on retombe dans les oppositions d'expression, l'une silencieuse (22), l'autre excessive. Pendant que notre 5 va manifester son désir de conquêtes en cherchant l'adhésion de son entourage, notre 22 grâce à sa nature pragmatique, a tendance à démontrer plutôt qu'à expliquer ses stratégies. Tous deux aiment sortir des sentiers battus, mais à leur manière, donc s'ils trouvent un intérêt commun dans un domaine à explorer, ils s'entendront à merveille. Le 22 privilégiant plus aisément les aspects matériels, il aidera son partenaire à se stabiliser dans ce domaine qui n'est pas sa préoccupation première.

Au niveau amoureux, notre 5 a besoin de se stimuler par la parole, d'expliquer quels sont ses désirs, ses envies, à l'inverse de son partenaire qui n'a nullement besoin de refaire le monde avant de passer à l'acte. Disserter avant la bagatelle ne fait pas partie de ses préliminaires.

Expression 6

Tout ce qui touche à la perfection est l'expression première de ce personnage. Il n'hésite pas à faire savoir quels sont ses goûts, ni à juger ce qu'il considère bon ou mauvais. Il a du mal à faire abstraction de ce qui le dérange dans tout ce qu'il observe. Il distribue facilement des bons et mauvais points, et rayonne lorsque son environnement satisfait à ses critères. Il devra apprendre, non pas à se focaliser sur ce qui lui déplaît, mais plutôt à axer ses observations vers les choses pertinentes et positives. Il est vrai qu'il porte beaucoup d'attention à l'autre, ne cherchant absolument pas à nuire, bien au contraire. Il lui semble que tout le monde devrait être à l'image de son monde parfait. D'excellent conseil, il n'a pas son pareil pour décoder et comprendre ce qui ne fonctionne pas, afin d'appliquer les remèdes en conséquence. Très disponible, il fait preuve d'une grande qualité d'écoute. C'est aussi un excellent confident en qui vous pouvez avoir toute confiance. Ce qui le guette le plus, c'est l'indécision qui découle de sa difficulté à trouver le chemin parfait. C'est aussi un esthète, amoureux des belles choses, qui aime se mirer dans des yeux amoureux.

Expression 6 avec une Expression 6

Cette relation peut s'avérer parfois difficile, car tous deux fonctionnent de la même manière et ne se privent pas de dire ce qui leur convient ou pas. Ils devront apprendre à voir le côté positif des choses, sans quoi par peur de blesser l'autre, ils finiront par inhiber leur expression au point de n'avoir plus rien à se dire. Ils sont dotés d'une indéniable qualité, celle de poursuivre toutes sortes de projets en commun qu'ils veulent parfaits. Leur expression est souvent cultivée, délicate, parfois un peu pincée, d'où la nécessité pour eux d'apprendre à se détendre, à laisser les choses se faire et les gens s'exprimer comme ils l'entendent. Se constituer un cadre de vie harmonieux et agréable fait aussi partie de leurs désirs, tout comme la volonté d'avoir des enfants dont ils s'occuperont... d'une manière parfaite ! Par ailleurs, leur sensibilité aux difficultés que rencontrent des personnes en souffrance provoque chez eux de vives préoccupations. Ils manifestent alors volontiers le désir de s'en occuper. Amicaux et conviviaux, ils aiment recevoir et mettre à l'aise leurs hôtes, quels que soient les obstacles ou les difficultés qui peuvent se présenter.

En ce qui concerne les relations charnelles, s'ils n'apprennent pas à se détendre au niveau de ces échanges, il est possible que leur vie sexuelle passe au second plan. Il ne faudrait pas en conclure qu'ils n'ont pas un goût pour la chose.

Expression 6 avec une Expression 7

Ils se rejoignent dans leur manière peu commune d'exprimer les points de détails qui leur déplaisent. Tous deux sont perfectionnistes, ils cherchent à exceller et se veulent irréprochables dans leur façon d'affirmer ce qu'ils tiennent pour vrai. Là s'arrête la comparaison car, malgré tout, leur mode de fonctionnement intime est très différent. Là où le 6 se fait beaucoup de soucis au point d'avoir parfois des angoisses, notre 7 mettra plutôt en avant sa foi et sa confiance. Ces deux intransigeants peuvent s'apporter beaucoup et devenir l'un pour l'autre de parfaits partenaires. La méthodologie légendaire du 6 est très complémentaire de l'esprit d'initiative affairiste de son partenaire. Tous deux cherchent à se construire une vie matérielle et financière parfaite et confortable, ils n'auront pas leur pareil pour résoudre tous les problèmes qui se présentent pour enfin accéder à la tranquillité. Ils sont sélectifs dans leurs relations, tout autant que dans leur manière de s'afficher, donc indéniablement, ils seront bien entourés.

Sur le plan sexuel, des frustrations pourraient naître à cause de leurs difficultés à exprimer clairement leurs besoins, voire leurs fantasmes. Ils devront faire attention à ne pas se refermer sur eux-mêmes en se murant dans le silence.

Expression 6 avec une Expression 8

L'association de l'authenticité, de l'honnêteté et de l'intégrité du 6 avec notre mystique et insondable 8 paraît au premier abord une gageure. Cette relation peut néanmoins parfaitement fonctionner si notre 8 accepte conseils et remontrances de son partenaire. Quant à notre 6, bien souvent, il devra se forcer à laisser de côté sa sacro-sainte éthique afin de se montrer plus large d'esprit. Ils peuvent beaucoup l'un pour l'autre, car en dépit de leurs différences, ils sont très complémentaires, le 6 apportant rigueur et efficacité là où le 8 n'a pas son pareil pour saisir toutes sortes d'opportunités. Le 8 explore, le 6 gère. Les aspects financiers et matériels sont favorisés grâce au 8 qui, malgré l'adversité, est doté d'une certaine chance, et grâce au 6 qui sait tenir les cordons de la bourse. Ensemble, ils n'auront de cesse de satisfaire leur envie d'une vie confortable. Il n'y a pas d'opposition à ce qu'ils se créent un environnement familial conforme à leurs désirs. Ils savent développer un tissu relationnel capable de leur apporter un soutien dans les moments difficiles.

Au niveau sexuel, l'entente et la recherche du plaisir est possible, surtout grâce à notre 8 qui sait faire tomber les inhibitions, les obstacles et les pudeurs de son partenaire.

Expression 6 avec une Expression 9

Cette relation est ambiguë car les protagonistes ont une expression diamétralement opposée. Le 6 distribue à qui veut l'entendre des bons et des mauvais points alors que notre 9 cherche par dessus tout à ne contrarier et ne blesser personne. L'un est précis, efficace, et a un mal fou à accepter l'à peu près, alors que l'autre s'en contente aisément. Pourtant ils peuvent beaucoup l'un pour l'autre car tous deux affichent un certain humanisme. Ils sont animés peu ou prou par l'envie d'être au service de leur prochain.

Finalement, grâce à cette volonté d'harmoniser et d'adoucir leur relation, ils ont la capacité de trouver un certain consensus leur permettant de faire chacun le bout de chemin qui conduit vers l'autre. Tout ce qui est social, voire médical au sens large, est favorisé. Tout ce qui touche au domaine artistique (à la musique notamment) l'est tout autant. Cela dit, ils devront apprendre à composer avec une société qu'ils ne comprennent pas toujours, et qui souvent les indispose. Avec le temps et la patience, les aspects matériels et financiers évolueront favorablement et déboucheront sur des réalisations bien concrètes et tangibles. Les relations amicales sont favorisées également.

Sur la plan sexuel, la douceur et la tendresse du 9 sauront très facilement faire fondre un 6 souvent tendu et anxieux. Nul doute qu'ils finiront tôt ou tard par découvrir l'extase.

Expression 6 avec une Expression 11

L'expression du 6 qui se veut consensuelle, précise et efficace laisse peu de place à l'à peu près et à l'approximation. Tout ceci ne se veut pas être une flagrante opposition systématique à l'expression du 11, mais ce dernier de par son côté enjoué et expéditif a tendance à brûler les étapes, à être beaucoup moins méthodique que son partenaire. Les deux peuvent s'accorder s'ils parviennent à modérer leur manière d'exprimer les choses, l'un en étant moins catégorique et analytique, l'autre en se montrant davantage patient et moins réactif.

En ce qui concerne les rapports sexuels, ce 6 parfois tatillon est beaucoup plus attaché à l'ambiance. En opposition à la spontanéité naturelle de son partenaire, il a tendance à se fermer. Il est clair que cette relation n'est pas de tout repos ; elle nécessite un effort partagé pour parvenir à une relation durable. En revanche les échanges intellectuels sont particulièrement favorisés par une forme d'émulation.

Expression 6 avec une Expression 22

Cette relation peut s'avérer très constructive, car l'expression méthodique et efficace du 6 s'accorde très bien avec celle du 22, qui elle, se veut avant tout posée, voire enracinée. Tous deux ont besoin d'affirmer leur sérieux (parfois trop), ils sont capables d'échanger sur nombre de projets qu'ils auront, sans nul doute, la capacité de mener à terme. Ils devront tout de même s'efforcer à ne pas trop s'installer dans une forme de routine, l'un, pas plus que l'autre, n'osant émettre une idée contraire de peur de rompre la belle harmonie apparente.

Au niveau des amours, notre réservé 22 qui s'avère souvent très entier et unidirectionnel dans ce domaine, devra faire preuve d'une certaine capacité pour mettre en confiance notre 6 souvent un peu trop étriqué. Avec le temps, ils sauront sûrement se construire un univers à leur mesure, car tous deux aiment se préserver des regards extérieurs.

Expression 7

Perspicace et déterminé, ce personnage agit principalement en faisant confiance à ses inspirations et sa foi. Son expression se veut indépendante, il aime afficher un caractère intelligent, fort et sagace. Il a des capacités hors norme d'assimilation dans le monde qu'il s'est choisi. Il est doté d'une certaine profondeur d'analyse le rendant souvent très critique vis à vis de ce qui lui déplaît. Il possède une aptitude certaine à déplacer les frontières, à aller au delà des apparences, grâce à son regard aigu sur les choses et les événements. La plupart du temps, il cherche à comprendre le pourquoi et le comment de chaque situation. Lucide, perfectionniste, il ne laisse rien au hasard. Il aime s'instruire ou instruire. Il a une attirance très particulière pour les livres, les documents, les œuvres d'art, l'enseignement, la maîtrise, le théâtre (quel bon avocat !), voire la religion...

Ce personnage a une âme de collectionneur avec un petit côté rétro car il est trop souvent attaché à la lettre. Son expression peut être vive, voire tranchante, surtout lorsque des personnes de son entourage ou ses affaires l'exaspèrent. Il peut devenir alors incisif, inquisiteur, désagréable au possible. Parfois autiste et/ou mythomane, il sombre dans une susceptibilité épidermique.

Expression 7 avec une Expression 7

Cette relation peut être très dynamique car tous deux sont animés par les mêmes inspirations, par la même envie d'afficher leur supériorité, ou tout du moins leur différence, dans leur domaine de prédilection. De nature analytique, ils aiment échanger leurs connaissances et faire valoir leur goût pour une forme d'élitisme. Ils cherchent à s'inscrire dans un contexte qui correspond à leurs aspirations, et font tout pour garder leurs sacro-saints secrets. Tous deux se gardent bien d'afficher leurs prétentions, leurs quêtes, préservant avant tout leur univers privé. Inquisiteurs, ils ont besoin de savoir d'une manière directe ou détournée s'ils s'apprécient mutuellement. A la longue, ils risquent de s'agacer de cette façon de s'épier. Ils devront donc s'abstenir d'être trop piquants l'un envers l'autre, car cela pourrait vite tourner aux sarcasmes. La profession, les finances et les acquis matériels sont particulièrement privilégiés dans cette relation. Ils sauront s'entourer d'amis avec lesquels ils auront des liens profonds et intimes, et avec qui ils pourront échanger sur tout ce qu'ils jugent particulièrement intelligents.

Sur le plan sexuel, s'ils parviennent à se créer une ambiance particulière, ils peuvent très bien s'entendre car ils sont très romantiques. Ils pourront ainsi laisser libre cours à leurs désirs de sensations charnelles et fonderont sûrement une famille nombreuse.

Expression 7 avec une Expression 8

Cette relation est on ne peut plus positive. Pour accéder à la réussite, tous deux manifestent une volonté claire, celle de n'afficher à autrui que ce qui est nécessaire et visible. Même si leur mode d'expression diffère, ils ont des velléités cachottières, voilà pourquoi ils ne cherchent en aucune manière à s'exposer inutilement, loin s'en faut. Le 7 est inquisiteur, fouineur et prospecteur, il ne dévoile quasiment jamais ses objectifs, ni la manière dont il va procéder, le 8 fonctionne, en apparence, de façon similaire. Ce dernier n'aime pas davantage se dévoiler, mais il s'avère beaucoup plus opportuniste que son partenaire. Dans leur façon de présenter leurs stratégies et ce qu'ils envisagent d'appliquer, s'ils œuvrent de concert, ils sont indestructibles. En revanche, s'ils ne sont pas réglés comme du papier à musique, de sérieux conflits sont à craindre, surtout si notre naïf 8 a le sentiment d'être roulé dans la farine par son partenaire. Bien entendu, tout ce qui touche à la finance et aux affaires au sens large est particulièrement favorisé, au point de les conduire dans le meilleur des cas à une aisance financière peu commune. Tous deux étant friands de secrets bien cachés, ils excellent dans la manière de les mettre à jour.

Au niveau sexuel tout leur est permis ! Le 7 ne dédaignant pas explorer de nouveaux horizons, il acceptera de mettre un peu de côté ses tabous afin de découvrir des mondes lubriques qui sont plutôt l'apanage de son partenaire 8, qui lui, ne recule devant aucun interdit.

Expression 7 avec une Expression 9

Ce qui peut les réunir, et par là même rendre cette relation positive, ce sont les idéaux que tous deux ont en commun. Leur mode d'expression est quand même différent, car là où le 7 inquisiteur a tendance à chercher la petite bête, notre 9 oppose sa douceur et son inertie légendaire. Notre 7, souvent querelleur, s'aperçoit très vite qu'il n'a pas à ses côtés un adversaire, et qu'il peut donc baisser la garde. Ce qu'il ne sait pas, c'est que le 9 a plus d'un tour dans son sac, car sous son apparente docilité, se cache une envie d'en faire qu'à sa tête, ou en tout état de cause, de préserver ses propres intérêts. Notre 9 souple et empathique obtiendra beaucoup d'un 7, du fait qu'il ne cherche pas à le brusquer, ni à s'opposer, mais plutôt à le manipuler d'une certaine façon. Entre eux, c'est le jeu du chat et de la souris, jeu d'autant plus accepté par le 7 qu'il adore se faire passer pour un chevalier servant. Tout ce qui concerne la recherche d'un cadre de vie agréable, tranquille, loin du bruit et du tumulte est privilégié. Toux deux ont aussi une fibre caritative qui peut les amener à vouloir s'occuper des problèmes et des misères des autres. Ils sont également très bons comédiens, le monde artistique peut les attirer.

Sur la plan sexuel, ils sont romantiques et sensuels, donc ils chercheront à se créer un cadre douillet propice à l'exploration du kamasoutra méditatif. A moins qu'il ne s'agisse de trantrisme...

Expression 7 avec une Expression 11

Dans leur expression respective, ils sont avant tout animés par l'envie de faire passer des messages, d'imposer certains points de vue, de convaincre autrui sur le bien-fondé de ce qu'ils tiennent pour vrai. Ici s'arrête la comparaison car leur manière d'influencer autrui ou de prouver qu'ils ont raison est complètement différente. Impulsif et direct, le 11 préfère la révolution, il a tendance à se montrer très extraverti, voire parfois irrité et agité. Quant à notre 7, sa force de conviction est beaucoup plus pointue, elle est axée sur la persuasion tranquille. C'est par une habile démonstration, dont il abuse parfois, qu'il parvient à amener autrui à accepter ses dires, et ce, souvent sans que son interlocuteur en ait vraiment conscience. On pourrait appeler cela de la manipulation... quelque part cela y ressemble. Là où notre 11 explose, notre 7 persuade.

Sur le plan sexuel, le mode opératoire est très différent. Cela dit, tous deux étant amoureux de l'aventure, ils peuvent trouver aisément de nouveaux terrains d'expérience. Ce qui peut poser problème, surtout au 7, c'est qu'il a sans cesse besoin d'être rassuré sur l'amour que son partenaire lui porte. Il est enclin à faire ce qu'on appelle du chantage affectif, or le 11 n'en a cure, ou en tout état de cause, ne fonctionne pas de cette manière.

Expression 7 avec une Expression 22

L'expression unidirectionnelle du 7, sa capacité d'investigation dans ses domaines de prédilection, son esprit incisif, son envie de convaincre et de s'attirer toutes sortes d'appuis, se marient à merveille avec la force créatrice et tranquille exprimée par le 22. Tous deux se complètent vraiment, ils sont capables de s'auto-stimuler, de combiner leurs stratégies afin d'asseoir leur réussite. Matériellement, ils sont en capacité de se construire un environnement conforme à leurs plus profonds desiderata.

Au niveau amoureux, le 7 n'accordant sa confiance qu'à des gens en qui il a un profond respect, il a trouvé le partenaire idéal. Quant à notre 22 parfois un peu brut de décoffrage, il n'aura aucun mal à obtenir ce qu'il désire d'un 7 qui lui est complètement dévoué. S'ils veulent fonder une famille, avoir une abondante progéniture, là encore, ils se sont trouvés. Ils peuvent aussi construire pour les autres.

Expression 8

Ce personnage affiche une volonté peu commune face à l'adversité. Il est courageux et tenace, surtout lorsqu'il ressent qu'il y a danger vis-à-vis de ce qui est vital à ses yeux. Il sent alors la nécessité absolue de défendre ses intérêts par-dessus tout. Il a besoin de baigner dans un climat correspondant en tous points à ses désirs profonds. C'est un être entier, ingénu et instinctif, donc sans restrictions, qui ne recule devant rien pour obtenir de la vie et des gens ce qu'il convoite.

Sa composition est duelle. Une partie de lui est sincère, directe et souvent sans retenue, l'autre est beaucoup plus obscure, souvent tournée vers la médiumnité, les choses cachées, voire tout ce qui touche à la mort (symbolique ou non). Quand il a fait le choix de s'afficher, sa présence ne laisse personne indifférent, sinon il passe inaperçu. Il dégage une sorte d'énergie bizarre pouvant en indisposer certains et en attirer fortement d'autres ; il n'y a pas de demi-mesure. Les expressions du 8 sont souvent obsessionnelles, car guidées par une volonté de vouloir dominer, d'assouvir (y compris sexuellement), d'imposer parfois de manière naïve, ce qu'il tient pour vrai, ou ce qui lui sera le plus profitable. Dans ses relations et contacts, le 8 a tendance à vivre des extrêmes, des hauts et des bas vertigineux. Peut être tout blanc, tout noir.

Expression 8 avec une Expression 8

Voici deux larrons en foire qui s'entendent à merveille, tant qu'ils ont décidé d'unir leur voix, sinon c'est la foire d'empoigne, les conflits d'intérêts, bref la guerre. Tout ce qui touche à la réussite fait partie de leur expression première. Les domaines occultes, mais aussi le cinéma, le spectacle, les prises de pouvoir et stratégies en tous genres sont aussi leur terrain de prédilection. Dans cette relation, il n'y a pas de garde fou, et ces deux naïfs peuvent très bien s'encourager mutuellement au point de ne plus connaître ni respecter les limites. Ils devront apprendre qu'en ce bas monde il y a des frontières à ne pas dépasser. L'expression du 8 est forte, parfois sans retenue, quelques colères pouvant terroriser leur entourage sont à craindre. Tous deux aiment préserver leur jardin secret. N'étant pas dupes de la profonde nature humaine, une sorte de statu quo s'établit entre eux, il leur permet d'être plus ou moins invisibles aux yeux du monde. L'argent risque d'être une de leurs préoccupations premières, qu'ils en aient ou pas d'ailleurs. Ils adorent faire et se faire des cadeaux, et pour cela, l'argent est loin d'être inutile.

Sur le plan sexuel, tout est possible, les relations sont souvent sans retenue, caractérisées par l'envie d'explorer toutes les sensations possibles et inimaginables. Ils peuvent néanmoins se heurter, à cause de leur envie de dominer l'autre quand ils veulent assouvir leurs propres fantasmes. Dans cette relation, rien n'incite à encourager une fidélité exemplaire.

Expression 8 avec une Expression 9

La relation s'avère positive car en présence d'un 9, notre 8 n'a rien à craindre pour son petit univers caché. Si son partenaire, grâce à son empathie naturelle, devine aisément les choses, il ne cherche pas à les juger ou les condamner. La douceur naturelle du 9, liée à son extrême sensibilité, peut permettre d'aplanir et de régler d'éventuels conflits.

Du côté du 8, la force légendaire qu'il déploie, souvent pour forcer son destin, lui permet de prodiguer aide et protection à un 9 souvent timoré, l'aidant ainsi à surmonter son excessive émotivité, ainsi que sa peur existentielle. Ils sont particulièrement sensibles à tout ce qui touche au domaine occulte, à la psyché humaine, ainsi qu'à l'aide apportée à autrui. Cela dit, ils ne sont pas faits pour partager inéluctablement la même profession tant ils sont différents, sauf en ce qui concerne le commerce où là, ils s'entendent parfaitement. Sur le plan financier, ce n'est pas parce que notre 9 ne cherche pas systématiquement à faire fortune, pas plus qu'il n'est obnubilé par les acquisitions, qu'il ne dédaigne pas le confort et toutes les douceurs dont il pourrait tirer profit dans cette relation. Finalement, c'est un jouissif qui n'exprime pas une envie particulière de posséder, à l'inverse du 8…

Sur le plan sexuel ils peuvent très bien s'entendre, car notre 8 qui aime dominer, a trouvé le partenaire idéal. Il est vrai qu'il y a parfois dans le 9 une petite envie de soumission.

Expression 8 avec une Expression 11

L'expression du 8 est naturelle, bonhomme, directe et souvent naïve. Ce personnage ne voit pas toujours à prime abord les manipulations d'autrui, ne percevant pas d'emblée ce qui sonne faux. Notre 11, enjoué, parfois utopique, aime faire savoir à qui veut l'entendre quels sont ses plans et ses batailles. A ce titre, il a peut-être trouvé là un partenaire idéal auprès de ce 8 qui ne remet pas systématiquement en cause ce qu'il exprime. Le 11 n'est pas un manipulateur, mais il est excessif, son partenaire devra tout de même se méfier de ne pas se laisser entraîner dans ses utopies. Il devra en outre apprendre à se montrer plus circonspect, à ne pas tout prendre pour argent comptant. Comme ils aiment l'aventure, on peut dire qu'ils se sont trouvés. Attention cependant à ne pas s'acoquiner dans des projets douteux. Il y a une opposition très forte entre le côté diurne du 11 et celui nocturne du 8.

Pour ce qui est des rapports amoureux, leur esprit aventureux, ainsi que leurs désirs de vivre toutes sortes d'expériences sortant souvent de l'ordinaire les réunit. Ces rapports s'inscrivent dans une forme de passion, mais comme chacun sait, les passions ne durent qu'un temps…

Expression 8 avec une Expression 22

Curieusement, en dépit d'un mode d'expression diamétralement opposé, ils peuvent très bien s'entendre. Le 22 qui n'est pas animé par un désir premier d'expliquer systématiquement ses stratégies et desiderata, n'en est pas moins stable et digne de confiance. Notre 8, quand il s'exprime, le fait souvent avec candeur, ou bien il ne dit mot de ce qui l'anime dans les tréfonds de son intimité. Comme le 22 privilégie l'action sur le terrain plutôt que la recherche de la véritable nature de son partenaire, il n'aura nulle envie de connaître les hypothétiques zones d'ombre de celui-ci. Grâce à cette sorte de respect mutuel tacite, tous deux pourront s'allier de manière à se construire une vie matérielle et financière confortable.

Pour ce qui est des rapports sexuels, ils apprécient tout particulièrement les échanges pleins et entiers. Notons tout de même que notre 22 est un peu plus réservé que le 8 en ce qui concerne l'exploration de tous les possibles de la chose. Par ailleurs, rien ne les empêche non plus de se consacrer avec bonheur à une vie familiale épanouissante.

Expression 9

Ce personnage sensible, humaniste et porté par un idéal, recherche principalement l'équilibre, l'harmonie, la douceur de vivre, et a trop souvent tendance à fuir tout ce qui lui apparaît violent et pesant. L'esprit est enclin à s'envoler dans des sphères inaccessibles à ses contemporains, ce qui le rend parfois indécis, indolent, peu précis et peu persévérant. Il est difficile de savoir ou de deviner réellement quelles sont ses motivations les plus profondes. L'expression est souvent teintée d'une aura évanescente.

Animé de nobles sentiments, il se projette sans peine dans une vision idyllique de sa/ses relation(s). Il aime agir de manière à rendre service, à apporter ce petit plus qui rend la vie plus facile et agréable. C'est le médium inspiré qui voit et perçoit des mondes invisibles. Il doit faire attention à ne pas s'enfuir dans l'irréalité, dans les paradis artificiels, ni à se morfondre et à se replier sur ses douleurs ou celles du monde. Il devra très tôt apprendre à faire confiance à ses intuitions, et surtout apprendre à exprimer ce qui le dérange, bref à s'imposer. Il doit imprimer ses désaccords, ne pas chercher systématiquement à faire le dos rond, ce qui lui permettra de comprendre que les difficultés ne se résolvent pas d'un coup de baguette magique, et qu'il est donc nécessaire d'exprimer ce qui ne va pas. Il doit aussi apprendre à faire confiance à ses intuitions, mais à ne surtout pas les mélanger avec son imaginaire. Le monde artistique lui est tout indiqué.

Expression 9 avec une Expression 9

Ils s'entendent bien tous les deux. Ni l'un ni l'autre ne cherche à exprimer systématiquement son désaccord, car ils veulent avant tout préserver leur petit univers tranquille et doré, et pourtant, cela ne suffit pas. Ils devront faire en sorte de ne pas s'endormir sur leurs lauriers en attendant que l'autre prenne les décisions, sans quoi ils risquent de passer à côté de bon nombre d'opportunités. On peut leur accorder un crédit indéniable, celui de faire en sorte que les affaires prospèrent dans l'harmonie. L'expression de leur nature conciliante n'a de cesse de mettre à l'aise, d'écouter, de compatir, voire d'aider. Avec le temps, il est possible qu'ils n'aient plus besoin de se parler, qu'ils communiquent par « télépathie », car leur empathie naturelle leur permet de se comprendre et de se deviner à demi-mots. D'autre part comme le 9 n'est pas toujours accessible, qu'il est indépendant, parfois fuyant, ils peuvent rester l'un à côté de l'autre sans communiquer.

Ils chercheront tous deux à se créer un cadre de vie agréable, en prospérant dans des affaires commerciales ou autres, sans porter préjudice à autrui, même si les débuts seront probablement difficiles. Il est possible qu'ils aient l'impression que cela fait longtemps qu'ils se connaissent.

Au niveau sexuel, ils pourront explorer toutes les facettes de leur sensualité légendaire et découvrir l'association du spirituel et du charnel. Prévoir nombre de soirées au coin du feu sur de moelleux tapis, pour autant qu'ils se sentent disponibles en même temps.

Expression 9 avec une Expression 11

Ce qui favorise une relation harmonieuse entre les deux, c'est avant tout la nature empathique exprimée par le 9. Celui-ci ne cherche pas systématiquement le conflit, préférant enrober les mots et les phrases, pour éviter de blesser son entourage. Notre 11, quant à lui, s'entoure de bien moins de précautions dans ses échanges, il trouvera néanmoins chez ce partenaire une oreille compatissante et tolérante. Le seul point d'achoppement est l'agacement ressenti par notre impétueux 11 face à la nature maniérée de ce partenaire diplomate qu'il juge parfois « gnangnan ». Dans son mode d'expression, le 11 peut être un excellent stimulant pour le 9, le forçant à être davantage concis et incisif dans ce qu'il dit, quitte à le bousculer.

En amour, ils peuvent très bien s'entendre, car notre 9 ne dédaigne pas toutes sortes d'expériences sensuelles, parfois exotiques. La relation peut s'inscrire dans le temps si ce 11 ne perturbe pas outre mesure la sacro-sainte quiétude dont notre 9 a tant besoin.

Expression 9 avec une Expression 22

L'expression consensuelle et délicate du 9 peut s'accorder aisément avec un 22, celui-ci ne cherchant pas outre mesure à constamment mettre en avant ce qui le motive, pas plus que ce qui le dérange. Etant davantage dans le faire que dans le dire, notre 22 s'emploie à plus ou moins protéger son partenaire des vicissitudes de la vie. Ils peuvent tous deux se construire un univers agréable, le 9 s'employant à faire fondre son partenaire souvent un peu rustique. Il est indéniable que le 22 a les moyens de maîtriser matériellement et financièrement tout ce qui est nécessaire à une vie stable.

Le domaine amoureux sera romantique et sentimental comme le souhaite notre 9 pour autant que le 22 accepte d'y mettre les formes. Ce dernier n'a rien à craindre de son partenaire car il ne cherche pas le conflit, mais il devra tout de même faire un effort de communication intime s'il ne veut pas que son 9 lui glisse entre les mains. Sans jeu de mots, il va de soi.

Expression 11

Ce personnage est animé par la volonté d'afficher un esprit de liberté et d'indépendance dans ce qu'il désire entreprendre ou faire. Il aime manifester un esprit d'ouverture, parfois révolutionnaire, afin d'imprimer sa marque, ou au moins de secouer les consciences. Il est animé par le désir d'aider et de soutenir autrui. Son éthique associée à une volonté de s'élever est indéniable. L'humour est une des armes favorites de ce sympathique communicateur. Malgré tout, il est souvent imprévisible au point de se surprendre lui-même, tant il ne maîtrise pas tous les courants qui le traversent. Dans les premiers temps de son existence, il a un mal fou à maintenir un cap déterminé, car il s'intéresse à beaucoup de choses (parfois trop) en même temps. Il doit apprendre à être plus sélectif afin de pouvoir se concentrer sur l'essentiel. A cause de son esprit rebelle, il n'aime guère être dirigé, enfermé ou obligé. Il devra apprendre à surmonter son exaspération et sa nervosité quand les choses ne se passent pas comme il désire.

Il est porté par l'envie de dépasser les frontières naturelles et d'expérimenter toutes sortes de situations, avec un sens inné de l'innovation. Ce dont il devra le plus se méfier, c'est son esprit utopique, et parfois indiscipliné, qui le rend peu sensible aux remises en question. A son crédit, accordons-lui d'autres réelles qualités, celles d'être un précurseur et un boute-en-train.

Expression 11 avec une Expression 11

Leur expression étant vive, directe, impulsive, il est aisé de comprendre que vouloir les mettre ensemble relève de l'exploit. Leur manque de patience, leur envie d'imposer et de prouver ce qu'ils tiennent pour vrai risquent très fréquemment de les faire exploser. Il leur faudra donc apprendre à moduler très sérieusement la façon dont ils s'affichent. D'ailleurs, ils sont tous deux suffisamment intelligents pour refréner leur impulsivité et ne pas mettre sans cesse en avant leurs idéaux. Autrement dit, comprendre que rester un peu pragmatiques, discuter ou faire normalement les choses qu'ils considèrent parfois terre à terre, revêt en soi une certaine valeur, et peut s'avérer tout aussi gratifiant. Le domaine matériel n'étant pas très favorisé dans cette association, s'occuper de choses jugées secondaires peut les aider à accéder à une certaine aisance financière.

En amour, ils pourront se consacrer à la chose car ils sont plein d'ardeurs, à condition de restreindre un peu leur champ d'activités qui les éloigne souvent l'un de l'autre. Sinon ils vont se retrouver comme deux grands copains qui ont plein de choses à se dire, mais qui passent la plupart du temps l'un à côté de l'autre

Expression 11 avec une Expression 22

Dans cette association, tout les oppose. Notre boute-en-train 11 va se heurter à l'inertie légendaire du 22, et ceci va provoquer frustrations, agitation inutile, voire colère. Le 22 n'est pas insensible aux envolées utopistes de son partenaire, mais il préfère ce qui est dûment étayé car il se méfie de ce qui repose sur du sable. Dans leurs discussions, l'un s'envole très facilement dans les hautes sphères, tandis que l'autre cherche systématiquement à rationaliser. S'ils parviennent à se rapprocher, ils pourront beaucoup l'un pour l'autre. Le premier est extraverti, il a tendance à partir à la conquête du monde, alors que le second plus introverti s'emploie à le bâtir. Il est certain que les aspects matériels seront d'autant plus protégés et favorables que notre 22 aura son mot à dire.

Sur le plan amoureux, c'est indéniablement la partie humaine et sensible du 11 qui peut favoriser une union harmonieuse. Néanmoins, ce 11 est parfois un peu trop synthétique et en dehors de la réalité pour son partenaire 22 qui lui, a besoin de vivre intensément la chose. Directif et impulsif, le 11 est rarement là où on l'attend, à l'opposé du constant et déterminé 22 qui sait toujours ce qu'il se veut. Parviendront-ils à marier leurs antagonismes ? Mystère.

Expression 22

Très tôt, ce natif prend conscience de sa force et de son potentiel qui ont tendance à le rendre on ne peut plus sérieux. Il impose à ceux qui l'entourent sa vision et sa manière de construire, d'élaborer et de conscientiser, et ce, d'une manière très pragmatique. Son expression naturelle qui est plus particulièrement basée sur la fierté et l'orgueil, force le respect vis-à-vis d'autrui. C'est donc par le silence, par une certaine distance qu'il affiche et une façon de prendre de la hauteur qu'il manifeste sa forte présence. Il poursuit ses projets à long terme avec constance, souci d'efficacité, profondeur et détermination. Son caractère est souvent porté par des convictions inébranlables. Il est pour le moins froid et déterminé. Il peut être facilement envahi par une forme de pessimisme, surtout lorsque les choses ne tournent pas à son avantage. Il devra alors s'efforcer de ne pas sombrer dans la misogynie, voire dans la misanthropie. Affichant parfois une stature déconcertante et intransigeante, il devra veiller à ne pas en user et en abuser au point de soumettre autrui, surtout quand il veut parvenir à ses fins.

Expression 22 avec une Expression 22

La parfaite association. Ni l'un ni l'autre, en apparence, ne cherche à dominer inutilement en imposant ce qu'il tient pour vrai. Ceci ne veut nullement dire qu'ils n'ont pas tous deux leur propre opinion, mais tout simplement qu'ils ne cherchent pas à la faire valoir systématiquement. Une sorte de consensus constructif, serein et bonhomme peut s'établir entre eux, leur permettant de mener à bien leurs projets et de satisfaire leurs ambitions. Ils devront tout de même s'efforcer de s'exprimer davantage, et surtout d'une manière plus légère, sinon l'ambiance peut devenir lourde et ennuyeuse. Un peu de gaieté et de joyeuseté seraient bienvenues ! Tout ce qui concerne le plan matériel et financier est favorisé, ainsi que tout ce qui est projeté sur le long terme. Le retour à la nature, la communion avec elle, ainsi que tout ce qui touche à la famille est également favorisé.

En ce qui concerne les relations sexuelles, leur manière entière et directe de consommer leur convient. Il n'y a pas vraiment de fioritures, mais plutôt un attachement à une sorte de régularité, voire d'efficacité. En revanche, ce qui les guette en prenant de l'âge, c'est l'envie de retrouver une jeunesse dont ils n'ont pas toujours su ou pu profiter, et de vouloir la vivre.

Chapitre VI

Aspects entre les Nombres d'Aspiration
(appelés parfois Elan Spirituel)

« L'homme est mortel par ses craintes, immortel par ses désirs. »
Pythagore

Définition : encore appelé Elan spirituel, le nombre d'Aspiration détermine de quelle manière une personne souhaite s'accomplir dans l'existence (être, avoir et faire). Il indique ce qui la pousse à agir de telle ou telle façon. Il définit la nature de cette force mystérieuse qui l'oblige à adopter telle ou telle stratégie. Le mot *stratégie* est employé ici dans le sens « moyen de définir l'élan de l'âme.»

Ce nombre renseigne sur les aspirations de l'âme qui sont liées à son élévation spirituelle. C'est de manière impulsive et souvent imprévisible, que cette âme va interagir avec la nature profonde de la personne, quelle qu'elle soit, lui permettant ainsi de trouver des opportunités qui lui permettront d'obtenir de l'aide. L'aspiration de l'âme pousse l'entité à dépasser sa nature profonde (Chemin de Vie). Pour ce faire, l'énergie anémique amène l'entité à nouer des relations qui lui permettent de se découvrir au travers des autres, c'est un des aspects de l'effet miroir. Exemple : une Aspiration 6 conduira l'entité à nouer des relations avec une personne ayant un Chemin de Vie 6 .

Il s'agit donc d'une donnée très importante quand on établit le thème de l'entente entre deux personnes. Lorsque deux êtres ont une attirance l'un pour l'autre, il est particulièrement intéressant de savoir si les énergies créatrices issues de leurs désirs respectifs sont bien en phase.

Mode de calcul : réduction de l'addition de la valeur de chaque voyelle des prénoms du natif et du nom de naissance de sa mère.

Exemple : additionnons la valeur de chaque voyelle de Pierre Henri dont la mère reçut le nom Dupont à la naissance (son nom de jeune fille) :

P<u>ie</u>rr<u>e</u> H<u>e</u>nr<u>i</u> D<u>u</u>p<u>o</u>nt
 95   5   5   9   3 6
9+5+5+5+9+3+6 = 42 → 4+2 = 6

Pierre a un Nombre d'Aspiration 6.
Astuce : pour obtenir davantage d'informations à partir des aspects concernant l'Aspiration, rendez-vous au chapitre IX.

Aspiration 1

Aspiration 1 avec une Aspiration 1

S'ils partagent leurs desiderata, leur aspiration commune leur permet d'échanger aisément. Dans le cas contraire, une frustration plus ou moins déclarée risque de s'installer et de provoquer un mal être. Leur désir commun de spontanéité et de franchise sera un de leurs meilleurs atouts afin d'effacer leurs antagonismes. Malgré tout, une hiérarchie des valeurs reste à définir. En d'autres termes, si ce qui est plus important aux yeux de l'un est secondaire aux yeux de l'autre et inversement, des mésententes sont à prévoir provoquant de grandes frustrations, voire des conflits ouverts.

Aspiration 1 avec une Aspiration 2

Le 2 recherche la tranquillité, le 1 rêve de conquête. L'un aspire à l'harmonie, privilégiant pour cela sa vie de couple et ses partenariats, tandis que l'autre cherche à dominer et à imposer. L'association n'est pas a priori la plus idéale, et pourtant, un consensus peut s'établir. Le 2 ne voit guère d'inconvénient à se plier aux desiderata du 1 en dépit d'échanges sensibles pas suffisamment présents à son goût, ce qui peut provoquer quelques frustrations. Le 1 ne se laissant pas ronger plus que cela par ses états d'âme, il devra s'efforcer de dépasser l'agacement que le 2 lui procure parfois du fait de son (hyper)émotivité. S'il ne considère pas cela comme de la mièvrerie, l'association peut être harmonieuse, sinon un abîme d'incompréhension peut s'installer entre les deux.

Puisqu'il s'agit avant tout de leurs aspirations mutuelles, tout ceci ne sera pas aussi visible que souhaitée, sachant que la part des non-dits sera comme la partie immergée de l'iceberg. Cela peut provoquer dans le for intérieur de chacun un certain inconfort. Leurs rêves sont diamétralement opposés.

Aspiration 1 avec une Aspiration 3

Ils partagent une aspiration commune, celle d'imposer une certaine conception de la vie. En revanche, les chemins empruntés par l'âme pour y parvenir sont très différents. Le désir du 1 le pousse à vivre indépendance et liberté d'action alors que le 3, sceptique et conscient de ses propres limites, aspire à rechercher l'efficacité et la précision pour ne rien laisser au hasard.

Tous deux ont envie de créer, d'organiser leur vie à leur manière, mais leurs motivations profondes sont totalement différentes. Les élans du 1 ne se laissent pas bloquer par les détails, contrairement à ceux du 3.

Aspiration 1 avec une Aspiration 4

Le 1 cherche avant tout à prouver qu'il est le meilleur, peu importe ce qu'en pensent les autres, alors que le 4 aspire à jouir des douceurs et des bienfaits d'une vie matérielle bien remplie. Qu'il le veuille ou non, l'aspiration du 4 aura tendance à opposer au désir de conquête du 1 qui ne voit que par son esprit pionnier, une forme d'inertie et une mise en avant pacifique de sa nature profonde.

Aspiration 1 avec une Aspiration 5

L'aspiration de ces deux êtres se rejoint sur un point précis, celui de vouloir dépasser sans cesse ce monde qu'il considère parfois trop fini à leurs goûts. Là s'arrête la convergence. Ici, le 1 tente d'imposer ses points de vue quels qu'ils soient, alors que le 5 cherche plutôt l'adhésion de son entourage à ses idées révolutionnaires. Quelques prises de becs sont à craindre.

Aspiration 1 avec une Aspiration 6

Bien trop agressive est l'aspiration du 1 pour un 6 pragmatique qui a d'abord tendance à privilégier les explications et les leçons de choses. Ce qui les oppose, c'est que le 1 est direct et sans détour dans ses désirs, alors que le 6 réfléchit profondément avant de se lâcher.

Aspiration 1 avec une Aspiration 7

Le 7 est beaucoup moins expressif que le 1, c'est un cachottier qui n'étale pas systématiquement ses aspirations contrairement à son partenaire qui lui, s'en est fait une carte de visite ! Malgré tout, les deux sont très complémentaires, car le 7 peut être très admiratif et solidaire des désirs impétueux du 1.

Aspiration 1 avec une Aspiration 8

Ils ont tous deux les mêmes aspirations, celles de dominer sans partage et d'imposer leurs points de vue. Là s'arrête la comparaison. Le 1 exprime à haute et intelligible voix ses aspirations, tandis que le 8 cherche tout simplement le chemin le plus court pour concrétiser ses élans

Aspiration 1 avec une Aspiration 9

Là où le 9 a tendance à être poussé à arrondir les angles, à faire en sorte que tout se passe bien, à prendre les précautions nécessaires pour heurter le moins possible, notre 1 fait exactement le contraire. Le 1 aspire à mettre en œuvre avec volonté et détermination ses désirs.

Aspiration 1 avec une Aspiration 11

Si vous mettez deux fous aussi impulsifs l'un que l'autre ensemble, nul doute qu'il va y avoir quelques étoiles qui vont briller au firmament. Leur aspiration est directe et spontanée, elle ne souffre d'aucun retard. Il suffit donc qu'ils aient les mêmes pour que tout soit harmonieux, sinon…

Aspiration 1 avec une Aspiration 22

L'aspiration du 1 est « Pousse toi que je m'impose », celle du 22 est « Je freine des quatre fers ». Le temps de latence que l'aspiration du 22 impose est diamétralement opposé à l'élan instinctif et direct du 1.

Aspiration 2

Aspiration 2 avec une Aspiration 2

Avant d'agir, ils ont tendance à se livrer mutuellement leurs émotions afin de les explorer. Oui mais voilà, si l'aspiration de l'un est de prendre en compte systématiquement ce que désire l'autre avant d'agir, qui va prendre les décisions ?

Aspiration 2 avec une Aspiration 3

Pour un 2, subir les aspirations d'un 3 critique qui pèse et analyse tout, n'est pas de tout repos. Notre 2 a tendance à mettre en avant ses sentiments et ses émotions, alors que le 3 cherche à tout rationaliser.

Aspiration 2 avec une Aspiration 4

Ces deux aspirations sont très complémentaires, ni l'un ni l'autre ne veut froisser son entourage. C'est le 4 qui en tire le plus grand bénéfice, car il n'aime pas trop qu'on bouscule ses prérogatives.

Par ailleurs, il a tendance à se montrer discret sur ce qu'il compte faire. Ce n'est pas son partenaire qui va l'agiter, sauf quand ce 2 a du mal à canaliser ses émotions.

Aspiration 2 avec une Aspiration 5

L'aspiration du 5 est imprévisible et sans limite. Elle remet sans cesse en question tout ce qui est fini et figé, sans nécessairement se préoccuper des conséquences sur son environnement. Le 2 quant à lui cherche à préserver ceux qui l'entourent. Ils peuvent se rejoindre sur un point précis : ils sont tous deux portés par des élans humanistes.

Aspiration 2 avec une Aspiration 6

Dans ses aspirations, le 6 est poussé à peaufiner ce qu'il entreprend, à mettre en avant l'efficacité, le tout sans état d'âme particulier. Ils peuvent très bien s'entendre tous les deux, à condition que notre 2 parvienne à bien gérer son émotivité.

Aspiration 2 avec une Aspiration 7

L'aspiration du 7 est sans limite, elle revêt surtout un caractère sacré correspondant à une quête de l'impossible, l'obligeant souvent à dépasser ses propres frontières. Ce n'est pas du tout les préoccupations premières du 2. Malgré tout, ils partagent un même élan, celui de s'occuper de leur petit monde.

Aspiration 2 avec une Aspiration 8

L'aspiration pousse le 8 à saisir sur le moment toutes les opportunités qui se présentent, sans s'embarrasser avec des préjugés ou des détails. Il a souvent tendance à se la jouer cavalier seul, ce qui n'est pas le moteur de l'aspiration du 2.

Aspiration 2 avec une Aspiration 9

Animées par une forme de compassion, ces deux aspirations ont en commun la volonté d'agir au travers de l'autre. L'aspiration 9 pousse souvent son sujet à éviter les écueils de la vie, à s'extraire de trop fortes contraintes. Dans ce cas de figure, il est souhaitable que le 2 ne soit pas la cause de cette inaction, à trop vouloir bien faire pour leur bien commun.

Aspiration 2 avec une Aspiration 11

Les élans impulsifs du 11 cadrent mal avec l'aspiration paisible et tranquille d'un 2. La nervosité, l'agacement, voire l'agressivité qui pulsent au travers du 11 ne sont pas toujours du goût du 2. Ce dernier désire manifester ses élans d'attention alors que bien souvent le 11 n'en a cure.

Aspiration 2 avec une Aspiration 22

La gentille aspiration du 2, directement liée à son envie de faire plaisir et d'accompagner, n'est pas pour déplaire aux aspirations du 22. Ce dernier est lui aussi poussé par l'envie de vivre une vie faite de quiétude et de tranquillité.

Aspiration 3

Aspiration 3 avec une Aspiration 3

C'est un joli concours qui consiste à exprimer les meilleures idées. Tous deux n'ont de cesse de vouloir prouver qu'ils sont les meilleurs dans la manière d'envisager les choses. Gare aux critiques.

Aspiration 3 avec une Aspiration 4

Si l'aspiration du 3 se résume à faire ressortir les non élans du 4, on n'est pas sorti de l'auberge. L'aspiration du 4 consiste à vouloir concrétiser, si possible sans vague, ce qui l'habite, alors que le 3 est plus cérébral dans ses élans.

Aspiration 3 avec une Aspiration 5

L'aspiration du 5 repose davantage sur l'impulsivité et l'imprévisibilité que sur l'analyse profonde engendrée par l'aspiration du 3. Les deux ne font pas bon ménage car l'un aspire à expérimenter et l'autre à gamberger.

Aspiration 3 avec une Aspiration 6

S'il y a bien un endroit où ces deux aspirations se rejoignent, c'est celui de décortiquer et de rationaliser sans cesse leurs moindres faits et gestes réciproques. Leurs aspirations perfectionnistes ne doivent pas consister à faire ressortir ce qu'ils considèrent comme défauts chez l'autre.

Aspiration 3 avec une Aspiration 7

Dans ses aspirations, le 3 cherche à mettre en avant ses stratégies et sa façon d'organiser les plans qu'il a dessinés. Tout ceci vient en opposition avec les élans du 7 qu'il ne désire pas exposer. Le 7 n'est pas dénué de stratégies, mais son aspiration profonde le pousse à calculer précisément là où il va poser ses pattes.

Aspiration 3 avec une Aspiration 8

Dans son aspiration, le 8 est poussé à faire fi des détails, à ne pas s'embarrasser avec ses états d'âme. Cet élan n'est pas du tout celui du 3 qui se retrouve plus ou moins contraint à toujours vouloir décortiquer, jusqu'à parfois chercher midi à quatorze heures.

Aspiration 3 avec une Aspiration 9

L'aspiration du 9 le pousse à être conciliant, à harmoniser ses relations avec les autres, tandis que le 3 aspire plutôt à décortiquer et rechercher les points de détails qui clochent. Les élans du 9 sont davantage mus par l'envie de temporiser.

Aspiration 3 avec une Aspiration 11

L'aspiration du 11 le pousse à explorer son environnement sans limite, le forçant d'ailleurs souvent à se lancer dans de multiples projets pas toujours cohérents. La cohabitation est difficile avec l'élan du 3 qui le conduit à être beaucoup plus critique et à ne pas se lancer tête baissée.

Aspiration 3 avec une Aspiration 22

L'aspiration du 22 le pousse à construire sans faire de vague, à ne pas perturber outre mesure son environnement et à opposer parfois une forme d'inertie. Cette façon d'atteindre ses objectifs tranquillement, ne correspond pas du tout aux élans parfois corrosifs de notre 3 et à son désir de compétition.

Aspiration 4

Aspiration 4 avec une Aspiration 4

Ils aspirent tous deux à concrétiser ce qui les habite, et ce, en faisant le moins de vague possible. Ce qui leur tient le plus à cœur, c'est avant tout le rythme qu'ils vont s'imposer pour parvenir à leurs fins. Souhaitons qu'ils aient le même tempo.

Aspiration 4 avec une Aspiration 5

Le 4 aspire à une vie tranquille lui permettant de construire méthodiquement tout ce qui le motive. Notre 5 quant à lui, aspire à explorer sans limite le monde qui l'entoure, peu importe les conséquences qui peuvent en découler. Difficile de les marier !

Aspiration 4 avec une Aspiration 6

L'aspiration du 6 dans sa quête de perfection et de relations harmonieuses avec l'autre, peut très facilement se conjuguer avec l'aspiration d'un 4 qui désire préserver avant tout ses acquis. Notre 6 n'est pas insensible à cette vision pragmatique du 4.

Aspiration 4 avec une Aspiration 7

L'aspiration du 4 n'est pas foncièrement opposée aux élans du 7, car tous les deux sont poussés à vouloir conserver leurs acquis. Dans leurs impulsions, ni l'un, ni l'autre ne cherche à vouloir scier la branche sur laquelle ils sont assis.

Aspiration 4 avec une Aspiration 8

Ils ont tous deux une aspiration commune qui les pousse à vouloir posséder et jouir de leurs acquis. Leurs élans respectifs les entraînent à agir d'une manière très différente, pour un résultat désiré identique. Cela dit, les aspirations du 8 ne sont pas toujours très claires, et peuvent être même très déconcertantes pour notre 4.

Aspiration 4 avec une Aspiration 9

L'aspiration du 4 est d'agir avant tout dans le concret, de faire en sorte que ce qui le motive le plus ait un véritable impact matériel. Certes, ce n'est pas la préoccupation première d'un 9 qui cherche plutôt à mettre en avant sa sacro-sainte diplomatie, mais ce dernier n'est pas insensible à la méthode tranquille voulue par le 4.

Aspiration 4 avec une Aspiration 11

Il ne faut surtout pas demander à un 4 de comprendre les aspirations d'un 11 qui se veulent sans limite, alors que lui cherche avant tout à se structurer et à se limiter. Les élans du 11 nerveux et impulsifs, sont souvent agaçants pour notre 4 qui aspire surtout à se préserver de l'agitation.

Aspiration 4 avec une Aspiration 22

Ils partagent un même élan à vouloir construire et concrétiser ce qui les motive le plus. Si ces motivations sont identiques, ils seront tous deux poussés vers les mêmes objectifs, sinon ils auront réellement du mal à se comprendre, d'autant plus qu'ils ne sont pas profondément animés par l'envie de s'exprimer.

Aspiration 5

Aspiration 5 avec une Aspiration 5

Tout en étant animés par l'envie d'explorer le monde qui les entoure, ils risquent bien de se retrouver, tous deux, dans une sorte de compétition, celle consistant à être le premier à découvrir le Graal. Ils sont mus par une impulsivité qui laisse peu de place à la diplomatie.

Aspiration 5 avec une Aspiration 6

Les aspirations du 5 à dépasser ses propres limites ne cadrent pas toujours avec les élans d'un 6 qui cherche à les canaliser et à les structurer. Déconcertante est pour un 6, l'imprévisible flamme de ce compagnon 5 !

Aspiration 5 avec une Aspiration 7

Ils ont des difficultés à se comprendre car leurs élans ne s'expriment pas du tout de la même manière. Tous deux sont spontanément enclins à s'informer, à s'instruire, à découvrir, mais la manière dont ils vont le faire ne s'accorde pas toujours. Le 5 survole synthétiquement avec une forme de fulgurance, le 7 désire creuser méthodiquement.

Aspiration 5 avec une Aspiration 8

Ils sont animés par des impulsions fortes, souvent imprévisibles, mais dont les retombées ne sont pas identiques. Notre 5 aspire à vouloir partager avec son entourage ses élans premiers et rapides alors que le 8 fera tout pour les cacher. L'un avance à visage découvert, l'autre à visage masqué.

Aspiration 5 avec une Aspiration 9

Leurs aspirations se rejoignent au moins sur un point, celui de vouloir s'extraire des conventions et des structures, mais leurs motivations sont différentes. Le 5 explose en permanence ses limites, il est poussé par un élan qu'il ne maîtrise pas toujours, le 9 quant à lui, repousse aussi ses limites à sa manière, en se réfugiant dans un monde qui se situe souvent au delà de la réalité tangible.

Aspiration 5 avec une Aspiration 11

C'est l'association d'élans explosifs qui ne font pas toujours bon ménage. La différence provient du fait que le 11 aspire à vouloir imposer ses points de vue et ses motivations profondes, alors que le 5 n'en a cure. Le 11 joue plus individuel, là où le 5 est davantage collectif.

Aspiration 5 avec une Aspiration 22

L'aspiration du 22 qui le pousse à concrétiser, à structurer, à s'établir, ne colle pas du tout avec celle du 5 qui n'a cure de tout ce qui repose sur une assise matérielle. Le 22 aspire à figer les choses dans la matière et dans le temps, là où le 5 ne cherche qu'à s'en extraire.

Aspiration 6

Aspiration 6 avec une Aspiration 6

Tout paraît idyllique à prime abord car ils aspirent à la même chose. L'aspiration résultant plutôt de l'instinct que de la raison, il est impératif qu'ils soient synchronisés sur ce plan. Ce qui veut dire que s'ils désirent la même chose au même moment, tout va pour le mieux dans le meilleur des mondes, sinon des anicroches sont à prévoir, l'un et l'autre se sentant jugés.

Aspiration 6 avec une Aspiration 7

Deux modes intuitifs très différents qui peuvent néanmoins s'apporter beaucoup. Le 7 inspiré saura avec brio indiquer quels sont les intérêts à défendre, et quelles sont les meilleures stratégies à adopter, alors que le 6 saura instinctivement trouver les points de détails qui clochent afin d'y remédier.

Aspiration 6 avec une Aspiration 8

La susceptibilité légendaire du 8 risque d'être exacerbée par les remarques impromptues du 6, qui ne contrôle, ni ne sait pour quelles raisons il se sent obligé de souligner les travers du 8. L'aspiration de ce dernier n'est pas nécessairement condamnable, mais cet élan peut le conduire à utiliser et abuser de toutes sortes de moyens que la morale du 6 réprouve.

Aspiration 6 avec une Aspiration 9

Deux aspirations diamétralement opposées mais qui sont liées par une volonté commune de servir et de se rendre utile. Ils seraient bien inspirés de dialoguer et d'essayer de se comprendre, sinon le 9 ne verra pas l'organisateur hors pair qu'est le 6, pas plus que ce dernier n'acceptera le sacrifice que notre 9 est prêt à faire pour se préserver.

Aspiration 6 avec une Aspiration 11

L'aspiration du 6 se marie difficilement avec l'aspiration du 11, car notre 6 a besoin de structurer ses élans alors que le 11 n'en a cure. Ce dernier est davantage spontané et ne s'embarrasse pas trop de formalisme. Les désirs du 6 sont beaucoup plus réfléchis et supportent mal les aspirations débridées du 11.

Aspiration 6 avec une Aspiration 22

Mariage parfait des aspirations du 6 qui cherche à faire en sorte que tout soit bien régulé, avec celles du 22 qui veut justement construire. Notre 6 sera très heureux de constater que ses désirs se concrétisent grâce à l'efficacité voulue du 22.

Aspiration 7

Aspiration 7 avec une Aspiration 7

Les relations s'avèrent positives tant que ni l'un ni l'autre ne perd de vue leurs objectifs communs, sans quoi cela peut devenir une guerre de tranchée. Heureusement tous deux font preuve d'une intelligence aiguë quant à la manière de diriger leurs élans.

Aspiration 7 avec une Aspiration 8

Les aspirations que le 7 canalise peuvent être très profitables au 8. Elles sont la source de conseils arrivant souvent à point nommé, surtout pour un 8 qui ne perçoit pas toujours le danger à prime abord. Quant aux aspirations du 8, qui ne sont jamais réellement désintéressées, elles peuvent nourrir les appétits légendaires du 7.

Aspiration 7 avec une Aspiration 9

Dans leurs aspirations, tous deux se rejoignent à un endroit bien particulier, celui qui les conduit à atteindre des objectifs supposés vrais ou fictifs. Leur perception est fine, empreinte d'une forme de communication mystique. Ils devront cependant veiller à ne pas s'illusionner.

Aspiration 7 avec une Aspiration 11

Si tous deux idéalisent leurs désirs, avec le besoin de dépasser des cadres trop restrictifs, ils ne perçoivent pas les retombées de leurs élans de la même manière. Le 7 privilégie le calcul, le 11 non. C'est là qu'il risque d'y avoir parfois de sérieuses oppositions. L'élan du 11 est beaucoup plus désintéressé que celui du 7.

Aspiration 7 avec une Aspiration 22

Leurs aspirations se complètent aisément car notre 7 comptant bien concrétiser ses désirs, rien de tel qu'un 22 pour leur donner corps. Notre sage 22 qui ne voit aucun inconvénient à être conseillé, voire dirigé, appréciera les élans de ce compagnon.

Aspiration 8

Aspiration 8 avec une Aspiration 8

Il n'y en a pas un pour rattraper l'autre. Par définition l'aspiration est spontanée et imprévisible, or dans ce cas de figure, il n'y a aucun garde fou. S'ils ne tombent pas dans les surenchères permanentes, entraînant parfois des retombées néfastes, ils éviteront le piège qui les conduit à avoir une attitude peu loyale et peu franche.

Aspiration 8 avec une Aspiration 9

Ces élans sont très différents. Le 9 ne cherche pas nécessairement à obtenir une juste rétribution de ses engagements, alors que le 8 désire avant tout que ses projections se traduisent en espèces sonnantes et trébuchantes. Ils devront donc faire un réel effort pour comprendre leurs aspirations respectives.

Aspiration 8 avec une Aspiration 11

Beaucoup de colères et de confrontations sont prévisibles, car tous deux ont des instincts dominateurs, impulsifs et parfois incontrôlables. Les aspirations du 11 semblent irréalistes car utopistes aux yeux du 8 qui privilégie avant tout ses intérêts. En retour, le 11 trouve que le 8 est bien trop intéressé.

Aspiration 8 avec une Aspiration 22

Ca peut coller. Tous deux aspirent à des réalisations concrètes, matérielles, tangibles. Tout ceci peut se très bien se marier tant que leurs intérêts vont dans le même sens, sans quoi gare !

Aspiration 9

Aspiration 9 avec une Aspiration 9

Deux poètes ensemble qui aspirent à une vie harmonieuse et comblée… Espérons qu'ils ne s'évaporent pas dans leurs désirs, qu'ils gardent une forme de réalisme, sinon leurs élans auront du mal à porter leurs fruits, et pourraient même devenir préjudiciables à leurs intérêts.

Aspiration 9 avec une Aspiration 11

L'association n'est pas de tout repos pour le 9 qui aspire à une certaine tranquillité, du fait que le 11 n'est pas le plus calme et le plus serein des personnages quand il désire quelque chose. En revanche, la douceur des aspirations du 9 ne laisse pas notre 11 indifférent. Celui-ci apprécie également de ne pas se trouver systématiquement confronter à un obstacle.

Aspiration 9 avec une Aspiration 22

L'aspiration du 9 ne correspond pas du tout aux élans du 22, ce dernier ayant besoin par-dessus tout de concrétiser ce qu'il entrevoit, ou ce qui le pousse à agir. Tout ceci n'est pas la tasse de thé du 9, qui lui, préfère lâcher tout ce qui pourrait éventuellement entraver l'harmonie qu'il recherche tant.

Aspiration 11

Aspiration 11 avec une Aspiration 11

Si leurs élans sont partagés et qu'ils sont poussés à faire tous deux une révolution, cela ne pose aucun problème, sinon leurs aspirations idéalistes, leur envie de liberté et d'indépendance peuvent les conduire à la confrontation. Il s'avère indispensable qu'ils parviennent à canaliser leurs élans s'ils ne veulent pas se crêper le chignon du matin au soir.

Aspiration 11 avec une Aspiration 22

Voici des aspirations suffisamment opposées pour qu'elles ne parviennent jamais à s'harmoniser vraiment. Les élans du 22 sont là pour l'aider à s'asseoir, à se réaliser et finalement à s'imposer, alors que ceux du 11 le poussent à s'affranchir de tout ce qui est trop fermé, établi et rigide.

Aspiration 22

Aspiration 22 avec une Aspiration 22

Leurs aspirations sont identiques. Si elles parviennent à se synchroniser en temps, en heure et en lieu, tous deux s'établiront définitivement dans leurs domaines respectifs. Il faut s'attendre à de longues périodes de silence.

Chapitre VII

Aspects entre les Nombres de Réalisation
(encore appelés Potentiel ou Moi Intime)

« Mieux vaut entendre une corde qui se brise, que de n'avoir jamais tendu un arc. »

Verner von Heidenstam

Définition : ce nombre exprime le potentiel d'une personne, ses capacités latentes, ce qu'elle est en passe, consciemment ou non, tôt ou tard, de faire et savoir faire.

Mode de calcul : réduction de l'addition de la valeur de chaque consonne des prénoms du natif et du nom de naissance de sa mère.

Exemple : pour Pierre Henri, dont la mère reçut le nom Dupont à la naissance (son nom de jeune fille) nous obtenons par l'addition de toutes les consonnes :

P̲i̲e̲r̲r̲e H̲e̲n̲r̲i D̲u̲p̲o̲n̲t̲
7 99 8 59 4 7 52
7+9+9+8+5+9+4+7+5+2 = 65 → 6+5 = 11

Pierre a un Nombre de Réalisation ou Potentiel 11.

A la différence de l'aspiration qui renvoie à l'impulsion (celle qui nous pousse malgré nous), la réalisation est un potentiel que nous détenons fermement. Libre à chacun de le mettre en pratique.

En ce qui concerne l'entente entre deux personnes, la comparaison des nombres de Réalisations respectifs s'avère surtout intéressante dans les relations socioprofessionnelles. Elle sert aussi à mieux comprendre son enfant lors de son orientation professionnelle. Ceci est moins vrai pour ce qui se rapporte au domaine affectif. Après tout, on peut s'aimer sans faire le même travail, ni posséder les mêmes compétences.

Pour connaître l'interaction entre deux Réalisations, il vous suffit de vous reporter au chapitre précédent (Aspects entre les nombres d'Aspiration), de reprendre ce qui est expliqué, et de l'adapter en conséquence. Tout ce qui est dit au sujet de l'aspiration, grâce à une petite gymnastique intellectuelle, vous le transposez à la réalisation, c'est-à-dire aux capacités.

Exemple : vous voulez connaître l'aspect entre une réalisation 1 et une réalisation 4, reportez-vous au texte Aspiration 1 avec Aspiration 4 reproduit ci-dessous, et considérez que ce ne sont plus des impulsions mais des capacités qui constituent une force de concrétisation.

Aspiration 1 avec une Aspiration 4
Le 1 cherche avant tout à prouver qu'il est le meilleur, peu importe ce qu'en pensent les autres, alors que le 4 aspire à jouir des douceurs et des bienfaits d'une vie matérielle bien remplie. Qu'il le veuille ou non, l'aspiration du 4 aura tendance à opposer au désir de conquête du 1 qui ne voit que par son esprit pionnier, une forme d'inertie et une mise en avant pacifique de sa nature profonde.

Devient :

Réalisation 1 avec une Réalisation 4

Le 1 est capable de prouver qu'il est le meilleur, peu importe ce qu'en pensent les autres, le 4 lui, sait jouir des douceurs et des bienfaits qu'une vie matérielle bien remplie peut lui procurer. Il oppose une forme d'inertie, une mise en avant pacifique de sa nature profonde, aux velléités de conquêtes du 1, qui lui n'agit que par son esprit pionnier.

Encore une fois, l'Aspiration est un désir impérieux de l'âme, la Réalisation est l'application des capacités du sujet.

Un autre exemple. Vous voulez comparer une Réalisation 3 avec une Réalisation 8. En reprenant ce qui définit l'Aspiration 3 avec l'Aspiration 8 :

Dans son aspiration, le 8 est poussé à faire fi des détails, à ne pas s'embarrasser avec ses états d'âme. Cet élan n'est pas du tout celui du 3 qui se retrouve plus ou moins contraint à toujours vouloir décortiquer, jusqu'à parfois chercher midi à quatorze heures.

Nous pouvons déduire l'aspect d'une Réalisation 3 avec une Réalisation 8, en le reformulant. Cette fois-ci, le propos est de dire que les personnages ont la capacité de réaliser les choses de telle ou telle manière lorsqu'ils sont en présence. Il ne s'agit pas d'une envie ou d'un état d'âme, mais bel et bien d'un savoir-faire :

La force de réalisation du 8 ne s'embarrasse ni de détails, ni d'états d'âme, en opposition avec le 3 qui décortique, qui analyse et souvent cherche midi à quatorze heures.

Chapitre VIII

Prendre en compte les Nombres Actifs

« *Repose-toi d'avoir bien fait, et laisse les autres dire de toi ce qu'ils veulent.* »

Pythagore

Définition : le Nombre Actif renvoie à la manière instinctive dont une personne envisage une action donnée. Cette façon d'agir est tellement naturelle et ancrée que le sujet ne fait pas toujours la distinction entre sa nature profonde (Chemin de Vie) et ce qui déclenche son action.

Prenons un premier exemple. Par définition un Chemin de Vie 1 renvoie à une personne active, décidée et entreprenante, mais si son nombre actif est le 9, elle aura un temps d'inertie avant de démarrer. A contrario, une personne mesurée, de nature plutôt tranquille à l'instar d'un 2 ou d'un 4, aura tendance à réagir instinctivement dans un premier temps, si son nombre actif est le 1, puis à retrouver sa véritable nature.

Il est clair que plus le Chemin de Vie est en opposition avec le nombre Actif, plus le sujet est difficile à cerner, ayant tendance à surprendre énormément son entourage. Imaginez une personne avec un Chemin de Vie et une Expression 4, qui explose soudainement à cause de son nombre actif 11 qui l'a fait sortir de ses gonds !

Finalement, dans les relations que l'on établit avec les autres, nombre de malentendus sont dus à cette impulsion première qui n'est pas toujours comprise. Il est donc intéressant de l'approfondir.

Mode de calcul : Addition de la valeur de toutes les lettres de tous les prénoms déclarés à la naissance, puis réduction du résultat obtenu.

Exemple : Pour notre natif Pierre Henri Durand, nous ne prenons en compte que ses seuls prénoms déclarés (il y en 2, on en prend 2, il y en a 3, on en prend 3 etc) :

```
Pierre Henri
795995 85599
```
7+9+5+9+9+5+8+5+5+9+9 = 80 → 8+0 = 8

Pierre a un Nombre Actif 8.

Si le Nombre Actif correspond au Chemin de Vie, la personne mettra en application plus aisément ce qu'elle vient expérimenter, car c'est sa nature profonde. Si ce nombre Actif renvoie au nombre de l'Aspiration, les élans correspondant sont démultipliés et prennent une part prépondérante dans l'existence du natif. Quant au nombre d'Expression, un nombre Actif identique forcera le sujet à exprimer cette part plutôt qu'une autre. Et pour finir, si ce nombre Actif est le même que le nombre de Réalisation, le Natif ne doutera pas beaucoup de ses capacités, il aura davantage de facilités à les mettre en œuvre.

Si ce nombre Actif est retrouvé sur deux, voire trois de ces nombres clés, il est certain que tout ce qu'exprime le nombre est considérablement renforcé. Comme si on avait appliqué un coefficient.

Prenons une personne ayant un Chemin de Vie 6, une Expression 9 et une Réalisation 4. Chez elle, son Aspiration 5 est identique à son nombre Actif 5. Dans ce cas de figure, ce nombre Actif 5 dynamise énormément les aspirations 5, au point de bousculer sa tranquille réalisation 4, et de dépasser sa douce Expression 9. Ce qui a de quoi surprendre le natif lui-même, ainsi que son entourage.

Les colorations du Nombre Actif dans la personnalité

Nombre Actif 1 : dans son mode d'action immédiat, le 1 cherche à agir tout de suite, sans délai, à ne surtout pas reporter au lendemain. Le mode est impératif. Ses réactions sont imprévisibles car le 1 a du mal à accepter de ne pas être le leader, le précurseur.

Nombre Actif 2 : le 2 cherche à défendre ses intérêts quand il agit, mais aussi ceux de sa famille et de son entourage proche, quitte à materner. Le 2 réagit de façon émotive, s'enfermant parfois dans sa coquille.

Nombre Actif 3 : le 3 agit en étant mobile et rapide. Il s'adapte mais réorganise tout. L'action passe énormément par le dialogue. Il réagit de façon caustique et/ou humoristique.

Nombre Actif 4 : ce personnage est déterminé dans l'action, fait peu de concessions et oppose une très grande force d'inertie à ce qui ne lui convient pas. Son action peut s'étaler dans le temps. Il réagit par le silence et par une désapprobation de façade.

Nombre Actif 5 : cet être agit par instinct, il est mû par son impatience. Il repousse sans cesse les frontières et les limites. En un sens, il révolutionne. Il réagit par la colère et l'envie de tout envoyer balader.

Nombre Actif 6 : l'action est disciplinée, elle est méthodique, précise et efficace. Tout passe par une réflexion profonde préalable qui se veut parfaite. La réaction est verte et critique.

Nombre Actif 7 : L'action est incisive, précise et motivée. Ce personnage se sert de tous les moyens disponibles pour obtenir ce qu'il désire. Il idéalise ses activités, il les veut utiles. Il réagit de manière susceptible en cherchant les bien-fondés de la raison de ses actions.

Nombre Actif 8 : Le 8 agit en fonction des éléments qu'il a sous la main, de façon pratique et sans état d'âme. Il agit plus par instinct que par réflexion profonde. La réaction peut être colérique, voire destructrice.

Nombre Actif 9 : Une très grande force d'inertie précède son action car il survole et contemple avant de s'exécuter. Il a besoin de savoir où il met ses pattes. Il réagit en s'esquivant et/ou en faisant le dos rond.

Nombre Actif 11/2 : Ce personnage agit de façon excentrique, voire irrationnelle, pour le moins imprévisible. L'action s'inscrit dans une forme d'originalité. La réactivité est forte car l'impulsion est mariée à l'émotion.

Nombre Actif 11 : L'action est innovante, réactive et impulsive. Elle est parfois déconcertante car trop brusque. La réaction est souvent teintée d'incompréhension.

Nombre Actif 22 : L'action est posée, concrète, efficace. Elle s'inscrit dans le temps. Elle a de l'impact sur son environnement. Elle est visible. La réaction est tout aussi posée, déconcertante par les non-dits. La colère est sourde.

Dans les relations de tout à chacun, il devient aisé de comparer les différents modes.

Exemple : un Nombre Actif 1 avec un Nombre Actif 9, là où le 1 impose ses directives, le 9, s'il n'y souscrit pas, fait le dos rond.

Chapitre IX

Pour aller plus loin...

« *Chérissez et servez votre prochain en lui faisant tout le bien dont vous êtes capables. Consultez votre conscience dans toutes vos actions.* »

Joseph Balsamo (comte de Cagliostro)

Il est tout à fait possible d'extrapoler une foule d'informations supplémentaires des différents aspects que nous venons de définir.

Un cas particulier : le 11/2

A l'instar des différents modes de calculs du Chemin de Vie, vous trouverez parfois un sous-nombre 20 dans l'Expression, l'Aspiration, la Réalisation ou le Nombre Actif en compagnie d'un 29 ou d'un 38 par exemple.

Pour calculer le nombre d'Expression, nous avons vu qu'il fallait réduire l'addition de la valeur de chaque lettre des prénoms du natif et du nom de jeune fille de sa mère. C'est en effet la méthode de calcul à privilégier. Cependant, vous pouvez aussi réduire individuellement la valeur de chaque prénom du natif et du nom de naissance de sa mère, puis additionner les résultats obtenus. Et parfois, un mode de calcul donne 20, alors que l'autre donne 29 !

La réduction théosophique de 29 donne 11 (2+9), tout comme les autres sous-nombres de 11, c'est à dire 38, 47, 56, 65, 74, 83, 92. En revanche 20 donne 2 (2+0).

Lorsque les calculs donnent à la fois un 11 et un 2, le marqueur numérologique en question témoigne d'une dualité forte chez cette personne, puisqu'elle se trouve partagée entre les énergies du 11 et du 2 qui sont par essence, diamétralement opposées. Si l'Expression d'un sujet est à la fois 11 et 2, il faut faire une synthèse entre le 11 et le 2. Voilà comment on pourrait la définir :

Définition d'une Expression 11/2

Tiraillé entre un désir d'indépendance et de liberté, et une envie relationnelle très forte, l'expression de ce personnage est ambiguë. Il cherche à établir un consensus dans ses associations, il a besoin d'avoir un partenaire avec lequel il peut entreprendre, mais en même temps, il veut qu'on lui laisse suffisamment les coudées franches pour qu'il n'en fasse qu'à sa tête. Est-ce possible ? On peut lui concéder une vertu, celle de vouloir au moins s'affranchir d'un monde trop fini, et de vouloir en faire profiter les autres. Il a cette désagréable sensation d'être obligé d'exprimer tour à tour cet esprit de conquête, de dépassement de soi, et de composer avec ses partenaires. Ce n'est qu'en étant plus patient et moins excessif, qu'il parviendra à marier ses antagonismes pour le grand bien de tous. On pourrait le comparer à un hanneton épris de liberté, volant dans la lumière avec un fil accroché à la patte. Ceci à l'adresse de ceux qui ont tant joué avec cet insecte dans leur enfance autrefois.

Ainsi, dans vos analyses mettant en relation une personne ayant une expression 11/2, vous devez faire une synthèse des aspects du 11 et du 2 avec le nombre d'Expression du partenaire. Faites de même pour les autres nombres.

Exemple : si vous avez une Aspiration 11/2 et votre compagne ou compagnon a une Aspiration 3, vous devez étudier l'aspect Aspiration 11 / Aspiration 3, puis l'aspect Aspiration 2 / Aspiration 3 car les deux vous concernent. Voyez ci-dessous les analyses des aspirations 11/2 avec les autres nombres. Vous pouvez vous en inspirer et les adapter pour définir l'interaction avec les autres marqueurs (Expression, Réalisation, Actif…).

Aspiration 1 avec une Aspiration 11/2

Il est aisé de comprendre que le 11, tout en étant poussé par une forme d'exaltation, est couplé au 2 qui cherche surtout à prendre en considération les aspirations de l'autre. Du coup, la relation avec le 1 est ambiguë, parce que la personne 11/2 aspire tantôt à la même chose que le 1, comme le fait d'imposer ses élans (influence du 11), tantôt à se montrer consensuelle (influence du 2).

Aspiration 2 avec une Aspiration 11/2

Ce qui les rapproche, c'est qu'ils prennent en considération l'autre, en essayant de satisfaire ses desiderata. Néanmoins notre 11/2 impulse une énergie particulière, qui peut être très surprenante, voire déroutante, pour un 2 qui lui, a tendance à céder facilement à la douce torpeur de son train-train quotidien.

Aspiration 3 avec une Aspiration 11/2

Dans leurs aspirations mutuelles, à part la force d'inertie que le 2 imprime au 11, les rapports sont plus proches de la foire d'empoigne, que de l'harmonie et la paix.

Aspiration 4 avec une Aspiration 11/2

Ce qui les différencie principalement, c'est que le 4 n'explique pas toujours ce qui le pousse à agir de telle ou de telle manière. Il préfère faire la démonstration de ce qui l'anime, alors que le 11/2 a besoin de faire partager à son entourage ce qui le motive. Heureusement, le 2 tempère les élans du 11, ce qui n'est pas pour déplaire à notre 4 dans cette configuration.

Aspiration 5 avec une Aspiration 11/2

Heureusement qu'au sein du même personnage, le 2 temporise les élans du 11, car les aspirations du 5 et du 11 ressemblent beaucoup à l'analyse faite du 5/11 expliquée au chapitre VI.

Aspiration 6 avec une Aspiration 11/2

Ces rapports peuvent être à double sens selon que le 11 ou le 2 prédomine dans les intentions du partenaire marqué par ces nombres. Certes, cet organisateur 6 aidera le côté 2 qui n'en demandait pas tant, à préserver ses intérêts. Toutefois, il risque de se heurter à l'influence 11 de son compagnon qui, sous son effet, éprouve des difficultés à accepter d'être conseillé ou pire (pour lui) dirigé ! Quant au 6, la douceur du 2 lui convient parfaitement, mais il est indisposé par la dispersion et l'agitation du 11 qui croit que, grâce à ses élans de conquête, tout lui est acquis sans réfléchir.

Aspiration 7 avec une Aspiration 11/2

Les aspirations de notre 7 sont sages, mais jamais réellement gratuites, donc parfaitement en adéquation avec celles du 2, qui aspire par-dessus tout à bénéficier d'une forme de protection. En revanche, elles sont diamétralement opposées à notre idéaliste 11 qui n'est ni vraiment sage, ni intéressé dans ses élans.

Aspiration 8 avec une Aspiration 11/2

Si l'aspiration du 8 revêt une coloration un tantinet altruiste, tout ira bien dans le meilleur des mondes, sinon notre 11/2 n'acceptera jamais de devoir renoncer à ses aspirations. Cela signifie que dans ses élans, le 11/2 cherche avant tout à se prémunir des éventuelles difficultés du quotidien. Or le 8 n'en a cure.

Aspiration 9 avec une Aspiration 11/2

Dans ses aspirations, le 9 recherche avant tout harmonie et douceur. Pour lui, ce qui prime avant tout, c'est l'envie de vivre dans un monde le plus humaniste qui soit, ce qui convient parfaitement aux désirs de notre 11/2, lui aussi sensible à cette vision des choses. De plus, le côté impulsif des élans du 11 sera facilement canalisé par une certaine empathie du 9.

Aspiration 11/2 avec une Aspiration 11/2

Cette aspiration identique peut être très constructive quand ils vont dans le même sens, sinon ils annihilent aisément leurs élans respectifs. Ce n'est pas de tout repos car les élans du 2, encore une fois, sont de nature intimiste, en quête de protection et de tranquillité à l'inverse des aspirations du 11. Maintenant deux 11 ensemble, c'est bien souvent la guerre, alors que deux aspirations 2 renvoient à la douce quiétude du pays des Bisounours. Ne surtout pas oublier que dans ses aspirations, notre 2 désire se prémunir matériellement et protéger les siens. Ici tout est question de dosage et de synchronicité. En d'autres termes, sont-ils sous l'influence du 2 ou du 11 en même temps ?

Aspiration 11/2 avec une Aspiration 11

Dans ce cas de figure, le 2 apporte au 11/2 une aspiration plus intéressée, l'obligeant à préserver davantage ses intérêts et ses acquis au contraire de notre 11, qui lui, ne s'embarrasse pas souvent de toutes ces considérations.

Aspiration 11/2 avec une Aspiration 22

Dans ses aspirations, le 22 peut apporter énormément à notre 11/2, à condition que ce dernier se montre moins excentrique et plus réaliste dans ses élans, sans quoi il y a un risque d'incompréhension totale.

L'influence des prénoms

Nous possédons tous un ou plusieurs prénoms. Or la valeur numérologique de chaque prénom renvoie à un domaine bien particulier décrit par la numérologue Françoise Daviet, qu'il est intéressant d'étudier pour compléter les analyses.

Le premier prénom

Sa valeur nous dit comment nous vivons au quotidien, quelles qualités nous mettons en avant au travail, de quelle énergie est teintée notre volonté quand il s'agit d'assumer les tâches qui nous incombent jour après jour.

Ainsi, en comparant la valeur du premier prénom de deux personnes, vous découvrez comment elles s'harmonisent ou non dans leur quotidien, comment elles doivent apprendre ensemble à faire face ensemble à leurs responsabilités et obligations.

Reprenez la définition des aspects entre nombres de la Réalisation, ainsi que ceux concernant les nombres d'Expression et adaptez les textes en conséquence.

Le deuxième prénom.

Quand il existe, il est là pour apporter un éclairage supplémentaire concernant exclusivement nos rapports à l'autre, qu'il s'agisse d'un allié ou d'un adversaire, ou même qu'il soit vu, au gré de nos humeurs, tantôt comme l'un, tantôt comme l'autre.

La comparaison de la valeur des deuxièmes prénoms respectifs est riche d'enseignement pour mieux cerner les relations amoureuses, et les partenariats en affaires, notamment. Mais au-delà, ce sont tous les rapports à l'autre qui sont éclairés selon le type de relation : un parent et son enfant, un thérapeute et son patient, un professeur et un élève, un commerçant et un client...

Concentrez-vous sur les aspects entre les nombres d'Expression et adaptez en conséquence. Le paragraphe sur les rapports amoureux apporte une nuance fondamentale. Si vous étudiez cet aspect, comparez d'abord l'Expression des deux êtres, puis la valeur numérologique de leur deuxième prénom (si l'un et l'autre en ont reçu un).

Exemple : Pierre a une Expression 4 et sa compagne Marie une Expression 8, voyez ce que dit l'aspect Expression 4 avec Expression 8, puis comparez la valeur numérologique de leur deuxième prénom (imaginons que Pierre a reçu comme deuxième prénom Henri et Marie Chantal).

```
Henri
85599 → 8+5+5+9+9 = 36 → 3+6 = 9

Chantal
3815213 → 3+8+1+5+2+1+3 = 23 → 2+3 = 5
```

Relevez l'aspect de l'Expression 5 avec l'Expression 9 chapitre V en adaptant ce qui est dit à leurs rapports amoureux.

Le troisième prénom

En sa présence, nous avons des précisions sur la manière dont le sujet vit ses relations sentimentales. Au travers de la valeur numérologique de ce prénom, nous découvrons la nature de l'énergie qui anime le natif lorsqu'il s'agit de s'adonner aux plaisirs de la vie au sens large. Autre point important, ce nombre nous décrit le lien du sujet avec ses enfants.

Si la valeur du troisième prénom de l'un vaut 5 et la valeur du troisième prénom de l'autre vaut 7, adaptez ce qui est dit entre l'Expression 5 et l'Expression 7.

L'influence des sous-nombres

Aucun nombre n'est isolé. Quand vous obtenez le nombre d'Expression, il est le résultat de l'addition d'autres nombres, qui ont teinté cette Expression finale (voir l'inclusion dans le premier tome). Ainsi, en numérologie, tout nombre clé résulte de la conjugaison de nombreuses influences. En d'autres termes, vous pouvez obtenir une même couleur verte, mais chacun sait qu'il y a une infinité de teintes possibles dans ce vert.

A un niveau plus élevé d'analyse, il est donc possible de distinguer qu'un même nombre d'Expression partagé par deux personnes, n'est en réalité pas tout à fait le même, car chacun peut être issu de nombres différents. Une Expression 6 partagée par deux personnes peut venir du sous-nombre 24 (2+4) pour l'une, et 51 (5+1) pour l'autre. Dans le premier cas, l'Expression 6 est plus passive car le 2 et le 4 renforcent le besoin de concilier et de discrétion. Dans l'autre cas, le 5 et le 1 sont des nombres plus actifs. L'indécision du 6 sera alors beaucoup moins prononcée.

Les différentes intensités

Trop souvent oubliée, cette donnée est pourtant essentielle pour aller encore plus loin. En complément du sous-nombre vu précédemment, il s'agit de voir le nombre le plus représenté derrière l'Expression, la Réalisation, l'Aspiration ou le nombre Actif d'une personne.

Comparons les nombres Actifs de Daniel et Carole qui n'ont reçu qu'un seul prénom à la naissance. Nous additionnons la valeur de chaque lettre de leur prénom pour découvrir, que non seulement ils ont le même Nombre Actif 9, mais que celui-ci provient du même sous-nombre 27 ! Daniel et Carole agiraient et réagiraient exactement à l'identique ? En fait, le 9 (27) de Daniel est teinté de lettres représentant les nombres 1 (A), 3 (L), 4 (D), 5+5 (N et E) et 9 (I). Ce nombre actif a donc une intensité 5 car ce nombre est porté deux fois par les lettres N et E. Observez pour Carole et vous découvrirez que les ingrédients ne sont ni tout à fait les mêmes, ni servis dans les mêmes proportions, puisque c'est le nombre 3 qui est le plus fortement présent (il est présent deux fois dans les lettres C et L). Tout ceci n'est pas anodin et permettrait même d'écrire un chapitre entier sur leurs différences !

Tout ceci s'applique à tous les nombres clés, sachant que pour l'Aspiration vous ne rechercherez ces intensités que parmi les voyelles, et pour la Réalisation, les consonnes.

Aspects entre nombres clés différents

Vous pouvez aussi comparer deux nombres clés différents comme par exemple, l'Expression de l'un avec le Chemin de Vie de l'autre. Prenons les aspects entre les nombres d'Aspiration déclinés chapitre VI. Il est nécessaire de rappeler que notre aspiration se manifeste comme une impulsion de l'âme transcendant et transperçant notre nature profonde. Comme la personnalité ne se limite pas à ce seul nombre, il est possible de faire un comparatif entre l'aspiration et par exemple, le Chemin de Vie. Il vous suffit de considérer que vous tenez compte de l'Aspiration d'une personne, non pas comme une impulsion, mais comme sa nature profonde (le chemin de vie).

Exemple : si vous comparez l'Aspiration 1 avec l'Aspiration 2, vous trouverez Chapitre VI le texte qui s'y rapporte. Avec un minimum d'imagination, vous pouvez très bien comparer une Aspiration 1 avec un Chemin de Vie 2 en transposant les textes qui correspondent à l'Aspiration 2 au Chemin de Vie 2, sans bien entendu oublier que pour le premier on parle de son impulsion, et pour le second de sa nature profonde.

Ce comparatif constitue une petite gymnastique de l'esprit qui peut vous donner un éclairage complémentaire. Cette gymnastique s'avère utile, voire indispensable, si vous pratiquez la numérologie d'une manière sérieuse et approfondie.

En définitive, il n'est pratiquement jamais possible de conclure en numérologie. Des principaux aspects que nous avons définis pour permettre d'avoir une vue d'ensemble plutôt juste, une foule d'éléments complémentaires nuancent ce qui est dit, aussi bien par l'interaction des nombres clés, que par les éléments à la base de tous les calculs (lettres des nom et prénoms, chiffres de la date de naissance). Et tant de choses restent probablement à découvrir...

De la bonne entente avec soi-même...

La dernière clé de cet ouvrage vous permet, non seulement d'utiliser ce livre pour comprendre la nature de vos relations avec les autres, mais aussi avec vous-même. Personne n'est un seul nombre à lui tout seul ! En effet, nous sommes tous parcourus de différentes énergies représentées par les nombres.

En tenant compte de la subtile alchimie résultant de la comparaison de deux nombres clés différents, vous pouvez, en l'appliquant à vous-même, mieux comprendre les forces et les oppositions qui vous animent.

Exemple : vous avez dans votre thème un Chemin de Vie 2 avec une Aspiration 1, prenez en compte l'aspect Aspiration 1 et Aspiration 2 reproduit ci-dessous, sans oublier de transposer le texte de l'Aspiration 2 au Chemin de Vie 2.

Le 2 recherche la tranquillité, le 1 rêve de conquête. L'un aspire à l'harmonie, privilégiant pour cela sa vie de couple et ses partenariats, tandis que l'autre cherche à dominer et à imposer. L'association n'est pas a priori la plus idéale, malgré tout un consensus peut s'établir. Le 2 ne verra aucun inconvénient à se plier aux desiderata du 1, même si les échanges sensibles ne sont pas suffisamment au rendez-vous, ce qui peut provoquer quelques frustrations. Le 1 ne se laissant pas ronger plus que cela par ses états d'âme, devra s'efforcer de dépasser l'agacement que parfois le 2 lui procure dans sa manière de se lier au plan intime. S'il ne considère pas cela comme de la mièvrerie, l'association peut être harmonieuse, sinon un abîme d'incompréhension peut s'installer entre les deux. Puisqu'il s'agit avant tout de leurs aspirations mutuelles, tout ceci ne sera pas aussi visible que souhaitée, sachant que la part des non-dits sera comme la partie immergée de l'iceberg. Cela peut provoquer dans le for intérieur de chacun un certain inconfort. Leurs rêves sont diamétralement opposés.

Cet Aspect pourrait alors se lire de la manière suivante, en gardant à l'esprit que les textes se rapportant à l'Aspiration 2 ne sont plus ceux de quelqu'un d'autre, mais ceux qui définissent votre Chemin de Vie 2.

Alors que je recherche une forme de tranquillité, d'harmonie et que ma destinée me conduit à expérimenter une relation de couple que je veux idéale, une force incontrôlable me pousse parfois à dépasser mes confortables petites frontières, à partir à la conquête et à l'exploration d'autre chose. A moi de trouver un équilibre entre les deux, en orientant cette aspiration à entreprendre, afin d'aller de l'avant pour me construire une vie agréable et confortable. Il faudra de toutes les manières que j'accepte que cette force instinctive et impulsive s'exprime, même si elle peut bousculer un besoin chez moi de préserver mon intimité. De cette contradiction profonde en mon for intérieur, je dois trouver un consensus.

En guise de conclusion

Toutes ces définitions ne représentent qu'une trame, un canevas à partir duquel vous pouvez développer, nuancer, apporter votre sensibilité, voire même vos intuitions. Car les nombres parlent à qui veut les entendre, bien au-delà des mots présents dans cet ouvrage, qui ont pour inconvénient d'avoir forcément figé les choses. En aucun cas, il ne saurait être question de tout prendre à la lettre, d'être affirmatif sur la seule base de ce qui est dit ici.

La numérologie est certainement une science « quantique » dont nous ne comprenons pour le moment que les premiers rudiments.

Annexe 1

n'hésitez pas à photocopier ces feuillets ou à faire gratuitement tous les calculs
depuis notre site : www.numeyoga.com/entente

CALCUL DES CHEMINS DE VIE

A partir de votre date de naissance, puis celle de votre partenaire, calculez chaque Chemin de Vie (vous devez effectuer les trois méthodes de calculs décrites au début du chapitre IV). Reportez chaque sous-nombre obtenu et le nombre réduit final.

```
Exemple :  15/08/1971 =   32 23 23 → (2+3) 5

VOTRE CHEMIN DE VIE :   ___  ___  ___   →   ___

SON CHEMIN DE VIE :     ___  ___  ___   →   ___
```

Voir le chapitre IV pour l'interprétation, puis nuancez ce qui est dit en tenant compte du type de relation (parent/enfant, rapports amoureux, associés) défini chapitre III.

CALCUL DES NOMBRES D'EXPRESSION

Additionnez la valeur de chaque lettre présente dans le nom de jeune de fille de votre mère (pas son prénom) et dans tous vos prénoms, puis faites de même avec les prénoms de votre partenaire et le nom de jeune fille de sa mère. Réduisez chaque résultat de manière à obtenir un nombre compris entre 1 et 9, ou 11 ou 22.

```
Exemple :  PASCALE  JACQUELINE  MARTIN
           7113135   1138353955  419295  = 94 → (9+4) 13 → 4

VOTRE NOMBRE D'EXPRESSION :   ___ → ___ → ___

SON NOMBRE D'EXPRESSION :     ___ → ___ → ___
```

Voir le chapitre V pour l'interprétation

CALCUL DES NOMBRES D'ASPIRATION

Additionnez la valeur de chaque voyelle présente dans le nom de jeune de fille de votre mère et dans tous vos prénoms, puis faites de même avec les prénoms de votre partenaire et le nom de jeune fille de sa mère. Réduisez chaque résultat de manière à obtenir un nombre compris entre 1 et 9, ou 11 ou 22.

```
Exemple : PASCALE JACQUELINE MARTIN
          -1--1-5 -1--35-9-5 -1--9- = 40 → 4
```

VOTRE NOMBRE D'ASPIRATION : ___ → ___ → ___

SON NOMBRE D'ASPIRATION : ___ → ___ → ___

Voir le chapitre VI pour l'interprétation.

CALCUL DES NOMBRES DE REALISATION

Additionnez la valeur de chaque consonne présente dans le nom de jeune de fille de votre mère et dans tous vos prénoms, puis faites de même avec les prénoms de votre partenaire et le nom de jeune fille de sa mère. Réduisez chaque résultat de manière à obtenir un nombre compris entre 1 et 9, ou 11 ou 22.

```
Exemple : PASCALE JACQUELINE MARTIN
          7-13-3- 1-38--3-5- 4-92-5 = 54 → (5+4) 9
```

VOTRE NOMBRE DE REALISATION : ___ → ___ → ___

SON NOMBRE DE REALISATION : ___ → ___ → ___

Voir le chapitre VII pour l'interprétation de votre entente par rapport à votre potentiel.

CALCUL DES NOMBRES ACTIFS

Additionnez la valeur de toutes les lettres de vos prénoms uniquement, puis faites de même avec tous les prénoms de votre partenaire. Réduisez chaque résultat de manière à obtenir un nombre compris entre 1 et 9, ou 11 ou 22.

```
Exemple : PASCALE JACQUELINE
          7113135 1138353955 = 64 → (6+4) 10 → 1
```

VOTRE NOMBRE ACTIF : ___ → ___ → ___

SON NOMBRE ACTIF : ___ → ___ → ___

Voir le chapitre VIII pour l'interprétation de votre entente par rapport à votre façon d'agir et de réagir.

Annexe 2

Valeur des lettres des principaux alphabets latins

Alphabet français/anglais/latin									
1	2	3	4	5	6	7	8	9
A	B	C	D	E	F	G	H	I
J	K (11)	L	M	N	O	P	Q	R
S	T	U	V (22)	W	X	Y	Z	

Alphabet allemand ?									
1	2	3	4	5	6	7	8	9
A	Ä	B	C	D	E	F	G	H
I	J (11)	K	L	M	N	O	Ö	P
Q	R	S	ß	T	U	Ü	V	W
X	Y	Z						

Il y a divergence de points du vue quant à la place des lettres Ä, Ë et Ü (ont-elles un rang propre ?). En revanche le ß semble bien toujours placé après le S. Nous n'avons pas encore assez de recul pour vérifier. Si vous n'attribuez pas de rang particulier aux trois caractères spéciaux accentués, sachez que Ä est la contraction de AE, Ö de OE et Ü de UE. **Certains numérologues placent Ä, Ë, Ü et ß après les 26 lettres de l'alphabet français.**

Alphabet espagnol									
Classement traditionnel avant réforme de 1994									
1	2	3	4	5	6	7	8	9
A	B	C	CH	D	E	F	G	H
I	J (11)	K	L	LL	M	N	Ñ	O
P	Q	R	S (22)	T	U	V	W	X
Y	Z							
Depuis la réforme de 1994									
1	2	3	4	5	6	7	8	9
A	B	C	D	E	F	G	H	I
J	K (11)	L	M	N	Ñ	O	P	Q
R	S	T	U (22)	V	W	X	Y	Z

\multicolumn{9}{c}{Alphabet italien}								
1	2	3	4	5	6	7	8	9
A	B	C	D	E	F	G	H	I
L	M (11)	N	O	P	Q	R	S	T

\multicolumn{9}{c}{Alphabet néerlandais}								
1	2	3	4	5	6	7	8	9
A	B	C	D	E	F	G	H	I
J	K (11)	L	M	N	O	P	Q	R
S	T	U	V (22)	W	X	Y ou IJ	Z	

A l'origine, le Y n'était pas utilisé. La 25ème lettre est aussi considérée comme étant IJ. IJ en majuscule dans un mot vaut une seule lettre (valeur 7).

\multicolumn{9}{c}{Alphabet portugais}								
1	2	3	4	5	6	7	8	9
A	B	C	D	E	F	G	H	I
J	L (11)	M	N	O	P	Q	R	S
T	U	V	X (22)	Z	K ?	W ?	Y ?	

Depuis le 16 décembre 1990, les lettres K W et Y ont été ajoutées suite à un accord international signé par tous les pays lusophones. Sont-elles ajoutées à la fin, auquel cas, K vaut 6, W vaut 7 et Y vaut 8 ou bien à la même place que l'alphabet français, dans ce cas prendre en compte la correspondance de l'alphabet français.

Bibliographie

- **Allendy René**
  Le symbolisme des nombres - Editions traditionnelles – 1948 - Paris
- **Caradeau Jean-Luc**
  La numérologie : clefs historiques et occultes – Editions Dangles – 1991 – St-Jean-de-Braye
- **Daviet Françoise**
  L'art d'interpréter la numérologie - Guy Trédaniel Editeur - 1996 - Paris
- **Guilpin Georges**
  La vie au fil des chiffres - Editions du Dauphin - 1995 - Paris
- **Jouven Georges**
  Les nombres cachés - Dervy-Livres - 1978 / Paris
- **Kœchlin de Bizemont Dorothée**
  L'univers d'Edgar Cayce - Editions Robert Laffont, 1985
- **Millman Dan**
  Votre Chemin de Vie - du Roseau - 1995 - St-Léonard (Canada)
- **Pflughaupt Laurent**
  Lettres latines – Editions Alternatives – 2003 – Paris
- **Pochat Wilfrid** et **Pirmaïer Michel**
  La Numérologie dévoilée – Tome I - Vous ne portez pas forcément le nom que vous croyez – Editions Ambre – 2010 – Genève
  Addendum à la première édition disponible gratuitement sur le site : www.numeyoga.com/publications.php

Table des matières

Introduction 7

Chapitre I – La face cachée des Nombres 13

   Le 1 15

   Le 2 16

   Le 3 17

   Le 4 18

   Le 5 19

   Le 6 20

   Le 7 21

   Le 8 22

   Le 9 23

   Le Maître Nombre 11 24

   Le Maître Nombre 22 26

   Le Maître Nombre 33 Un cas à part… 28

   Les Sous-nombres 29

Chapitre II – Découvrir le partenaire idéal avec la méthode Maïa 31

Chapitre III – Comment s'entendent les Nombres 41

   1 avec 1 42

   1 avec 2 43

   1 avec 3 44

   1 avec 4 45

   1 avec 5 46

   1 avec 6 47

   1 avec 7 48

1 avec 8 49
1 avec 9 50
1 avec 11 51
1 avec 22 52
2 avec 2 53
2 avec 3 54
2 avec 4 55
2 avec 5 56
2 avec 6 57
2 avec 7 58
2 avec 8 59
2 avec 9 60
2 avec 11 62
2 avec 22 63
3 avec 3 64
3 avec 4 65
3 avec 5 66
3 avec 6 68
3 avec 7 69
3 avec 8 70
3 avec 9 72
3 avec 11 74
3 avec 22 75
4 avec 4 77
4 avec 5 78
4 avec 6 80
4 avec 7 81
4 avec 8 83

4 avec 9	84
4 avec 11	86
4 avec 22	87
5 avec 5	89
5 avec 6	90
5 avec 7	92
5 avec 8	94
5 avec 9	95
5 avec 11	97
5 avec 22	99
6 avec 6	101
6 avec 7	102
6 avec 8	104
6 avec 9	106
6 avec 11	108
6 avec 22	109
7 avec 7	111
7 avec 8	112
7 avec 9	114
7 avec 11	116
7 avec 22	118
8 avec 8	120
8 avec 9	122
8 avec 11	124
8 avec 22	126
9 avec 9	128
9 avec 11	129
9 avec 22	131

11 avec 11 .... *133*

11 avec 22 .... *135*

22 avec 22 .... *137*

Chapitre IV – Aspects entre les Chemins de Vie **139**

Chemin de Vie 1 avec Chemins de Vie 1 2 3 4 5 6 7 8 9 11 22 .... *140*

Chemin de Vie 2 avec Chemins de Vie 2 3 4 5 6 7 8 9 11 22 .... *146*

Chemin de Vie 3 avec/ Chemins de Vie 3 4 5 6 7 8 9 11 22 .... *152*

Chemin de Vie 4 avec Chemins de Vie 4 5 6 7 8 9 11 22 .... *158*

Chemin de Vie 5 avec Chemins de Vie 5 6 7 8 9 11 22 .... *163*

Chemin de Vie 6 avec Chemins de Vie 6 7 8 9 11 22 .... *168*

Chemin de Vie 7 avec Chemins de Vie 7 8 9 11 22 .... *173*

Chemin de Vie 8 avec Chemins de Vie 8 9 11 22 .... *177*

Chemin de Vie 9 avec Chemins de Vie 9 11 22 .... *180*

Chemin de Vie 11 avec Chemins de Vie 11 22 .... *183*

Chemin de Vie 22 avec Chemin de Vie 22 .... *184*

Chapitre V – Aspects entre les Nombres d'Expression **187**

Expression 1 avec Expressions 1 2 3 4 5 6 7 8 9 11 22 .... *188*

Expression 2 avec Expressions 2 3 4 5 6 7 8 9 11 22 .... *195*

Expression 3 avec Expressions 3 4 5 6 7 8 9 11 22 .... *202*

Expression 4 avec Expressions 4 5 6 7 8 9 11 22 .... *209*

Expression 5 avec Expressions 5 6 7 8 9 11 22 .... *213*

Expression 6 avec Expressions 6 7 8 9 11 22 .... *218*

Expression 7 avec Expressions 7 8 9 11 22 .... *222*

Expression 8 avec Expressions 8 9 11 22 .... *226*

Expression 9 avec Expressions 9 11 22 .... *229*

Expression 11 avec Expressions 11 22 .... *231*

Expression 22 avec Expression 22 .... *233*

Chapitre VI – Aspects entre les nombres d'Aspiration **235**

Aspiration 1 avec Aspirations 1 2 3 4 5 6 7 8 9 11 22 .... *236*

Aspiration 2 avec Aspirations 2 3 4 5 6 7 8 9 11 22 .... *239*

Aspiration 3 avec Aspirations 3 4 5 6 7 8 9 11 22 .... *241*

Aspiration 4 avec Aspirations 4 5 6 7 8 9 11 22 .... *243*

Aspiration 5 avec Aspirations 5 6 7 8 9 11 22 .... *245*

Aspiration 6 avec Aspirations 6 7 8 9 11 22 .... *246*

Aspiration 7 avec Aspirations 7 8 9 11 22 .... *248*

Aspiration 8 avec Aspirations 8 9 11 22 .... *249*

Aspiration 9 avec Aspirations 9 11 22 .... *250*

Aspiration 11 avec Aspirations 11 22 .... *251*

Aspiration 22 avec Aspiration 22 .... *251*

Chapitre VII – Aspects entre les nombres de Réalisation **253**

Chapitre VIII – Prendre en compte les Nombres Actifs **257**

Chapitre IX – Pour aller plus loin **261**

Un cas particulier : le 11/2 .... *261*

L'influence des prénoms *266*

L'influence des sous-nombres *267*

Les différentes intensités *268*

Aspects entre nombres clés différents *269*

De la bonne entente avec soi-même… *270*

Annexe 1 - Modèle pour les calculs à photocopier **273**

Annexe 2 - Valeur des lettres des principaux alphabets latins **275**

Bibliographie **277**